매일 읽는 력사이야기

民族文字出版专项资金资助项目

중국 통사 이야기

[열독본] — 서한—삼국

주중옥 장복유 편저
최영희 역

료녕민족출판사
중국소년아동출판사

图书在版编目（CIP）数据

中国通史故事. 西汉—三国：朝鲜文 / 朱仲玉，张福裕编著；崔英姬译. —沈阳：辽宁民族出版社，2017.8
（历史故事天天读）
ISBN 978-7-5497-1680-7

Ⅰ. ①中… Ⅱ. ①朱… ②张… ③崔… Ⅲ. ①中国历史—西汉时代—三国时代—青少年读物—朝鲜语（中国少数民族语言） ②中国历史—西汉时代—三国时代—青少年读物—朝鲜语（中国少数民族语言） Ⅳ. ①K209

中国版本图书馆CIP数据核字（2017）第211401号

中国通史故事. 西汉—三国
ZHONGGUO TONGSHI GUSHI. XIHAN—SANGUO

出版发行者：辽宁民族出版社
地　　址：沈阳市和平区十一纬路25号　邮编：110003
印 刷 者：沈阳航空发动机研究所印刷厂
幅面尺寸：170mm×240mm
印　　张：17.25
字　　数：270千字
插　　图：35
印　　数：1-500
出版时间：2017年8月第1版
印刷时间：2017年8月第1次印刷
责任编辑：金顺玉
封面设计：缪　惟
责任校对：边京爱

标准书号：ISBN 978-7-5497-1680-7
定　　价：30.00元

网　　址：www.lnmzcbs.com　　邮购热线：024-23284335
淘宝网店：http://lnmz2013.taobao.com
如有印装质量问题，请与出版社联系调换　联系电话：024-23284340

차례

서한 동한 ······1

090 포의장상 ······4

091 숙손통이 조정의 례의를 제정하다 ······10

092 한고조가 말을 잡아 맹세하다 ······14

093 려후가 정권을 탈취하다 ······19

094 주발이 류씨 천하를 안정시키다 ······25

095 한문제가 나라를 다스리다 ······29

096 7국의 란을 평정하다 ······33

097 유가학설만 숭상하다 ······38

098 비장군 리광 ······44

099 장건이 서역으로 가다 ······49

100 애국명장 곽거병 ······55

101 야랑자대 ······59

102 소무가 양몰이를 하다 ······63

103 사마천이 《사기》를 쓰다 ······69

104 곽광이 황제를 보좌하다 ······73

105 소군이 멀리 장성 이북으로 시집가다 ······78

106 왕망이 정권을 탈취하다 ······82

107 록림, 적미 봉기 ······88

108 신한곤양대전 ······93

차례

109 류수가 한왕조를 다시 세우다 ……………………98
110 롱을 얻고 촉을 탐내다 ……102
111 강항령 동선 ……………………107
112 불교를 들여오다 ……………113
113 왕경이 변거를 소통시키다…118
114 반초가 붓을 던지고 종군하다 ……………………123
115 왕충이 《론형》을 쓰다 ……128
116 채륜이 제지술을 개진하다…132
117 장형이 지동의를 발명하다…136
118 당고의 화 ……………………140
119 최식이 《사민월령》을 쓰다…146
120 황건대봉기 …………………151
121 락양성이 략탈을 당하다 …156
122 조조가 진류에서 군사를 일으키다 ……………………161
123 허창에서 둔전을 하다 ……165
124 술을 마시면서 영웅을 론하다 ……………………170
125 원소와 조조의 관도싸움 …175
126 손씨가 강동을 제패하다 …180
127 류비가 제갈량을 세번 청하다 ……………………185
128 채문희가 한에 돌아오다 …190

129 명의 화타 ··························194
130 의성 장중경 ·····················199
131 적벽에서의 싸움 ················203
132 조위가 한을 대체하다 ······208
삼국 ··························214
133 재고팔두(才高八斗) ·········217
134 동오와 촉한이 효정에서 싸우다 ························222
135 격식에 매이지 않고 인재를 등용하다 ·····················227
136 맹획을 일곱번 붙잡다 ······232
137 제갈량의 북벌 ··················237
138 천하의 이름난 재간둥이 마균 ···························240
139 이주를 개발하다 ···············245
140 사마씨가 정권을 독점하다···250
141 죽림칠현 ·······················256
142 촉나라를 멸하고 위나라를 대체하다 ·····················262

서한 동한

기원전 202년에 류방은 한조(汉朝)를 세우고 장안을 도읍으로 정하였다. 력사에서는 이 왕조를 서한(西汉)이라고 한다. 서한정권은 기원 9년 외척 왕망(王莽)에 의해 멸망되였다. 왕망이 건립한 '신조(新朝)'는 력사상에서 인정을 받지 못할 뿐더러 얼마후 농민봉기에 의해 전복되였다. 잇달아 정권교체가 일어나고 전국은 전란상태에 빠졌다. 후에 농민군은 황족인 류수(刘秀)에 의해 패배되였고 류수는 황제가 되여 한조의 국호를 그대로 사용하였다. 그는 락양을 도읍으로 정하였는데 력사에서 이를 동한(东汉)이라 한다. 동한은 기원 25년부터 기원 220년까지이다.

통치기간이 400여년에 달하는 량한은 우리 나라 봉건사회에서 첫번째 번영시기였다. 대내외로 모두 중대한 성과를 이룩하여 후세에 심원한 영향을 남겼을 뿐만 아니라 고대중국이 세계 강국의 력사적 지위를 얻을 수 있는 기초를 닦아놓았다.

서한은 건립된 후 진조(秦朝)의 중앙집권제도와 군현제(郡县制)를 계승하였으며 국가의 통일을 수호하였다. 그러나 건립 초기 여러차례의 동성왕(同姓王)과 이성왕(异姓王)들 지간의 반란이 일어나 국가의 안정과 통일을 엄중히 위협하였다. 조정에서는 반란을 평정하고 정세를 안정시켰기에 한무제 때에 와서는 전성기에 이르렀다. 서한은 당시 세계에서 제일 강대하고 번영한 나라의 하나로 되였다. 왕망의 정권탈취와 갱신시기가 지나간 후 동한이 건립되고 '광무의 중흥(光武中兴)'이라는 번영이 또 나타났다. 그러나 동한 후기에 이르러 외척과 환관들이 번갈아 조정을 통제하면서 통치가 부패해지자 도처에서 혼전이 일어나 국가의 분렬을 초래하였다. 황권이 약세에 처하자 황제는 핍박에 못 이겨 정권을 조위(曹魏)에 양도하였다. 총적으로 량한시기는 봉건전제제도가 공고와 강화를 거쳐 황권이 신성화되고 각급 관료제도가 진일보 완벽화되는 시기였다.

량한시기에는 변강지구 여러 민족들과의 래왕이 날따라 빈번해지면서 북방의 흉노 등 민족들과의 전쟁이 있었을 뿐만 아니라 각 지구간의 우호적인 래왕도 있었다. 이 시기 한조의 강역은 부단히 확대되여 동한 후기에 와서는 민족융합의 추세가 나타났다. 이러한 추세는 우리 나라로 하여금 다민족국가의 특징이 진일보로 형성되게 하였다. 한조시기에 주변 국가들과의 빈번한 래왕은 서방으로 통하는 '비단의 길'을 열어놓았으며 더 나아가서는 중앙아시아와 서부아시아 및 유럽지구와의 경제문화교류를 진일보 촉진하였다.

서한 초기 사회모순을 완화시키기 위하여 '휴양생식' 정책을 실시하여 경제를 회복하고 발전시켰다. 한무제(汉武帝) 재위기간에 조정에서는 다년간의 노력을 거쳐 개인이 화페를 주조하던 제도를 페지하고 국가에서 화페주조권을 독점하여 화페주조시장이 혼란하던 현상을 바로잡았다. 소금과 철의 생산과 경영을 국가에서 독점하였으며 또 일련의 부세제도를 제정하여 국가의 경제발전과 수입증가를 촉진하였다. 대규모의 치수사업도 이 시기에 시작되였다. 황하를 다스리고 관개수로계통을 만들었다. 새로운 농기구를 사용하고 경작법을 개진하여 높은 효률을 거두었다. 알곡작물이 증가되고 채소생산도 일정한 규모를 가지게 되였다. 이와 동시에 부세와 부역, 병역이 부단히 증가되여 농민들의 부담이 과중하게 되였으며 빈부의 차이와 압박착취가 날로 엄중해져 사회모순이 진일보 첨예해졌다. 동한 초기 서한의 농업과 수리에 대한 정책을 계속 발전시켜 대규모의 황무지개간을 진행하여 사회의 안정과 생산의 발전을 도모하였다. 수공업이 중시를 받아 그 업종도 늘어났다. 제지업, 도자기업, 견직업, 제철업, 채광업, 유리제조 등 업종의 기술과 수배(水排), 수차(水车) 등 농기구의 발명은 수공업이 비약적인 발전을 가져왔음을 보여주었다. 상업은 동한 시기에 그 발전이 매우 빨랐다. 상품류통이 보편화되였으며 많은 재산을 갖고 있는 대상인들도 나타났다. 후기에 와서 빈부의 차이가 더욱 확대되면서 백성들의 원성이 날따라 높아만 갔다.

한조 시기의 사상문화는 춘추전국(春秋战国) 이후의 또 하나의 발전고봉을 맞이하였다. 중앙집권통치에 수응하기 위하여 한무제 시기에 "백가를 폐지하고 유가학설만 숭상"하자를 제기하여 유가학설이 점차 봉건사회의 통치사상으로 되였다. 그러나 이 시기 유가학설은 선진(先秦)시기의 유가학설보다 유심론적 성분이 더 많아졌다. 동한시기에 이르러 불교가 들어오고 도교가 다시 흥기하기 시작하면서 유가학설과 민심얻기를 다투었다. 이 시기 유물론사상도 발전을 가져왔다. 력사학계는 사마천의《사기(史记)》와 반고의《한서(汉书)》를 대표로 거대한 성과를 과시하였다. 동한은 과학기술이 발달한 시대로서 천문, 력법, 수학, 의학 등 방면의 연구가 세계 앞자리를 차지하였다. 제지술의 발명은 인류의 진보에 위대한 공헌을 하였다. 문학방면을 놓고 보면 정론산문과 전기적 산문이 제일 출중하였다. 한부(汉赋)는 독특한 형식으로 한대(汉代) 문학 특징의 하나로 되였으며 악부시는 민간문학의 대표로서 오언시(五言诗)의 주체가 되였다. 회화, 조각, 건축 수준도 매우 큰 진보를 가져왔다. 량한시기에 영향력 있는 많은 문화명인들을 배출하였는데 례를 들면 가의(贾谊), 사마상여(司马相如), 사마천(司马迁), 동중서(董仲舒), 왕충(王充), 채륜(蔡伦), 장형(张衡), 장중경(张仲景), 화타(华佗), 류휘(刘徽) 등이 있다.

090

포의장상

황제로 등극한 한고조(汉高祖) 류방(刘邦)은 어느 날 황궁에서 문무백관들을 거느리고 연회를 베풀고 있었다. 술이 거나해지자 한고조는 "경들은 조금도 거리낌없이 의론하라. 짐은 천하를 얻었는데 무엇 때문에 항우(项羽)는 천하를 얻지 못했는고." 하고 말하자 신하 고기(高起)와 왕릉(王陵)이 대답하였다. "페하와 항우를 비교해보면 페하는 성을 잘 내고 사람을 모욕하기를 즐깁니다. 항우는 의리를 지키고 사람을 존중합니다. 이것은 페하가 항우보다 못한 점입니다. 하지만 페하는 장려와 처벌이 분명하여 많은 사람들이 리득을 얻게 하였습니다. 항우는 재능이 있는 사람을 질투하고 의심하고 공로가 큰 사람은 해치고 전장에서 승리하고 돌아와도 공을 기입해주지 않았으며 땅을 상으로 주지도 않았습니다. 때문에 항우는 천하를 얻지 못하였습니다."

한고조는 "경들은 하나만 알고 둘은 모르느니라. 짐이 군사책략을 세우는 면에서 장량(张良)보다 못하고 나라를 다스리는 면에서는 소하(萧何)보다 못하며 군대를 통솔하여 싸우는 면에서는 한신(韩信)보다 못하다. 이 세 사람은 당대의 영웅호걸들로서 내가 그들을 등용하였다. 이것이 바로 내가 승리할 수 있은 중요한 원인이다. 항우는 지략이 있고 과단성이 있는 범증(范增)마저 중용하지 않았다. 이것이 바로 그가 실패한 원인이다."고 말하였다.

한고조가 연회석상에서 말한 것처럼 그는 확실히 인재를 잘 등용하였다. 천하를 얻는 과정에서 그는 장량, 소하, 한신과 같은 뛰여난 인재를 등용하였을 뿐만 아니라 수많은 장기를 가진 사람들도 써주었다. 그가 인재를 등용함에 있어서의 특점은 바로 무릇 재능만 있으면 출신여하를 막론하고 등용하는 것이였다. 초한(楚汉)전쟁에서 군공을 세우고 한조를 건립한 후 승상과 장군으로 된 많은 사람들중에서 한(韩)나라 승상 장평(张平)의 아들 장량의 출신이 제일 고귀하였다. 그 다음으로 소하와 조참(曹参)이다. 두 사람은 패현(沛县)에서 문서와 감옥관을 지낸 적이 있는데 봉건사회에서 이러한 관직은 모두 비천한 관직이다. 좀 더 아래로 꼽아보면 진평(陈平), 왕릉, 력이기(郦食其) 등은 모두 평민백성으로서 관직에 있은 적이 없었고 한신은 더 말할 나위도 없었다. 홍문연에서 류방을 구한 번쾌(樊哙)는 개를 잡는 백정이였다. 대장군 주발(周勃)은 누에광주리를 겯거나 피리를 불어주는 것으로 생계를 유지하던 사람이였고 대장군 관영(灌婴)은 비단장사군이였다. 작은 관리를 한 적이 있는 소하, 조참을 포함하여 관직을 지낸 적이 없는 평민백성들은 당시 사회에서는 포의(布衣, 즉 무명옷)만 입어야지 비단옷을 입을 자격이 없었다. 하여 력사에서는 이들을 포의장상이라 한다.

한 사람의 재능이나 성과는 그 사람의 출신에 의해 결정되는 것이 아니라 머리를 쓰려 하고 어떤 일이든 해내려고 노력해야 하는 것이다. 바로 포의장상들처럼 한고조를 도와 천하를 얻는 과정에서 하나같이 큰 공을 세웠고 한조가 건립된 후에도 봉건통치를 공고히 하기 위하여 공헌을 하였으니 력사가 어찌 그들의 이름을 기억하지 않겠는가.

여기에서 먼저 소하를 말해보자. 그는 한고조 류방과 한 고향사람으로서 정치적인 안목과 재질을 갖춘 사람이다. 그는 류방에 대해 잘 알고 있었으며 이후에 꼭 큰 일을 해낼 사람이라는 것을 믿어 의심치 않았다. 그는 패현에서 문서직에 있을 때 무릇 류방이 다른 사람과 분쟁이 생겨 관청놀음을 할 때면 언제나 류방켠에 서서 도와주군 했다. 류방이 정장(亭长)으로 지낼 때 함양에 장정들을 압송할 려비를 모으면 다른 사람들이 300전을 낼 때 소하는 늘 500전을 냈다. 진승(陈胜), 오광(吴广)이 대택향(大泽乡)에서 봉기한 후 소하와 조참은 번쾌를 시켜 류방을 찾아오게 한 다음 패현 현령을 죽이고 일거에 거병하여 진조를 반대하였으며 류방을 옹위하여 패공으로 되게 하였다. 소하는 한조의 개국공신이 되기에 손색이 없었다. 류방이 함양(咸阳)을 공략할 때 다른 장수들은 모두 금은보화를 빼앗아 챙기느라 여념이 없을 때 오직 소하만이 진조의 승상부(丞相府), 어사부(御史府)에 들어가 많은 도서, 률령(律令)과 문서당안들을 건사하였다. 이것은 아주 중요한 경제, 정치, 문화자료들이다. 이러한 것들은 류방으로 하여금 전국의 산천, 요새, 군현호적 및 사회정황을 똑똑히 료해할 수 있게 하여 항우를 타승하고 천하를 통일하는 데 중요한 작용을 일으켰다. 소하가 달밤에 한신을 추격하여 류방으로 하여금 출중한 장군을 얻게 한 것은 실로 원견성이 있는 훌륭한 일이 아닐 수 없다.

소하는 또 후근관리사업을 잘하는 능수였다. 초한전쟁에서 그는 승상(丞相)의 신분으로 관중일대에 남아있게 되였다. 류방이 매번 항우한테 패할 때마다 소하는 재빨리 군량을 모아 군사들을 보충하여 류방으로 하여금 재기하여 최종 승리를 취득할 수 있게 하였다. 때문에 류방은 천하를 얻은 후 소하의 공적을 치하하여 그를 찬후(酂侯)로 봉하고 승상으로 지내게 하였다.

한신이 대장군으로 추대된 후 그는 출중한 군사적 재능을 발휘하여 여러 차례 군공을 세웠다. 그는 전쟁에서 늘 기묘한 계략으로 상대를 이겼으며 적은 병력으로 많은 병력을 전승하였는데 조나라를 이긴 싸움(破赵之战)이 바로 그 실례이다.

이 싸움이 시작될 때 한신은 밤중에 경기병 2,000명을 선발하여 매 사람에게 붉은 기발을 준비하게 한 다음 오솔길로 해서 조나라 군영부근에 매복시켰다. 출발전에 한신은 그들에게 "조나라 군사가 우리 군이 퇴각하는 것을 보면 필연코 군영에서 나와 우리 군을 쫓을 것이니 그때에 너희들은 조나라군의 진영에 들어가 그들의 기발을 뽑아버리고 우리 군의 붉은기를 꽂아라."고 분부하였다.

경기병이 출발한 후 한신은 전군 병사들에게 준비해 온 음식을 나누어주면서 "지금 모두들 조금씩만 먹어두어라, 날이 밝아 조나라 군대를 패배시킨 후 풍성한 음식으로 축하연을 열 것이니라."고 격려하였다. 뒤이여 군사 만명을 선봉으로 강을 등지고 조나라 진영을 치게 하였다. 조나라 군사들은 한신이 강을 등지고 진을 친 것을 보고는 모두 그가 병법을 모른다고 비웃었다. 날이 밝기를 기다려 한신이 사람을 시켜 북을 치고 기발을 흔들면서 조나라에 싸움을 걸었다. 한동안 싸우다가 한신은 문득 기발, 북 같은 것들을 버리고 퇴각하라는 명령을 내렸다. 조나라 군사들은 한나라 군사가 패해서 퇴각하는 줄로 알고 벌떼처럼 진영에서 나와 전리품들을 챙기기에 급급했다. 한나라 군사는 강가까지 퇴각하여 길이 막히게 되자 되돌아서서 죽기내기로 싸우니 그 용맹 당할 자가 없었다. 이때 조나라 진영부근에 미리 매복해있던 2,000명 한나라 경기병이 조나라 진영이 텅 빈 틈을 타서 일거에 조나라 진영을 탈취하고 한나라 붉은기를 꽂았다. 한편 조나라 군사는 한나라 군사를 당하지 못하자 뒤로 철거할 수 밖에 없었다. 그들이 자기들의 진영이 이미 한나라 붉은기로 뒤덮인 걸 보자 창과 갑옷을 버리고 분분히 도망쳤다. 한나라 군사는 앞뒤로 협공하여 장군 진여(陈余)의 목을 치고 조나라 군사를 대패시켜 휘황한 승리를 거두었다.

싸움이 끝난 후 누군가가 한신에게 물었다. "장군은 병법을 어기고 강을 등진 진영을 쳤지만 결과는 승리하였습니다. 이것은 무슨 도리이시오?" 한신이 대답하기를 "나의 이 방법은 병법에도 있는 것인데 자네들이 주의하지 않았을 뿐이네. 병법에 이르기를 '사지에 놓여야 살 수 있다.'고 하지 않았나? 내가 강을 등지고 진영을 친 것은 바로 여기에 근거한 것이네!" 이 때로부터 사람들은 한신이 령활하게 병법을 활용하는 사람임을 알았으며 그를 더욱 탄복하였다. 류방이 천하를 얻은 후 한신은 초왕(楚王)으로 책봉받았다.

조참도 적지 않은 공로를 세웠다. 패현에서 봉기한 후 그는 류방을 따라 남정북전하면서 여러 차례 적군을 무찔렀다. 그가 세운 첫번째 공로는 진조의 대장군 리유(李由)가 거느리는 군사를 전멸시킨 것이다. 리유를 죽인 것은 진조에 심중한 타격을 주었다. 함양을 공략하는 싸움에서 조참은 선봉을 맡았으며 그도 제일 먼저 함양에 쳐들어간 장군 가운데의 하나이다.

초한전쟁에서 조참의 전공은 혁혁하였는데 그는 늘 위급한 상황을 승리로 돌려세우군 하였다. 그는 6국의 낡은 귀족들이 세운 2개 나라를 멸망시켰으며 122개의 현성을 탈취하였고 포로로는 2명의 왕, 3명의 승상, 6명의 장군과 허다한 크고작은 관리들이 있었다. 그는 선후하여 70번이나 부상을 입어 몸에 수많은 상처자국을 남기면서 한조의 건립을 위하여 피땀으로 위훈을 쌓았다.

왕릉은 비록 비천한 출신이지만 가정은 비교적 부유한 편이였다. 봉기 전에 그는 류방과 결의형제를 맺은 사이였다. 류방이 함양을 공략할 때 왕릉도 수천명의 군사를 모집하여 남양에서 대기하고 있었다. 패현봉기 초기 그는 자기가 류방보다 나이가 많고 또 류방의 원쑤인 옹치(雍齿)와 가까운 사이라는 점을 고려하여 류방을 따르지 않고 따로 자기 기반을 세우려 하였다. 초한전쟁이 시작된 후에야 그는 비로소 류방켠에 서게 되였다.

한차례의 싸움에서 초나라 군대는 왕릉의 모친을 붙잡게 되였다. 왕릉은 사자를 파견하여 항우에게 모친을 풀어줄 것을 요구하였다. 항우는 투항을 권유하기 위하여 고의로 왕릉의 모친을 상좌에 모시고 깍듯이 대해주었다.

왕릉의 모친은 사자를 배웅할 때 눈물을 흘리면서 "돌아가서 내 아들한테 전하게. 한왕은 위대한 인물이니 꼭 천하를 얻을 것이라고. 다른 생각은 하지도 말고 오로지 한왕을 따라 천하를 얻는 일에만 몰두하라."고 당부한 후 칼을 뽑아 자결하였다. 이 때로부터 왕릉은 모친의 당부를 명기하고 류방의 충직한 신하가 되여 한조의 건립을 위하여 혁혁한 공훈을 세웠다.

류방의 수하에는 이외에도 많은 모사와 장군들이 있는데 그들에 대한 이야기도 매우 많다. 진평은 지략이 뛰여났고 번쾌는 담략이 뛰여났으며 주발은 사람됨이 충직하고 말수가 적으며 한조의 건립을 위하여 많은 공로를 세웠을 뿐만 아니라 그후의 류씨 천하를 지키기 위해서도 적지 않은 힘을 보태였다. 이 이야기는 뒤에 나오는 〈주발이 류씨 천하를 안정시키다〉에서 상세히 보기로 하자.

091

숙손통이 조정의 례의를 제정하다

류방은 원래 많이 배우지 못했고 또 선비들을 싫어하였을 뿐만 아니라 딱딱한 례의범절과 같은 규례들을 몹시 귀찮아하였다. 황제가 된 후 그는 진조의 례의제도가 귀찮다고 생각하여 모조리 페지해버렸다. 이렇게 되니 문제가 생겼다. 례의의 속박이 없어지자 출신이 비천하고 자기딴에는 공로가 크다고 여기던 대신들이 조정에서 마음대로 왁자지껄이면서 언행이 말이 아니였다.

서한이 갓 건립되였을 무렵 류방은 모두에게 포상하려 했으나 너도나도 공을 차지하려 옥신각신하는 바람에 1년 동안이나 쟁론했지만 결과가 없었다. 류방은 소하의 공로가 제일 크다고 여기고 제후로 봉하였다. 그러자 많은 장군들이 승복하려 하지 않으면서 "우리는 위험한 전장을 돌진하면서 수많은 성들을 공략했고 많게는 백여번, 적게는 수십번의 싸움을 겪었지만 소하는 후방에서 입과 붓대나 놀렸을 뿐인데 어찌하여 제일 큰 공을 기입해줍니까?" 고 큰소리로 떠들었다. 류방은 모두가 승복하지 않자 크게 노하여 "자네들은 사냥할 줄 아는가?" 고 큰소리로 물었다. 모두들 누가 사냥할 줄 모르겠는가고 답하자 류방은 "그럼 사냥개도 알겠구나."고 하였다. 모두들 그렇다고 하자 류방이 "사냥할 때 사냥물을 쫓는 것은 사냥개이고 사냥물을 쫓으라고 명령을 내리는 것은 주인이다. 너희들은 다만 위험한 전장에 돌진하여 적을 소멸할 줄만 알기에 이것은 사냥개와 같다. 소하는 명령을 내리는 사람이므로 너희들이 어찌 소하와 비교를 하겠는가!"고 말하였다.

장군들은 류방이 자기네들을 사냥개에 비유를 하니 더욱 승복하지 않았다. 그들은 마구 지껄이면서 악다구니를 했다. 어떤 사람들은 칼을 뽑아 궁전의 기둥을 찍기까지 하였다. 온통 뒤죽박죽이 되였다. 류방은 례법을 모르는 사람들을 이대로 놓아두면 안될 것 같아서 방법을 대여 정돈해야겠다고 생각하였다.

숙손통(叔孙通)이라 부르는 유생은 진조에서 대소박사 (待诏博士) 벼슬을 지낸 적이 있었다. 한조에 넘어온 지 얼마 안되였고 류방이 유생들을 싫어했던지라 그의 지위는 그리 높지 못하였다. 이 시기 그는 류방의 근심을 보아내고 "천하를 얻을 때에는 소신이 힘을 보태주지 못했지만 천하를 얻은 다음 페하를 도와 천하를 지켜드릴 수는 있습니다. 소신은 로나라에 가서 례의를 아는 유생들을 모아 페하를 도와 조의(朝仪)를 제정하고 조정의 질서를 바로잡겠나이다."라고 건의하였다. 류방은 비록 조정의 어수선한 상황은 마음에 안들지만 반면에 조의를 제정하겠다는 말을 듣고 근심에 빠졌다. 그는 유가(儒家)의 례의가 너무 복잡하여 배우기가 힘들가봐 의심하는 태도로 물었다. "그런 례의 따위는 배우기가 어렵지 않겠느냐?" 이에 숙손통이 "례의란 그것을 수요하는 사람과 부동한 시대에 근거하여 제정합니다. 하, 상, 주 3대의 례의는 호상 계승과 증감이 있었기에 완전히 같지는 않았습니다. 우리는 고대와 진조의 례의를 결합하고 또 지금의 수요에 근거하여 하나의 새로운 례의를 만들어야 합니다."고 말하였다. 류방은 "그럼 그대가 만들어보게. 하지만 꼭 간편하게 만들게. 짐이나 대신들이 모두 배우기 쉽게 말이야."고 하였다.

숙손통은 옛 로(鲁)나라 지방에서 고대 례의를 아는 유생 30명을 모집하여 조의를 제정하는 일에 매진하였다. 그는 먼저 사람을 시켜 장안 교외에 대나무와 마른풀로 초가집을 지어놓고 30명의 유생과 한고조의 몇몇 측근 그리고 자기의 제자들을 합쳐 백여명이 조의를 제정하고 연습하였다. 한달이 지난 후 숙손통은 한고조를 청하여 조의연습을 구경하게 하였다. 한고조가 연습을 보고난 후 "이것은 나도 배울 수 있다. 이대로 하라."고 령을 내렸다. 그는 전체 문무백관들이 모두 조의를 배울 것을 명하였고 기원전 200년, 류방이 황제가 되여서 세번째 해가 되는 10월에 정식으로 실행한다고 선포하였다. 한조 초년에는 10월이 지나야 한살을 더 먹는다고 하였다.

10월이 되여 장안의 주요 궁전인 장락궁(长乐宫)이 완공되였다. 그날 날이 채 밝기 전, 황제를 배알(朝拜)하는 의식이 정식으로 시작되였다. 문무백관들은 관직의 높낮이에 따라 궁문 밖에서 줄을 서서 기다리고 있었다. 궁전 밖에는 오색찬란한 기발들이 꽂혀있었다. 위무당당한 무사들은 손에 칼, 창, 도끼 등 무기를 들고 량켠에 줄을 지어 서 있었다. 전령관이 "대신들은 대전에 들라!"는 신호를 보내자 대신들은 일제히 두줄로 서서 대전으로 들어갔다. 태위(太尉) 등 무관들은 서쪽에서 동쪽을 향해 서고 승상 등 문관들은 동쪽에서 서쪽으로 향해 섰다. 모두들 서기를 기다려 전령관이 여러 대신들을 대표하여 황제에게 조회를 청하였다. 한고조는 어가(辇车)에 앉아 내궁으로부터 대전에 나와 여러 신하들의 배알을 받았다. 배알하는 여러 대신들은 이름과 관직을 말하고 공손하게 절을 한 다음 자기 위치로 돌아가야 하였다. 배알이 끝난 후에 한고조는 대신들에게 법주(法酒)를 상으로 내려주었다. 여러 대신들은 술잔을 자신의 이마와 같은 높이로 들고 일제히 "황제폐하의 만수무강을 축원합니다!"를 웨치면서 술잔의 굽을 내야 하였다. 법주의 량은 제한되여 있었다. 순수한 례의상의 수요를 위한 것이기에 절대로 취해서는 안되였다. 때문에 법주라고 하였다.

배알하는 과정에 어사대부가 진행을 맡았다. 무릇 례의상에서 차질이 생기는 대신들이 있으면 무사들이 압송하여 갔다. 하여 대신들은 모두 엄격하고 열심히 행하였기에 처음부터 결속될 때까지 누구도 떠들거나 실례를 하는 사람이 없었다.

배알의식이 끝난 후 출신이 비천한 한고조는 "오늘에야 비로소 황제가 된 것이 이렇게 존귀한 줄 알았다."고 하면시 몹시 기뻐하였다. 그는 숙손통을 봉상(奉常)으로 봉하고 황금 500냥을 상으로 주었다. 봉상은 전문적으로 조정의 례의를 관리하는 관직으로서 후에는 태상(太常)이라 하였다.

숙손통이 조의를 제정한 후부터 궁전에서 왁자지껄이던 상황은 다시는 나타나지 않았다. 이 때로부터 황제는 지고무상의 권위가 있게 되였고 신하는 황제의 충실한 노복으로 되였다. 봉건사회에서 군신지간의 일련의 례의법규가 건립되였다. 이러한 일련의 례의법규는 중국 봉건사회에서 2,000여년간 줄곧 실행되였는데 형식상에서 봉건군주통치를 공고히 하였다.

092

한고조가 말을 잡아 맹세하다

한고조 류방이 항우와 천하를 놓고 싸울 때 장량, 소하, 한신을 중용한 외에도 장이(张耳), 영포(英布), 장도(臧荼)의 대폭적인 지지를 받았다. 항우가 땅을 떼여 분봉할 때 이들도 모두 왕으로 책봉받았다. 장이는 상산왕(常山王), 영포는 구강왕(九江王), 장도는 연왕(燕王)이였다. 당시 그들의 지위는 한왕 류방의 지위와 동등하였다. 항우는 의심이 많아 부단히 그들을 배척하였지만 류방은 부단히 이들을 쟁취하려고 노력하였기에 나중에 그들은 류방을 도와 항우를 패배시키고 한조를 건립하는 데 공로를 세웠다. 어부출신인 팽월(彭越)은 인마를 거느리고 항우의 후방을 교란함으로써 대량의 초나라 군사를 견제하여 큰 공을 세웠다. 류방이 황제가 된 후 이런 사람들을 섭섭치 않게 왕으로 봉하였다. 장이는 이미 죽었기에 그의 아들 장오(张敖)를 조왕(赵王)으로 봉하고 영포를 회남왕(淮南王)으로 고쳐 봉했으며 장도는 의연히 연왕으로 봉했다. 이 사람들의 공로는 한신, 팽월이와는 비교도 안되였지만 모두 왕으로 봉하였기에 한신, 팽월이도 왕으로 봉해야 했다. 한신은 초한전쟁이 끝나기 전에 이미 제(齐)왕으로 봉한 터라 이 시기에는 초왕으로 고쳐 봉했고 팽월은 량(梁)왕으로 봉했다. 그외 한낭왕(韩囊王)의 후손 역시 한신이라 불렀는데 한왕으로 봉해주었다. 영포의 장인 오예(吴芮)도 장사왕(长沙王)으로 책봉받았다. 도합 7명의 왕이 책봉되였다.

한고조가 이성(异姓) 대신들을 왕으로 책봉한 것은 부득이한 수법이였다. 그는 재능이 있고 싸움 잘하는 이들이 자기들의 세력을 키워 류씨천하를 빼앗을가봐 두려웠던 것이다. 때문에 왕으로 책봉하고 얼마 안되여서부터 갖은 구실을 대여 이성왕들을 하나하나 제거하였다.

한고조는 황제가 된 후 연왕 장도가 반란을 꾀한다는 것을 구실로 친히 군사를 거느리고 가서 토벌하여 장도를 붙잡은 다음 자기의 동창이자 한 고향 딱친구인 로관(卢绾)을 연왕으로 봉했다. 이듬해 류방은 한신이 항우의 대장 종리매(钟离眛)를 수하에 두고 있다는 말을 듣고 이전에 한신과 오갔던 말이 생각났다. 한고조와 한신은 군대를 인솔하여 싸우는 문제를 담론하다가 한신에게 "짐과 같은 재능이면 얼마만한 수량의 군사를 거느릴 수 있겠는가?"고 물었다. 한신은 "페하는 고작 10만 군사밖에 거느리지 못할 것입니다." 고 대답하였다. 한고조가 다시 한신에게 "그렇다면 자네는 얼마만한 수량의 군사를 거느릴 수 있는가?"고 물었다. 한신은 "소신은 당연히 군사의 수가 많으면 많을수록 좋지요."고 대답하였다. 한고조는 한신의 건방진 말과 종리매를 수하에 두고 있는 데는 필시 반란을 꾀할 의도가 있다고 생각하고 한신을 토벌하려 하였다. 그러나 다시 생각해보니 자기의 군사는 한신의 군사보다 정예하지 못하고 수하 장군들도 모두 한신의 장군들보다 못하니 만약 싸우면 자기가 한신의 상대가 아니라고 생각하였다. 하여 그는 진평의 계책 대로 명승고적 운몽택(云梦泽)을 유람한다고 하면서 자기의 심복 부대를 한신의 봉지로 끌고 가서 기회를 엿보아 불의에 습격을 하려고 준비하였다.

한신은 황제가 자기의 봉지로 오는 용의를 알고 군사를 일으켜 반란을 일으키려다가 생각해보니 자기는 공로가 크고 죄가 없는데 황제가 너무 억지를 부리지 않을 것이라고 생각하고 반란을 일으키는 것을 주저하였다. 이 때 누군가가 한신에게 "황제는 종리매 때문에 오시는 것이기에 종리매를 죽여서 그의 머리를 갖다바치면 황제께서는 기필코 기뻐할 것이며 후환도 없을 것이다."고 하였다. 한신이 종리매를 찾아가서 상의하자 종리매는 크게 한신을 꾸짖으면서 "개자식, 넌 친구도 아니다. 오늘은 내가 죽지만 래일은 네가 반드시 죽을 것이다."고 말한 다음 칼을 뽑아 자결하였다. 한신은 진짜로 종리매의 머리를 한고조에게 바쳤다. 한고조는 당장에서 무사를 불러 한신을 포박하고 수인차로 압송하게 하였다. 한신은 불복하면서 큰소리로 "교활한 토끼가 죽으니 사냥개는 잡아먹히고 나는 새가 없으니 좋은 활은 감춰지고 적국이 격파되니 모사는 죽는구나."고 웨치면서 한고조의 공신에 대한 살륙에 항의하였다. 후에 한고조는 한신의 공로가 크고 위망이 높은데다가 그를 죽인다면 많은 사람들이 인정하지 않을 것이고 또 반란을 꾀했다는 확실한 증거도 없고 해서 풀어주었다. 하지만 그의 봉지를 줄이고 회음후(淮阴侯)로 강직시켰다. 한신은 후에 려후(吕后)한테 죽었다.

이렇게 한고조는 이성왕들을 하나씩 제거하였는데 등극하여서부터 죽을 때까지 선후하여 7명의 이성왕 가운데서 6명이나 제거해 버렸다. 비워진 왕의 자리는 자기의 형제거나 조카들로 채워넣었다. 이 시기 한고조는 이미 농민봉기군 수령으로부터 봉건지주계급의 총 대표로 전변되여 천하를 자기의 사유재산으로 간주하고 다른 사람이 빼앗을가봐 몹시 두려워하였다. 한고조는 자기의 통치지위를 공고히 하기 위하여 자신의 자제만 믿었지 더는 그를 위해 피를 흘리면서 싸웠던 이성왕들을 믿지 않았다.

한고조는 살았을 적에 자기 손으로 이성왕을 제거했을 뿐만 아니라 죽기 전에 유언으로 아주 정중하게 류씨성이 아닌 사람은 왕으로 책봉하지 말라고 규정하였다. 그의 이런 결정은 회남왕 영포를 토벌할 때 무척 애를 먹었기에 내려진 것이였다.

회남왕 영포는 원래 항량(项梁) 수하의 맹장(猛将)이였다. 항량이 죽은 후 영포는 항우를 따라 북상하여 조나라를 구하였다. 그는 용맹하고 늘 적은 병력으로 많은 병력과 싸워 이겨 큰 공로를 세웠다. 항우가 함양으로 진군할 때 영포는 선봉을 맡아 공을 세웠다. 때문에 항우가 봉지를 나눌 때 그를 구강왕으로 봉하였다. 왕으로 책봉받은 후 항우와 영포는 모순이 생겼다. 류방은 언변이 좋은 수하(随何)를 보내여 영포를 자기편으로 끌어들였다. 그리고 항우를 패배시킨 후에는 영포를 회남왕으로 책봉하였다.

장도와 한신의 죽음은 영포로 하여금 실망과 두려움에 떨게 하였다. 후에 팽월이도 제거되였는데 한고조는 팽월이를 죽인 후 칼탕쳐 제후들에게 보내주어 먹게 하였다. 이것은 분명히 닭을 잡아 원숭이에게 보여주는 격으로 제후왕들에 대한 엄중한 경고였다. 이런 참혹한 사실은 영포로 하여금 "새가 없으니 활이 감춰지고 토끼가 죽으니 사냥개가 삶겨지다."의 근심을 하게 되여 한고조가 등극한지 일곱번째 되던 해(기원전 196년)에 군사를 일으켜 반란하였다.

한고조는 영포의 반란소식을 듣고 친히 대군을 거느리고 토벌하였다. 량쪽군사가 대치할 때 한고조는 영포의 진세(阵势)가 항우의 진세와 흡사한 것을 보고 속으로 두려웠다. 그는 "나는 이미 너를 왕으로 봉했거늘 너는 무엇 때문에 반역을 꾀하는가?"고 하면서 영포를 질책했다. 영포는 "그 때에 항우도 당신을 왕으로 봉하지 않았는가. 그런데 당신도 반역하지 않았는가? 당신은 반역하여 황제가 되여도 되고 나는 반역하여 황제로 되면 안되는가."고 반문하였다.

한고조는 영포가 자기의 황제자리를 빼앗겠다는 말을 듣고 분이 상투끝까지 올라 진격명령을 내렸다. 그는 젖 먹던 힘까지 다 써서야 영포를 패배시킬 수 있었다. 이 싸움에서 한고조는 날아오는 화살에 부상을 입었으며 그때로부터 다시 일어나지 못하였다.

그 이듬해(기원전 195년), 한고조는 문무백관들을 거느리고 황실의 종묘에 가서 맹세를 하면서 류씨성이 아닌 사람은 왕으로 봉하지 말라는 유언을 내렸다. 한고조는 수하 사람을 시켜 흰말 한필을 끌어오게 한 후 자기가 직접 잡아 선서의식을 주관하였다. 그는 김이 나는 말혈주를 들고 "나는 군사를 일으킨 지 이미 20년이 되였다. 그 당시 나를 따라 천하를 평정하던 영웅호걸들에게 왕이나 제후로 봉해주었고 적지 않은 봉지까지 주었으니 줄 만큼 다 주었다고 생각한다. 그런데 이들 중 어떤 사람들은 교만하고 탐욕스럽고 심지어 반란을 일으켜 우리 류씨 천하를 빼앗으려 한다. 지금 이 자리에서 조상님의 령전 앞에서 자손만대를 위하여 어겨서는 안되는 신조를 내리노라. 바라건대 모두들 지키기를 맹세하라. 지금으로부터 무릇 류씨성이 아닌 사람은 일률로 왕으로 책봉하지 못하며 공로가 없는 사람은 일률로 제후로 봉하지 못한다. 누가 이 맹약을 어기면 천하가 모두 그를 토벌해야 한다."

한고조는 선서가 끝난 후 말혈주를 반쯤 땅에 붓고 나머지 반을 단숨에 마셔버렸다. 자리에 있던 사람들도 모두 그를 따라 말혈주를 마시면서 꼭 이 맹약을 지키겠다고 맹세하였다. 한고조가 말을 잡아 맹세한 것은 이성왕들이 반란을 일으켜 류씨 천하를 빼앗고 분렬을 조성할가봐 두려워서 생각해낸 이른바 일종의 장구지책인 것이다. 그러나 이 맹약을 어긴 사람은 바로 자신의 안해인 려후였다.

093

려후가 정권을 탈취하다

한고조 류방이 말을 잡아 선서한 후 병세가 나날이 깊어갔다. 황후 려후(吕后)는 유명한 의사를 청하여 그의 병을 치료하게 하였다. 한고조가 의사에게 물었다. "나의 병을 치료할 수 있겠는가?"하자 의사는 진맥한 후 이마살을 찌프리면서 완곡하게 "페하의 병은 매우 엄중합니다. 하지만 고칠 수는 있습니다."고 말하였다. "고칠 수 있다고! 내가 칼을 들어 뱀을 베고 나서 끝내 천하를 얻었는데 이것이 그래 천명이 아니란 말인가? 지금 하늘이 나의 명을 재촉하는데 명의 편작(扁鹊)이 온들 무슨 소용이 있겠는가!"고 욕하면서 아래사람에게 분부하여 의사에게 일정한 황금을 주어 돌려보내게 하였다. 려후는 정치적 야심이 있는 사람이다. 그는 한고조의 생명이 위태로운 것을 알고 후사 안배가 궁금하여 한고조한테 물었다. "페하 백년후에 소상공(소하)이 죽으면 누가 그의 뒤를 계승할 수 있을가요?" 한고조가 대답하기를 "조참이 계승할 수 있소." 려후가 또 물었다. "그럼 조참의 뒤는 누가 계승할 수 있을가요?" 한고조는 "왕릉이 계승할 수 있소. 하지만 그는 어딘가 미욱한 데가 있어 진평더러 도와주게 하면 되오. 진평은 모략은 뛰여나지만 한몫을 감당하기가 어려울 것이오. 주발은 비록 배운 것은 많지 못하나 신중하고 너그러워 앞으로 류씨 천하를 지켜 줄 사람임에 틀림이 없소. 그러니 주발을 태위자리에 앉히면 될 것 같소."고 말하였다. 려후가 계속하여 물으니 한고조는 "그 다음에는 당신도 죽을 것이니 어떻게 안배해도 모를 것이 아닌가."고 말하였다. 얼마후 한고조 류방은 세상을 떠났다. 그 해가 바로 기원전 195년이였다.

한고조가 죽자 려후는 곧바로 움직이기 시작하였다. 그는 나흘이 되여도 부고를 내지 않고 몰래 자기의 심복인 심이기(审食其)와 밀모하여 공신들을 죽이기로 하였다. 그는 심이기한테 "조정에 있는 몇몇 장군들은 모두 페하와 같은 보통백성이였다. 후에 페하 앞에서 신하가 되였지만 속으로는 불쾌했을 것이다. 지금 또 그들더러 어린 황제를 보좌하라 하니 그들이 맘에 내켜 하겠는가? 내 생각에는 그들을 죽여 없애지 않는 한 천하가 태평하지 못할 것이다."고 말하였다. 누군가가 이 밀담을 엿듣고 대장군 력상(郦商)한테 고자질하였다. 력상이 심이기를 찾아가서 "황제께서 승하하신지 나흘이나 지났는데 황후가 부고를 내지 않고 오히려 공신들을 죽이려 한다는 소문을 들었소. 만약 그렇게 되면 천하가 위험해질 것이오. 진평, 관영이 10만 병사를 거느리고 형양(荥阳)을 지키고 있고 번쾌, 주발이 20만 병사를 거느리고 연(燕), 대(代)를 평정하고 있소. 만약 그들이 페하께서 승하하시고 조정에서 공신들을 살륙하련다는 소문을 듣는다면 반드시 련합하여 반란을 일으킬 것이오. 이렇게 되면 천하가 또다시 혼란에 빠질게 아니요?"고 말하였다. 심이기는 력상의 말을 그대로 려후한테 전하자 려후는 계획을 변경하여 부고를 내보내고 태자 류영(刘盈)을 황제로 세웠다. 그가 바로 한혜제(汉惠帝)이다.

한혜제는 17살에 즉위하여 아는 것이 많지 못하고 성격이 온순하고 우유부단한데다 신체까지 허약하여 대권은 모두 그의 생모인 려후가 장악하게 되였다.

려후는 이름이 려치(吕雉)이다. 그는 잔혹한 성미에 수단까지 악랄한 사람으로서 한고조가 살아있을 때부터 음모를 꾸며 공신들을 살륙하고 이후의 정권탈취를 위하여 장애를 제거하였다. 한고조는 한신을 회남후로 강직시킨 후 원래는 인차 죽일 생각이 없었다. 그러나 려후는 한고조가 반란평정을 나간 기회를 타 한신을 미양궁으로 꾀여 유인한 다음 종실에 감금하고 비밀리에 죽여버렸다. 팽월 또한 원래 반란을 꾀할 마음이 없었는데 다른 사람의 모해를 받아 한고조에 의해 처단되였다. 한고조도 그의 공로가 크고 반역을 꾀한 확실한 증거도 없고 해서 죽이지 않고 직위를 박탈하고 촉지(蜀地)로 정배를 보냈었다. 팽월은 락양을 떠나 촉지로 가는 길에서 려후를 만났다. 그는 울면서 려후에게 자기는 죄가 없으니 편벽한 촉지로 보내지 말고 고향인 창읍으로 보내 달라고 사정하였다. 려후는 그 자리에서 흔쾌히 승낙하고 팽월을 데리고 락양으로 돌아왔다. 하지만 한고조를 보자 마자 "팽월이와 같이 능력있는 사람을 촉지로 류배보내는 것은 후환을 남기는 것이 아니고 무엇입니까? 오히려 죽여버리는 것이 마땅하지요. 내가 이미 그를 락양으로 데리고 왔습니다."고 말하였다. 그리고 사람을 시켜 거짓증인을 내세워 팽월을 고발하게 하고 팽월을 죽인 다음 삼족(父族, 母族, 妻族)까지 멸하였다.

한고조가 이성공신들을 살륙한 데는 려후의 작용이 컸다. 한고조가 죽자 그는 류씨왕들을 죽이기 시작하여 진일보로 정권을 탈취하기 위한 준비를 하였다. 그는 잔혹한 수법으로 선후하여 조은왕(赵隐王) 류여의(刘如意)와 조유왕(赵幽王) 류발(刘发)을 죽이고 조공왕(赵共王) 류회(刘恢)와 연령왕(燕灵王) 류건(刘建)을 사지에 몰아 죽였다. 몇년 사이에 한고조의 여덟 아들 중에서 넷이나 죽었다. 제도혜왕 류비(齐悼惠王刘肥)도 려후 손에 죽을 번하였다. 후에 그가 려후의 친딸 로원공주(鲁元公主)한데 성양군(城阳郡)을 바치고서야 겨우 목숨을 부지할 수 있었다.

려후가 조은왕 류여의와 그의 어머니 척부인(戚夫人)을 살해한 수법이야말로 잔혹하기로 극치에 달하였다. 여의는 원래 성격이나 태도가 한고조를 많이 닮아 한고조가 제일 아끼는 아들이였다. 한고조는 생전에 여러번 우유부단한 태자 류영(刘盈)을 페하고 여의를 태자로 세우려 하였지만 여러 대신들의 반대로 그만두었다. 한고조가 죽은 후 려후는 먼저 여의의 어머니 척부인을 랭궁에 처넣고 목에 칼을 씌우고 죄수복을 입게 하였으며 아침부터 저녁 늦게까지 쌀을 찧게 하고 또 찧은 쌀의 량이 부족하면 밥도 주지 않았다. 려후는 조은왕 류여의를 봉지로부터 경성에 불러들인 다음 살해하려고 하였다. 한혜제 류영은 어릴 적부터 여의와 같이 놀아 이복형제지만 감정이 아주 좋았다. 한혜제는 어머니 려후가 여의를 불러들인 것이 불길하여 인차 그를 황궁에 데려다가 같이 먹고 자면서 최대한 그를 보호해주었다. 한혜제의 보호가 있었기에 몇달이 지났지만 려후는 여의한테 마수를 뻗칠 수가 없었다. 어느 날 한혜제는 아침 일찍 일어나 사냥을 나갔는데 여의가 늦잠을 자는 바람에 따라 가지 못하였다. 려후는 기회가 왔다고 여기고 인차 사람을 파견하여 독주로 여의를 살해하였다. 여의가 죽은 후 려후는 또 사람을 시켜 척부인의 손발을 자르고 눈알을 파고 귀를 먹게 하고 입에 벙어리가 되는 약을 부어넣게 한 다음 '인체(人彘)'를 만들어 변소에 가두었다. 며칠 후 려후는 한혜제더러 '인체'를 구경하라고 하였다. 한혜제는 손발이 없고 눈이 멀고 귀가 먹고 말도 못하는 벙어리 '인체'가 자기 아버지 한고조가 생전에 제일 총애하던 황비 척부인인 것을 알아보고 놀란 나머지 대성통곡을 하였을 뿐만 아니라 일년 동안이나 병석에 누워있었다. 그는 앓는 도중에 사람을 시켜 려후에게 편지를 보냈다. 그는 편지에다 "사람을 이 지경으로 만들다니 그야말로 사람의 행위가 아닙니다. 나는 당신의 아들로서 정말 천하를 다스릴 자격이 없습니다."고 썼다. 그때로부터 그는 나라 정사를 돌보지 않고 우울함을 달래려고 날마다 술을 마시고 즐기다가 즉위하여 일곱번째 되던 해 8월에 죽고 말았다.

한혜제가 죽은 후 려후는 거짓으로 한바탕 울었다. 하지만 소리만 높았지 눈물은 한방울도 흘리지 않았다. 이 시기 장량의 아들 장벽강(张辟疆)이 조정에서 시중(侍中)이라는 벼슬을 지내고 있었다. 그는 15살밖에 안되였지만 려후의 가짜 울음의 비밀을 보아내고 승상 진평한테 달려가서 말하였다. "태후는 아들로는 혜제 한분 밖에 없는데 왜서 돌아가셨는데도 눈물 한방울도 안 흘리는지요. 승상께서는 무슨 영문인지 아십니까?" 이번에는 진평이 되물었다. "네가 말해 봐라. 무슨 영문이지?" 장벽강이 말하기를 "혜제가 성장한 아들이 없기에 태후는 공신들을 매우 두려워하지요. 승상께서는 지금 태후한테 가셔서 태후의 조카들인 려대(吕台), 려산(吕山), 려록(吕禄)을 장군으로 봉하고 그들더러 군사를 거느리게 하고 려씨네 기타 사람들이 조정에 들어와 대권을 잡게 하라고 청원하면 태후께서 시름을 놓으시고 공신들도 위험이 없어질 것입니다." 고 하였다. 진평 또한 지략이 뛰여나고 류씨 왕조에 몹시 충성하는 사람이다. 그는 려후의 야심에 대해 일찍부터 간파하고 있었지만 려후가 정권을 탈취하려는 음모가 완전히 드러나지 않았다고 생각하고 그와 정면으로 부딪치지 않고 될수록이면 그의 말을 따르려 했다. 진평은 장벽강의 건의를 채납하고 황궁에 들어가서 말하니 려후는 진짜로 기뻐하였다. 다시 울 때에는 눈물도 있었다. 그러나 려후 일가의 정권찬탈활동은 이 때로부터 전면적으로 시작되였다.

한혜제의 장황후(张皇后)는 줄곧 아들을 낳지 못하자 려후는 그의 옷 속에 물건을 넣어 부풀리게 하여 가짜로 임신하게 만든 후 궁중에서 다른 사람이 낳은 아이를 안아다가 황후가 낳은 아이라고 하고는 아이 엄마는 죽여 입막음을 하였다. 한혜제가 죽은 후 안아온 아이가 황제가 되였는데 력사에서 소제(少帝)라고 한다. 기실 소제 역시 작은 괴뢰에 불과했다. 당시 일체 호령은 려후가 내렸기에 사실상 그가 황제의 권력을 행사하고 있었다.

려후가 정권을 탈취한 후 려씨 가문의 자식들을 왕으로 봉하여 자기의 통치지위를 공고히 하려 하였다. 그는 먼저 우승상 왕릉의 의견을 물어보았다. 왕릉은 직통배기로서 려후의 용의를 알지 못하여 당장에서 반대하면서 "안됩니다. 고조가 살아 생전에 말을 잡아 선서하면서 '류씨 성이 아닌 사람은 왕으로 봉하지 말며 공로가 없는 사람은 제후로 봉하지 말며 누구든 이 맹약을 어기면 천하사람들이 그를 토벌하라.'고 하셨습니다. 지금 태후께서 려씨 사람을 왕으로 봉하려는 것은 맹약을 어기는 일이라 저는 동의할 수 없습니다."고 하였다. 려후는 듣고나서 아주 기분이 나빠하였다. 며칠 후 려후는 왕릉을 우승상자리에서 면직시키고 소제의 스승자리로 보내버렸다. 화가 난 왕릉은 병을 핑게로 고향에 돌아갔다. 왕릉을 쫓아낸 후 려후는 좌승상 진평을 우승상으로 승직시키고 자신의 심복인 심이기를 좌승상으로 올려놓았다. 당시 우승상 직위는 좌승상보다 높았다.

한편 려후는 극력 자기의 조카 려대가 어떠어떠한 재능이 있다는 말을 흘려서 대신들이 나서서 려대를 왕으로 봉하게끔 간청하게 하였다.

대신들은 려후의 의견에 수긍하였다. 려후는 려대를 려왕으로 봉하고 제남군(济南郡)을 봉지로 정하여 주었다. 후에 또 려산을 량왕으로, 려록을 조왕으로, 려대의 아들 려통을 연왕으로 봉하였고 그외 려씨가문의 여섯 사람을 렬후(列侯)로 봉하였다. 려대가 복이 없을 줄은 누구도 짐작 못했다. 왕이 되여 일년도 못가서 죽었기에 그의 아들 려가(吕嘉)가 려왕자리를 계승하였다.

한소제가 어느 정도 성장한 후 인간세상에서 돌아가는 이야기도 어느 정도 알 때였다. 그는 장황후가 자신의 친모가 아니며 자기의 친모는 이미 죽었다는 것을 알고 화가 나서 "태후께서 어떻게 나의 친모를 죽일 수 있는가? 지금은 내가 어리지만 이제 커서 꼭 나의 친모를 위해 복수할 것이다!"고 하였다. 이 말을 전해들은 려후는 앞으로 진짜로 재난이 있을가봐 슬그머니 소제를 죽여버렸다. 그리고 또 류홍(刘弘)이라는 아이를 데려다 황제를 시키고 예전 대로 자기가 조정의 대권을 틀어쥐였다. 이 시기 려후와 그의 조카 종손들은 이미 류씨 천하를 빼앗아갔다.

094

주발이 류씨 천하를 안정시키다

려후가 데려다가 황제자리에 앉힌 류홍을 력사에서 역시 소제라고 한다. 소제가 즉위하여 4년째 되던 해에 려후가 병으로 쓰러졌다. 그는 자기가 죽은 후 려씨 가문의 사람들이 봉변을 당할가봐 조왕 려록을 상장군으로 임명하고 도성 북쪽 황실경위부대를 통솔하게 하였으며 량왕 려산에게는 도성 남쪽 경위부대를 통솔하면서 려산, 려록에게 "고조가 생전에 대신들과 맹약을 맺은 바가 있다. '류씨 성이 아닌 사람이 왕으로 되면 천하가 모두 그를 토벌하라'고. 지금 우리 려씨 집안 사람이 왕으로 되였으니 대신들은 반드시 인정하려 하지 않을 거다. 내가 죽은 다음 황제가 나이가 어리니까 대신들은 반란을 일으키려고 할 것이다. 너희들은 반드시 병권을 틀어쥐고 황궁을 지켜야 한다. 너희들은 내가 죽은 후 영구를 바래지 말거라. 다른 사람들의 꾀에 넘어갈 수 있으니깐." 라고 부탁하고 죽었다. 유서에는 량왕 려산이 재상을 하고 려록의 딸을 소제 류홍의 황후로 점지한다고 하였다.

제도혜왕 류비(刘肥)의 아들 주허후(朱虚侯) 류장(刘章)은 려록의 사위이다. 그는 려록 등이 류씨 천하를 빼앗으려는 음모를 안해를 통해 모두 알아냈다. 려후가 죽자 그는 즉시 사람을 파견하여 형님인 제애왕(齐哀王) 류낭(刘囊)에게 소식을 전하게 하고 그더러 군사를 거느리고 쳐들어와 려씨네 일가를 치게 하였다. 제애왕 류낭은 출병하는 한편 제후왕들에게 편지를 써서 려후 일가의 만행을 규탄하고 련합하여 려후 일가 사람들을 죽일 것을 제의하였다.

려산은 제애왕이 군사를 거느리고 진격해오고 있다는 소식을 듣고 인차 대장군 관영을 파견하여 막게 하였다. 관영은 군사를 거느리고 형양에 온 후 "려씨 가문의 사람들이 중원일대를 차지하고 류씨 천하를 빼으려고 하고 있는데 내가 만약 제애왕을 친다면 려씨 가문을 도와주는 격이 되니 이것은 한고조의 맹약을 어기는 행위이다." 라고 생각하였다. 하여 그는 형양에서 진을 치고 움직이지 않았을 뿐만 아니라 제애왕과 비밀리에 힘을 합쳐 려씨들을 제거할 준비를 하였다. 이렇게 그들은 동쪽에서 려씨들을 상대로 강대한 군사적 압력을 형성하였다.

한편 경성에서 조왕 려록과 량왕 려산은 북군과 남군을 통제하고 대량의 려씨 가문 사람들을 씀으로써 조정에서 대신들을 배척하고 완전히 류씨 천하를 빼앗을 준비를 하고 있었다. 군대의 최고 통수였던 태위 주발도 려록, 려산에게 군권을 빼앗기여 군대를 지휘할 수가 없었다. 주발은 승상 진평을 찾아가서 려씨들을 없애버릴 방법을 상론하였다. 그들은 로후를 보내고 있는 곡주후(曲周侯) 력상(郦商)의 아들 력기(郦寄)가 려록하고 친한 친구인 것을 알고 력상을 연금하였다. 그리고는 력기더러 려록한테 청을 들어 려록은 병권을, 려산은 승상의 자리를 내놓고 각자 자기의 봉지로 돌아간다면 제애왕도 군사를 철수할 것이니 모두들 태평한 세월을 누릴 수 있지 않겠는가고 권고하도록 하였다.

려록은 력기의 말을 믿고 또 제애왕과 관영의 련합군이 진공해올가봐 두려워 군권을 태위 주발에게 바치기로 하였다. 그는 사람을 파견하여 려산과 기타 려씨 가족들의 의견을 청취하였다. 그들은 려록의 말에 일리가 있다 없다를 쟁론하다가 당분간 결정을 내릴 수가 없었다.

조참의 아들 조줄(曹窋)은 조정에서 어사대부를 담당하고 있어 려산 등 사람들의 동향을 잘 알고 있었다. 어느 날, 려산의 친신인 가수(贾寿)가 제나라 땅으로부터 돌아와 제애왕과 관영이 련합했다는 소식을 려산에게 전하면서 그들을 한바탕 욕한 다음 "장군께서 일찍 봉지로 돌아가셨더라면 좋았겠는데 지금 돌아가려 해도 이미 늦었습니다. 지금으로서는 제일 중요한 것이 황궁을 장악하시고 황제를 통제하여 어명으로 호령을 내려 장군을 반대하는 자들을 막는 것입니다."고 하였다. 려산과 가수의 모의를 알아낸 조줄은 이내 진평과 주발한테 이 소식을 전하였다.

주발은 낭평후(囊平侯) 기통(纪通)한테서 북군으로 들어갈 수 있는 부절(符节, 통행증과 류사함)을 얻는 한편 력기와 류게(刘揭)를 파견하여 려록이 병권을 바치게끔 경고하였다. 려록은 부득불 공인(大印)을 바

치고 자기의 봉지로 떠났다. 주발은 부절과 공인을 가지고 북군에 들어간 다음 명령을 내렸다. “지금 려씨네가 류씨 천하를 빼앗으려 하니 려씨네를 따를 자는 오른쪽 어깨를 드러내고 류씨네를 따를 자들은 왼쪽 어깨를 드러내라.” 장병들은 원래부터 려씨 일가의 행위에 불만을 품고 있던 차라 주발의 명령을 듣자 마자 모두 왼쪽 어깨를 드러냄으로써 태위 주발을 따라 려씨 일가를 토벌하고 류씨 천하를 지키겠다고 표시하였다. 이렇게 북군 전부가 넘어왔다.

려산은 남군을 통제하면서 대권을 내놓으려고 하지 않았다. 승상 진평은 주허후 류장을 보내 주발을 돕게 하였다. 주발은 류장더러 남군의 군영문을 지키라고 명하고 평양후 조줄에게는 황궁을 지키는 무관들한테 려산이 황궁으로 들어가는 것을 막으라고 명하였다. 려산은 려록이 이미 북군의 군권을 내놓은 것을 모르고 무모하게 황궁으로 쳐들어가 황제를 랍치하여 반란하려 하였다. 그가 동문에 이르자 문을 지키던 병사가 그를 막아나섰다. 서문으로 가니 서문으로도 들어갈 수가 없었다. 그는 할 수 없이 정원을 배회하면서 다음 단계를 생각하였다.

평양후 조줄은 려산의 랑패상을 인차 태위 주발한테 보고하였다. 주발은 주허후 류장에게 천명의 정예군사를 주어 “속히 황궁으로 가서 황제를 보위하고 려산을 포박하라”고 령을 내렸다.

저녁 무렵 류장은 천명의 정예군사를 거느리고 미앙궁(未央宫)에 와서 려산에게 진공을 발동하였다. 려산은 급급히 랑중부(郎中府)의 변소간에 숨었지만 역시 잡혀 죽음을 당하였다. 류장은 임무를 완수한 후 북군에 있는 주발한테 승리소식을 알렸다. 주발은 류장을 치하해주면서 “자네가 큰 공을 세웠네. 려산은 려록보다 대처하기가 힘들어서 제일 근심이였댔는데 이제 그를 처단해버렸으니 천하가 태평하겠네.”라고 하였다.

이튿날, 주발과 기타 장군, 대신들은 상의한 후 군대를 파견하여 려록의 봉지에 가서 려록을 붙잡아다가 처단해버렸다. 잇달아 각지에 있는 려씨 일가의 남녀로소를 막론하고 모조리 죽여버렸다. 주발은 한고조 류방의 기대를 저버리지 않고 려씨 가족의 반란을 평정하여 류씨 천하를 안정시키는 데 큰 공로를 세웠다.

095

한문제가 나라를 다스리다

주발이 문무백관과 련합하여 려씨 일가의 반란을 평정하고 류씨 천하를 안정시켰다. 그는 승상 진평과 상론하였다. "소제 류홍은 혜제의 아들이 아니기에 황제로 될 수 없습니다. 대왕(代王) 류환은 한고조의 아들로서 응당 그가 황제자리를 계승해야 합니다." 그들은 인차 사람을 시켜 대왕 류환을 모시러 보냈다. 대왕 류환은 겸손하게 사양을 하였으나 나중에는 황제로 즉위하였다. 그가 바로 한문제(汉文帝)이다. 한문제의 원년은 기원전 179년이다.

류환은 8살 때 대왕으로 책봉되고 24살에 황제가 되였다. 그의 모친은 한고조의 황비 박희(薄姬)였다. 박희는 려후가 무서워 아들과 함께 오래 동안 봉지에서 살면서 한조왕실의 정치에 대해 불문하였기에 려후의 주의를 받지 않았고 려씨 일가의 마수에서 벗어날 수 있었다. 황제가 된 한문제는 전쟁으로 인해 농업생산이 아직 회복되지 못했고 또 백성들의 생활이 곤난하여 정부에서 부세를 거둘 수가 없음을 알았다. 그는 제일 먼저 해야 할 일은 농업생산을 복구시키는 것이라고 하였다. 밭갈이가 시작될 때 그는 문무백관들을 거느리고 장안부근의 교외에 가서 친히 밭을 갈고 씨를 뿌렸다. 그는 또 황후더러 황궁에 있는 정원에서 뽕나무를 심고 누에를 치게 하여 광범한 농민들의 본보기로 되게 하였다.

생산활동에서 사람의 중요성을 절감한 한문제는 로인들은 생산경험이 풍부하고 아이들은 성장하여 생산에 종사할 수도 있고 군대에도 갈 수 있는 인력이기에 응당 로인을 존중하고 어린이를 사랑해야 한다고 하였다. 그는 즉위 초기에 정부는 자식이 없는 로인들과 부모가 없는 고아들을 관심해야 한다는 령을 내리였다. 정부는 이런 불쌍한 사람들에게 돈을 꾸어주어 그들로 하여금 생활상의 곤난을 해결하게 하였다. 후에 또 정부의 창고에서 일정한 천들을 꺼내 나누어줌으로써 그들의 입는 문제를 해결해 주었다. 아들딸들이 있고 나이가 많은 사람들에 대해서도 한문제는 특별히 존경하였다. 80~90세 이상의 로인이 있는 가정은 부세를 경감받을 수 있다고 규정하였다. 로인들이 치아가 좋지 못한 점을 감안하여 정부는 매달 죽을 쑬 입쌀을 발급하였으며 또 고기까지 발급하여 그들의 생활을 보다 유쾌하게 하였다.

한문제가 실행한 각종 정책중에 제일 환영을 받은 것이 바로 형벌을 경감한 것이다. 그는 우선 한 사람이 죄를 지으면 부모, 처자까지 벌을 받는 법률을 페지하였을 뿐만 아니라 후에는 돈으로 속죄하는 법률도 제정하였으며 육형을 페지하였다.

돈을 내고 속죄하는 법률은 장석지(张释之)가 정위(廷尉)벼슬을 할 때 제정한 것이다. 정위 장석지는 이 법률조항을 엄격하게 집행하였는데 황제어가와 부딪친 큰 죄도 돈으로 속죄할 수 있게 하였다.

어느 날, 한문제가 순시하기 위해 수레에 앉아 위교를 건너고 있는데 웬 사람이 다리 아래로부터 허겁지겁 뛰여나왔다. 놀란 말이 날치는 바람에 한문제는 하마트면 수레에서 떨어질 번하였다. 성이 난 한문제는 그 자를 잡아 정위 장석지한테 보내 문책하도록 하였다. 장석지는 그 자를 심문하면서 왜 황제의 어가를 막았는지를 물었다. 그 자는 “시골에서 온 나는 황제페하께서 통행금지령까지 내리고 순시한다고 하기에 두려운 나머지 다리 밑에 오래동안 숨어있다가 황제페하가 다리를 지나간 줄 알고 나왔는데 공교롭게 어가와 마주치게 되였습니다. 제가 황급히 그 자리를 피하려고 뛰자 그 말이 놀라 날뛰게 된 것입니다.” 정위 장석지는 시골사람이 어가를 막은 죄는 있지만 고의로 한 짓이 아닌 줄 알고는 벌금만 내게 하였다.

한문제는 그의 판결을 못마땅하게 여겨 "내 말들이 잘 길들여진 온순한 말들이였을 망정이지 사나운 말들이였다면 난 이미 죽은 목숨이 되였을 거야. 이런 무거운 죄를 법을 권장하는 정위가 벌금이나 시키고 풀어주는 경한 처벌을 주다니."하며 성을 냈다. 장석지는 "페하의 법률은 천하를 다스리는 법인지라 법규에 따라 실행해야지 그보다 더 중한 처벌로 죄를 다스린다면 백성들에게 신용을 잃게 되는 줄로 압니다. 페하께서 저더러 이 사건을 처리하게 한 만큼 페하를 놀라게 했다 해서 엄하게 다스려서는 안되는 줄 아옵니다. 경한 죄를 중하게 다스리면 백성들이 승복하지 않을 것이옵니다. 페하께서 분을 가라앉히시고 통촉하여 주시옵소서."고 태연하게 말했다. 깊이 생각하던 한문제는 "정위의 말에 일리가 있도다. 순박한 시골사람에게 얼마간의 벌금을 안기고 풀어주도록 하라."고 하였다.

한문제는 또 백성들이 해결하지 못할 어려움이나 합리적인 건의들을 황제한테 직접 상서를 올릴 수 있다고 명하였다. 한문제가 육형을 페지하게 된 것도 바로 순우제영(淳于缇萦)이라는 녀자애가 올린 상서를 보고 반포한 것이다.

한문제가 황제로 된지 13년(기원전 167년)이 되는 해, 유명한 의사이며 제나라 태창현의 현령인 순우의(淳于意)가 법을 어겨 육형에 처하게 되였다. 당시의 육형에는 세가지가 있었는데 즉 얼굴에 자자를 하거나 코를 베여버리거나 한쪽 발을 잘라버리는 것이였다. 순우의가 현임 현령인지라 지방에서는 판결권만 있고 집행은 서울 장안에 압송해 조정의 사법기관에서 하게 되여있었다.

순우의에게는 슬하에 딸만 다섯 있었는데 압송되여 가는 날 그는 아들 하나 없어 가문에 힘을 쓸 사람이 없다고 개탄하였다. 이 말을 들은 막내딸 제영은 딸들도 자식인데 왜 쓸모없는가 하면서 장안에 따라가서라도 아버지를 구하리라 작심하였다.

장안에 도착한 제영이는 어려운 일이 있으면 황제에게 직접 상소할 수 있다는 말을 듣고 정성스레 상소문을 써 바쳤다.

"저는 태창 현령 순우의의 막내딸 순우제영이옵니다. 아버지는 제왕의 신하로서 당지 백성들로부터 렴결공정한 관리인데다 의학에 정통한 유명한 의사로 소문나 있습니다. 이번에 법을 어겨 육형에 처하게 되였습니다. 육형은 실로 몸서리치는 형벌로서 한 사람이 죽으면 환생할 수 없듯이 코를 베면 다시 자랄 수 없고 발을 자르면 다시 이을 수가 없으며 얼굴에 자자를 하면 그 상을 변하게 하여 개과천선할 수도 없는 줄로 아옵니다. 소녀는 관가의 노비가 되더라도 아버지의 죄를 대신함으로써 그이께서 개과천선하실 수 있게 육형을 면하여 주시기를 간절히 바라옵니다."

제영의 상소문을 본 한문제는 육형이 확실히 되살릴 수 없는 육체적인 처벌로서 너무나 가혹하다 생각되여 법률을 제정하는 관원들에게 이렇게 명하였다. "형벌의 작용은 경계하여 법을 어기지 않도록 하는데 있는데 현재의 육형은 사람들에게 한평생 지울 수 없는 상처를 주기에 개과천선하려 해도 할 수 없게 한다. 육형을 폐지하고 다른 형벌로 대체하도록 수정하라."

승상 장창과 어사대부 풍경은 상의한 후 부역으로 얼굴에 자자하는 것을, 곤장 삼백대로 코를 베는 것을, 곤장 오백대로 발을 자르는 것을 대체하도록 하였다.

이때로부터 육형은 정식 폐지되였다. 순우제영은 아버지를 구했을 뿐만아니라 만천하의 육형을 받게 될 죄인들까지 구해준 셈이 되였다.

그럼에도 불구하고 육형에 대한 한문제의 개혁은 철저하지는 못했다. 곤장을 치는 것도 살가죽이 찢기는 고통이 따르기에 이 역시 육형이 아닐 수 없다. 더구나 곤장 삼백대, 오백대를 쳐도 사람이 죽을 수 있으니 말이다. 한문제의 아들 한경제 때에 와서는 곤장 오백대를 삼백대로, 삼백대를 백대로 줄이고 곤장도 작고 약하게 변화시키고 때리는 부위도 엉뎅이에만 국한시키고 한 사람이 다 쳐야 한다는 등 진일보의 개혁을 하였다. 비록 육형은 완전히 폐지되지 않았지만 법률의 진보에는 일정한 작용을 하였다.

096

7국의 란을 평정하다

한고조 류방이 한신, 팽월, 영포 등 성씨가 다른 왕들을 제거하고 그 자리를 류씨 가문의 자제들로 대신하게 하였는데 그것이 바로 동성왕국이다. 동성왕국은 처음의 9개로부터 점차 늘어나 한문제 때에 와서는 20여개로 늘어났다. 그중 가장 큰 왕국들로는 제, 초, 오, 형(荆), 연, 회남 등이다. 이 왕국들의 땅을 합치면 서한제국의 절반 이상이나 되였다. 황제가 직접 통괄하는 지역은 15개 군에 불과한데다 이 15개 군 가운데에도 렬후와 공주들의 령지가 포함되였기에 실질적인 관할지역은 겨우 10개 군 좌우 밖에 되지 않았다.

류방은 동성왕 모두가 자기 형제나 조카들이기에 믿을 수 있다고 여겼지만 이들의 세력이 커지면서 반란을 일으켜 황권을 빼앗으려 들기도 하였다. 한경제 때에 와서 바로 7국의 동성왕들이 황위를 찬탈하려는 반란이 있었다.

7국의 란이 있기 전 한문제 3년(기원전 177년)과 6년(기원전 174년)에도 제북왕 류흥거 (刘兴居)와 회남왕 류장(刘长)이 작은 반란들을 일으키긴 하였으나 인차 진압되여 큰 혼란은 없었다. 하지만 이 두 반란이 있기 전부터 오왕 류비 (刘濞)도 반란을 꾀하고 있었다. 류비는 한고조 류방의 조카로서 20세에 오나라 왕으로 되여 동남지구 3군에 53개 성의 땅을 책봉받았다. 그는 봉지내의 풍부한 자연자원을 리용하여 대량의 동전을 주조하고 바다물에서 소금을 제련하여 많은 재부를 축적하였다. 그는 또한 민심을 얻기 위해 봉국내의 부세를 면제하고 항복해오는 반란군을 대량 받아들여 세력을 부단히 확장함으로써 무력으로 한조 중앙정부를 뒤엎을 준비를 하고 있었다.

한문제가 자기 아들 류계 (刘启)를 태자로 삼은 지 얼마 안되였 때의 일이다. 오왕 류비는 자기 아들을 장안에 보내 태자를 도와 공부도 하고 놀아도 주게 하였다. 이는 아들을 황궁에 들여보내 한문제를 안심시키려는 간계에 불과하였다. 태자 류계와 류비의 아들은 도박을 즐겼는데 승벽심이 강한 이들은 늘 시비를 따지다가도 주먹다짐까지 하군 하였다. 그러던 어느 날, 서로 다투던 와중에 류계가 도박판을 집어던져 류비의 아들을 죽이고 말았다. 류계는 그의 시체를 오나라에 보내 안장하도록 하였다. 대성통곡하던 오왕 류비는 "나와 황제는 모두 한 할아버지의 친 손자들인데 내 아들이 장안에서 죽었으니 장안의 황릉에 묻혀야 한다."고 하면서 아들의 시체를 장안에 보내 황릉에 안장하도록 한문제한테 압력을 가했다. 뿐만 아니라 그 때부터 병을 핑게로 황제를 배알하지도 않고 반란준비에 박차를 가했다.

중앙집권제를 옹호하는 대신과 관리들은 여러 왕국에서 일어나는 반란에 대해 신속한 조치를 취해야 한다고 주장하고 있었다. 대신 가의(贾谊)는 한문제에게 조서를 올려 왕국의 세력이 지나치게 강대해져 마치 사람의 다리가 허리처럼 실해지고 손가락이 다리 만큼이나 굵어진 것처럼 부종병에 걸린 것과 같기에 시급히 치료해야 하는 바 그 치료방법은 각 제후의 왕국들을 분할하여 그들의 세력을 분산시키고 약화시키는 것이라고 하였다. 태자 류계의 집사 조착(晁错)도 같은 생각이였다. 한문제는 이들의 건의가 좋긴 하지만 시기상조라 하면서 제왕 류측(刘侧)이 죽자 그에게 아들이 없다는 리유로 제나라를 6개의 소국으로 나누고 반란을 일으켰던 회남국을 세개의 소국으로 분할하는 것으로 그쳤다.

한문제는 재위 26년 만인 46살 때 죽고 태자 류계가 그 뒤를 이었는데 그가 바로 한경제(汉景帝)이다. 한경제는 집사 조착을 어사대부로 삼았는데 조착은 이 때에도 왕국들의 령지를 축소시킬 것을 간언하였다. 그는 "오왕이 아들을 잃고 병을 핑게로 무례하게도 천자를 배알하지 않는 것은 고대의 례법 대로라면 목을 잘라야 했습니다. 지금도 오왕은 죄를 뉘우칠 대신 더더욱 오만무례하니 응당 그의 령지 일부를 빼앗아내야 합니다."고 하였다. 한경제가 "만약 그랬다가 오왕이 오히려 반란을 일으키지 않을가 걱정된다."고 하자 조착은 "령지를 축소시키든 그대로 놔두든 그는 필연코 반란을 일으킬 것이옵나이다. 그가 하루라도 일찍 반란을 일으킨다면 오히려 그의 힘을 더 키우지 못하게 하기에 그 해가 적어질 것이라 사료되옵나이다."고 아뢰였다. 한경제는 조착의 말에 일리가 있는지라 왕국들의 령지를 거둬들이는 조치를 취하기 시작하였는데 우선 기타 몇개 왕국들, 이를테면 초나라의 한개 군, 조나라의 한개 군과 교서국(胶西国)의 여섯개 현을 거둬들여 한조의 중앙정부에서 직접 관할하도록 하였다.

이에 급해난 오왕 류비는 자기한테 불똥이 튀기 전에 무력으로 대항하려 작심하고 한경제 즉위 3년(기원전 154년), 초나라의 왕 류무(刘戊),교서왕 류앙(刘昂), 조왕 류축(刘逐), 제남왕 류벽광(刘辟光), 류천왕 류현(刘贤), 교동왕 류웅거 (刘雄渠)와 더불어 반란을 일으켰다. 이것이 바로 력사상 유명한 7국의 란이다.

오, 초 등 7국의 반란은 '청군측(清君侧)' 즉 군자인 한경제와 최측근인 조착을 없애버린다는 명분을 내세우긴 하였지만 실질상 오왕 류비가 분렬된 세력들을 긁어모아 한경제를 밀어내고 자기가 황제로 되려는 것이였다. 한경제는 태위 주아부(周亚夫)와 대장군 두영(窦婴)을 파견하여 반란군과 접전하게 하는 한편 조착을 죽임으로써 7국의 반란정서를 얼마간이라도 가라앉히려고 하였다. 조착을 죽이기까지 했지만 반란군은 파죽지세로 서북 장안을 향해 진군을 멈추지 않았다.

태위 주아부는 주발의 아들로서 용병술이 뛰여났다. 그는 한경제에게 "초나라 군사들이 워낙 건장하고 사기가 충천하기에 정면 접전보다는 이들의 후방에서 량식을 나르는 길을 차단해버리는 방법을 취함이 지당할 줄로 아옵니다."고 간언하였다. 한경제는 그의 작전계획에 동의하

고 군사를 주어 반란을 진압하도록 명하였다.

주아부의 군사가 패상(霸上)이라는 곳에 이르렀을 때였다. 조섭(赵涉)이라는 자가 주아부의 수레를 멈춰 세우고 계책을 올리기를 "오왕 류비의 령지는 원래 부유한데다 그가 오래 전부터 반란준비를 해왔던 만큼 기필코 우리 군사가 가는 도중의 지세가 험준한 곳에 매복해 있을 것입니다. 태위께서는 원래 행군로선을 바꾸어 람전, 무관을 거쳐 락양으로 전진하는 것이 유리할 줄로 압니다. 비록 에둘러 가기에 하루 이틀 늦어지긴 하지만 오왕은 자기의 예측이 빗나간 것으로 하여 당황망조할 수 밖에 없을 것이고 그의 군사들은 진세가 흐트러지게 될 것입니다."고 하였다. 주아부는 조섭의 의견에 따르기로 하였다.

조섭의 건의는 적중하였다. 주아부의 군사는 재빨리 오, 초 련합군의 량식을 나르는 길을 차단함으로써 기아에 견디지 못한 군사들이 뿔뿔이 흩어지게 하였다. 주아부는 여세를 몰아 맹렬한 공격을 들이대 대승을 거두었다. 초왕 류무는 자살하고 오왕 류비는 겨우 수천명의 군사를 이끌고 간신히 포위를 뚫고 장강 남안의 단도(丹徒, 지금의 강소성 진강시)에까지 도망갔다. 오왕 류비는 동월(东越)과 련합하여 동산재기(东山再起)를 시도했지만 주아부는 언녕 오왕 류비의 머리를 베여오는 자에게 황금 천근을 준다고 했는지라 동월 사람들은 인차 기회를 타 류비를 살해하고 그의 머리를 주아부한테 갖다 바쳤다. 7국의 란을 평정한 것으로 한조는 중앙집권제도가 지방 봉건할거세력을 제거하고 사회가 안정되고 경제와 문화가 발전할 수 있는 진정한 의미에서의 통일된 봉건제국으로 되였다.

097

유가학설만 숭상하다

한경제는 7국의 란을 평정한 후 휴양생식(休养生息)의 정책을 펴 농민들이 시름놓고 농사짓도록 적극 장려하였다. 오직 농업생산이 발전되여야만 정부가 더욱 많은 세금을 거두어들일 수 있기에 농업생산의 중요성을 잘 알고 있는 그는 지방관리들에게 늘 "황금이나 진주 보석 따위는 배고픔을 달랠 수 없고 추위를 막을 수 없거늘 백성한테는 먹을 량식과 입을 옷들이 더 절박하오. 지방관리들은 모름지기 백성들이 곡식과 뽕, 마 같은 것을 심도록 권장하여 먹을 것이 있고 입을 것이 있도록 하는데 힘써야 할 것이요. 이렇게 되면 정부도 더 많은 세금을 거둬들일 것이 분명하오."라고 말하군 하였다. 한경제는 농민들이 수확량의 30분의 1만 세금으로 바치도록 부과세금액을 대폭 낮추는 조치까지 취했다.

한조의 문제와 경제 때에 이르러 사회가 점차 안정되고 생산이 대폭 발전하면서 백성들의 생활이 안정을 찾기 시작했다. 력사상에서 이 시기를 일컬어 '문경지치(文景之治)'라고 한다. 한경제가 죽은 뒤 그의 아들 류철(刘徹)이 즉위하였는데 그가 바로 야심이 있는 한무제(汉武帝)이다.

서한 전기의 여러 황제들이 휴양생식의 정책을 실시한 최종 목적은 자기들의 봉건통치를 수호하기 위함이였으나 백성들한테도 큰 혜택이 되였다. 농민들의 생산적극성이 높아진데다 농업생산기술도 일정한 제고를 가져와 농업은 커다란 발전을 가져왔다. 한무제 때에 농업을 관리하는 조과 (赵过)라는 관리는 농사경험을 총화한 기초상에서 대전법(代田法)과 "루차(耧车)"를 발명하였다.

대전법은 한무의 밭을 세이랑 (垄)과 세고랑(沟)으로 만들고 너비와 깊이를 각기 한자로 하며 작물을 이랑에 심는데 고랑과 이랑의 위치를 해마다 엇바꾸었기에 대전이라 하였다. 곡식이 자라는 과정에 점차 이랑의 흙은 고랑에 덮어 곡식이 뿌리를 깊게 박을 수 있도록 하여 가물에 견디여 내고 습기를 보존하여 보다 좋은 수확을 거둘 수 있었다. 이듬해 경작할 때에는 이랑과 고랑의 위치를 바꾸어 땅으로 하여금 휴경할 수 있어 비옥도를 높여 생산량이 증가될 수 있었다.

'루차'는 파종도구로서 '루두(耧斗)', '루퇴(耧腿)', '루화(耧铧)', '루파(耧把)' 등 네개 부분으로 구성되였다. "루두"에 종자를 넣고 "루퇴"는 두개 혹은 세개가 있는데 가늘고 길며 속이 비여있으며 우에 있는 "루두"와 이어져 있고 아래에 작은 보습이 달려 있다. 파종할 때에 가축이 "루차"를 끌고 앞으로 가면 "루퇴" 아래의 작은 보습이 땅에 고랑을 내는데 이때 사람이 "루파"를 잡고 흔들면 종자가 속이 빈 "루퇴"를 통하여 균일하게 땅에 떨어진다. 이렇게 하면 로동력을 대대적으로 절약하고 파종속도와 파종질량을 제고하여 농작물산량을 증가할 수 있어 농업생산의 발전을 촉진하였다.

농업생산의 발전은 또한 수공업생산의 발전을 추동하였는데 견직, 야금, 칠기는 서한시기 비교적 발달한 수공업이였다. 새 중국이 건립된 후 고고학자들은 서한시기의 무덤들에서 많은 문물들을 발굴하였는데 그중 하북성의 만성에서 출토된 금루옥의(金镂玉衣)와 동기(铜器)는 그 제작이 아주 정예하였다. 장사(长沙) 마왕퇴(马王堆)의 한나라무덤에서 출토된 백화(帛画)와 칠기, 또 옷길이가 128센치메터, 옷소매 길이가 190센치메터 되지만 무게는 48그람 밖에 안되는 소사선의(素纱禅衣, 흰 명주천으로 지은 홑옷) 같은 것들은 매우 높은 예술적 가치가 있는, 세상에 보기 드문 진귀한 물건들이다. 이와 같은 것들은 당시의 수공업과 과학기술발전이 이미 상당한 수준에 이르렀음을 말해준다.

장기간의 전란으로 한조 초기는 인구가 희소해지고 생산이 아주 큰 파괴를 당하여 국가는 아주 가난하였다. 그러나 서한 초기 수십년간 휴양생식의 정책을 실시하여 생산을 발전시킨데서 국가는 점차 부유해졌다. 전하는데 의하면 한무제 류철이 즉위할 때에 와서는 국가의 금고와 량식창고에는 돈과 쌀이 넘쳐났다 한다. 국가의 량식창고가 넘쳐났는데 햇곡식이 묵은 곡식 우에 쌓이면서 밖으로 흘러나오기까지 하였으며 정부 금고 안의 대량의 동전들은 여러해 동안 쓰지 않았기 때문에 동전을 꿴 끈이 썩으면서 흩어진 동전을 계산할 방법이 없게 되였다.

경제적인 발전은 자연히 문화의 발전을 추동하였는 바 서한 전기문학, 음악 등 방면에서 번영발전하는 정경을 보였다.

한무제는 사부(辞赋, 산문과 시 사이의 한 문체)를 아주 좋아했는데 누가 그와 사부를 담론하면 벼슬까지 줄 정도였다. 사마상여의 사부는 문자가 아름답고 묘사가 섬세한데다 주제가 새로와 당시 가장 널리 류행되였다. 전하는데 의하면 의젓한 외모에 거문고를 잘 타는 사마상여에게 대부호 탁왕손(卓王孙)의 딸 탁문군(卓文君)이 반해 둘은 사랑을 속삭이게 되였다. 가난한 사마상여에게 탁왕손이 딸을 줄 수가 없다고 견결히 반대하자 둘은 먼곳으로 야반도주하여 작은 술집을 꾸리고 생계를 유지하였다 한다. 사마상여는 앞치마를 입고 사발과 접시를 씻고 탁문군은 로(垆, 술독을 놓는 흙으로 만든 술독대) 옆에서 술을 팔았다. 이것이 바로 유명한 〈문군이 술독대가 되다(“文君当垆”)〉는 이야기이다. 한편 사마상여의 작품을 읽은 한무제는 “참으로 좋은 부로다. 이렇게 좋은 글을 쓰는 이와 연분이 없어 이 시대를 같이 하지 못함이 애석하도다.”고 개탄하는데 그의 사냥개를 키우는 양득하(杨得下)라는 자가 “이 부를 쓴 사람은 옛사람이 아니라 사마상여라고 하는, 나와 한 고향사람으로서 지금 폐하의 백성으로 살고 있나이다.”고 아뢰였다. 한무제는 몹시 기뻐하며 사마상여를 불러들여 큰 벼슬을 주었다. 탁왕손은 딸의 혼사에 마땅치 않아 하였으나 후에 사마상여가 큰 벼슬을 하게 되자 자기 재산을 떼여 딸과 사위에게 주어 큰 부자가 되게 하였다.

이 밖에 서한의 유명한 사부 대가들로 매승(枚乘), 가의(贾谊), 양웅(扬雄) 등이 있었는데 이 시기 천여편의 작품들이 창작되였다. 당시로 말하면 엄청난 수량의 작품이라 할 수 있었다.

한무제는 또 시가와 음악을 좋아했는데 "악부(乐府)"라는 전문기구를 설립하여 시가수집과 악보만들기, 악공훈련과 가곡부르기를 전문적으로 책임지게 하였다. 한조의 악부시는 우리 나라 문학사상에서 하나의 아름다운 꽃으로 남아있다. 악부시에는 백성의 질고로부터 상류사회의 사치스러운 생활상을 폭로하거나 사랑을 노래하는 등 폭넓은 내용들이 반영되고 있는데 그중 유명한 것이 〈장가행(长歌行)〉이라는 악부시이다. 10구절에 50글자인데 자연현상에 기탁하여 인생의 유한함을 깨닫고 청춘을 허송하지 말아야 한다는 것을 썼다. 시의 마지막 네 구절은 이러하다.

동해로 흘러간 천만갈래 저 강물
언제면 서쪽으로 되돌아 올손가?
일찍 젊어서 노력하지 않고보면
장차 늙어서 헛되이 슬퍼하리다.
(百川东到海，何时复西归？少壮不努力，老大徒伤悲。)

이 네구절은 천고의 명구로 되여 후세 사람들의 좌우명으로 쓰이고 있다.

한경제가 7국의 란을 평정하여 정치상에서의 전국통일을 이룩하였다면 한무제는 자기의 통치를 공고히 하기 위하여 진일보로 학술사상에서의 통일을 이루었다. 그는 동중서(董仲舒)의 건의를 채납하여 백가를 페지하고 유가학설만 숭상하게 함으로써 전국시기로부터 내려오던 백가쟁명의 국면을 결속지었다.

동중서는 광천(广川, 지금의 하북성 조강현 경내) 사람으로서 유가학설에 정통한 대학자로서 한경제 때에 박사관(博士官)을 지냈다. 그는 한조가 건립된 뒤의 몇차례의 반란사건들을 경험하면서 응당 대일통(大

一统)의 사상을 선전함으로써 황제의 중앙집권의 지위를 공고히 해야 한다고 주장하였다. 그는 자신의 리해와 당시의 정치적 수요로부터 출발하여 공자로부터 맹자에 이르기까지 유가학설의 발전성과들을 재개조하고 다른 학파들의 학설과 음양오행 등 미신사상들을 융합시켜 유가학설로 하여금 봉건정치제도를 위해 복무하는 종교미신색채가 농후한 리론으로 승화시켰다. 한무제가 조서를 내려 "현량지사 (贤良之士)"를 뽑을 때에도 동중서는 "천인삼책 (天人三策)"의 건의를 제기하였다. 그는 하늘은 자기의 의지를 갖고 있는 바 세상 사물은 모두 하늘의 뜻에 따라 존재하고 변화한다, 황제는 하느님의 대표자로서 황제의 권력은 하늘이 준 것이기에 백성은 황제를 따르는 것이 하늘의 뜻을 따르는 것이다, 하늘의 뜻에 따라 군신, 부자, 부처, 형제는 모두 상하존비(上下尊卑)의 례에 맞춰야지 이것을 어기는 일은 절대 없도록 해야 한다고 하였다. 그는 건의에서 또 제자백가의 학설들은 황제의 절대적인 권위 확립을 방해하는 학설들이고 오직 유가학설만이 사상상의 통일을 이룰 수 있으므로 유가 이외의 제자백가의 학설은 그 전파마저도 금지되여야 한다고 주장하였다. 그로부터 오직 유가의 경전인《시(诗)》,《서(书)》,《례(礼)》,《역(易)》,《춘추(春秋)》만을 서생들에게 가르치고 제자백가의 저작들은 교수내용에서 일률로 빼놓았다.

한무제는 동중서의 건의가 자기의 봉건통치를 공고히 하는데 적중한지라 대대적으로 중앙집권정치를 강화하는 한편 유가학설을 가르치는 오경박사라는 기구까지 설립하고 그 아래에 50명의 제자원(弟子员)을 두도록 하였다. 이 제자원들을 오경박사의 지도하에 유가경서에 대해 연구하고 해마다 한차례의 시험을 보게 하고 오경중 하나의 경에 대해 정통하면 벼슬을 주고 성적이 우수한 자에게는 더 큰 벼슬을 주게 하였다. 후에는 박사 제자원의 수가 부단히 늘어나 가장 많을 때에는 3,000여명에 달했다. 이리하여 유가경서는 자연 관아로 가는 지름길이 되였고 유가학설은 벼슬길에 오를 수 있는 주요한 도경이 되고 기타 제자백가의 학설은 자연 배척당하게 되였다. 유가학설로 벼슬길에 오른 자들은 동중서의 말 대로 한무제를 도와 천하를 다스리도록 하는 데 도움을 주고 자손후대들까지 유가학설만 공부하도록 하였다. 동중서 때로부터 중앙집권의 사상은 중국사회의 정통사상으로 자리잡고 유가학설은 중국 봉건사회의 사상문화령역을 거의다 통치하였다.

한무제가 동중서의 건의하에 실행한 "백가를 페지하고 유가학설만 숭상한 것"은 당시 중앙집권의 봉건통치를 강화하는데 적극적인 역할을 하였다. 하지만 황제의 권력을 신격화하고 전국(战国)시대 이후 비교적 자유롭게 발전한 제자백가의 학술사상과 정치주장을 묵살한데서 사람들의 사상이 단순해지게 하는 악영향을 끼쳤다. 하지만 그 이후의 여러 조대에 거치면서 각 봉건왕조의 통치자들은 유가학설에 대해 부단히 보충 발전시켜 자기들의 봉건통치를 수호하고 공고히 하는데 활용하였다. 시대의 발전과 더불어 유가학설은 점차 보수적인 학설로 전변되면서 중국의 봉건사회가 2,000여년이나 지속되게 하였다. 이는 한무제시기 동중서의 "유가학설만 숭상하다"와 갈라놓을 수 없다.

098

비장군 리광

한무제 이전의 제왕들은 모두 갑자(甲子)로 년도를 기입하여 왔다. 한무제가 즉위한 뒤로부터 년호(年号)를 사용하기 시작했는데 상서롭고 아름다운 단어들로 년호를 만들었다. 이를테면 한무제가 즉위하면서 년호를 "건원"(建元)이라 하고 그해를 건원 원년(기원전 140년)이라 하였다. 년호는 두 글자를 쓰는 것이 상례인데 네 글자를 쓰기도 하였다. 새로운 황제가 즉위하여 이듬해에 년호를 바꾸는 것을 개원(改元)이라 하였으며 한 황제가 년호를 여러번 바꾸는 것도 개원이라 하였다. 명조와 청조에 이르러 일제 일원제(一帝一元制)를 실행하였다. 이 책에서는 본 이야기로부터 년대를 밝힐 때 모두 년호를 씀과 동시에 기원 년대를 밝히기로 한다.

한무제가 즉위할 때 한조는 아주 부강하여졌지만 그는 그리 유쾌하지가 않았다. 그것은 그의 마음속 한가지 걱정이 아직 해결되지 않았기 때문이다. 그 걱정이란 바로 북방 흉노의 끊임없는 교란으로 중원지구의 한족인민들이 늘 불안에 떨고 있는 것이였다. 이는 한무제의 심기를 늘 불편하게 하였다.

진시황(秦始皇)시기 대장군 몽념(蒙恬)이 흉노를 하투(河套) 일대에서 몰아낸 뒤 아주 오랜 기간 동안 흉노는 감히 남하하지 못하였다. 흉노는 진말(秦末) 농민전쟁과 초한(楚汉)전쟁기간 점차 강성해지기 시작하였는데 묵돌(冒顿)이 선우(单于, 흉노의 수령 혹은 왕)로 되면서 그 세력을 동쪽으로는 동호족(東湖族)을 멸망시키고 지금의 내몽골자치구의 동부까지 확장하고 서쪽으로는 월지인(月氏人)을 쫓아내고 지금의 신강과 신강 이서 지역에까지 확장하였다. 뿐만 아니라 서쪽과 북쪽의 오손 (乌孙) 등 소국과 부락들을 정복하고 그 세력을 중앙아시아 동부와 시베리아 일대까지 확장하였으며 남쪽으로는 하투 일대를 통제하고 지금의 섬서와 산서 북부까지 장악하기에 이르렀다.

한조가 건립된 후 한고조는 일찍 흉노문제를 해결하려 한 적이 있었다. 그는 황제가 된지 3년(기원전 200년)이 되는 해에 친히 22만 대군을 거느리고 북상하여 흉노와 응전을 하였다. 하지만 흉노의 매복에 걸려 백등산(白登山, 지금의 산서성 대동시 동남쪽에 위치)에 7주야나 포위되여 하마트면 포로가 될 번했다. 간신히 포위를 뚫고나온 한고조는 나라가 아직 강대하지 못한 만큼 서뿔리 흉노를 건드릴 수 없음을 깨닫고 황실의 녀자를 공주로 삼아 흉노의 선우에게 시집보내고 해마다 많은 비단과 술 등 물자를 보내주고 흉노와 형제의 의를 맺는 등 화친정책을 썼다. 그 뒤의 한혜제 (汉惠帝), 려후(吕后), 한문제, 한경제까지 모두 화친정책으로 흉노의 비위를 맞추어오고 있었다. 하지만 흉노는 오히려 기고만장하여 늘 기병을 이끌고 한족지구에 와서 사람과 가축을 몰아가고 량식과 물자들을 로략질하면서 북방지역의 정상적인 농업생산을 파괴하는 지경에까지 이르렀다.

한무제는 즉위 초기에 겉으로는 계속 후한 례물을 보내면서 흉노와의 우호관계를 유지하는 척했지만 뒤로는 무력으로 흉노를 정벌할 만반의 준비를 하고 있었다. 원광 2년(기원전 133년) 한무제는 한안국(韩安国), 리광(李广), 공손하(公孙贺), 왕회(王恢), 리식(李息) 등 5명의 대장군에게 30만의 군사를 주어 '마읍지모(马邑之谋)'를 획책하였다. 즉 마읍(지금의 산서성 삭주시)성 밖의 산골짜기에 군사를 매복시키고 섭옹일(聂翁壹)이라는 자를 보내 흉노에게 가짜로 투항하는 척하면서 마읍도성을 팔아넘길 것을 약조하므로써 흉노를 유인하는 계략이였다. 오래전부터 마읍도성의 재물을 탐내고 있던 차라 흉노 선우는 10만의 기병을 이끌고 무주(武州)의 변새(边塞, 지금의 산서성 좌운현)까지 따라 왔다. 하지만 초원에는 소와 양떼들이 풀을 뜯고 있었으나 방목하는 사람의 그림자도 없는지라 필시 복병이 있을 것이라 판단하고 중도에서 돌아가버리고 말았다. 이때로부터 한조와 흉노는 우호관계를 단절하고 대규모의 전쟁을 시작하게 되였다.

한조와 흉노 전쟁중에서 리광은 많은 힘을 쏟은 맹장 가운데의 한 사람이다. 리광은 롱서 성기(陇西成纪, 지금의 감숙성 태안현)사람으로서 그의 가문은 대대로 명궁수들로 소문나 있었는데 리광 역시 명궁수였다. 한문제 때에 리광은 한차례의 흉노와의 전역에서 전공을 세워 황제의 시위관으로 발탁되였다. 리광은 늘 한문제를 따라 사냥을 나갔는데 그의 백발백중의 활솜씨로 한문제는 번마다 사냥물이 넘쳐났다. 리광의 재간에 탄복한 한문제는 "네가 때를 잘못 만나 나와 더불어 사냥이나 하는 것이 아쉽도다. 고조 때에 태여났더라면 아마 만호후(万户侯)는 문제없이 되였을텐데…"라고 하였다.

한경제 때의 일이다. 리광은 백여명의 기병을 이끌고 3명의 흉노병을 쫓아가 2명을 죽이고 한놈을 생포하고 되돌아서려 할 때 갑자기 수천명의 흉노기병들이 나타났다. 당황망조한 한나라 군사들은 도망치려고 하였다. 리광은 "우리는 대부대와 수십리 떨어져 있다. 만약 우리가 이대로 도망친다면 흉노병들이 쫓아와 우리를 모두 사살하게 될 것이다. 우리가 버티고 있으면 놈들은 우리가 필시 대군을 뒤에 두고 저들을 유인하러 나온 군사들인 줄로 알고 덤비지 못할 것이다."라고 웨치면서 흉노군을 향해 맞받아 나갈 것을 명령하였다. 흉노군과 2리쯤 떨어진 곳에 도착하자 리광은 군사들더러 말에서 내리게 하고 말안장까지 풀고 휴식하라고 명령하였다. 군사들은 적들을 코앞에 두고 여유를 부리는 리광이 리해가 되지 않았다. 그러자 리광은 또 "우리가 여유를 부릴수록 놈들은 어떤 계책이 있는 줄 알고 감히 달려들지 못할 것이다."라고 하였다. 과연 놈들은 감히 덤벼들지 못하고 전진을 멈추었다. 어찌된 영문인지 렴탐하러 흉노의 한 장군이 백마를 타고 달려오는 것을 보고 리광도 맞받아나가면서 화살을 날려 그 자를 쓸어눕혔다. 진영에 돌아온 리광은 병사들더러 풀밭에 누워 휴식하게 하였다. 날이 점점 어두워지자 흉노병들은 한나라군이 진짜로 매복이 있는 줄로 알고 진공하지 못하고 있다가 한밤중이 되자 조용히 물러가고 말았다. 날이 밝자 리광 등은 흉노병들이 철퇴한 것을 보고 가슴 속에 있던 돌덩이가 내려앉은 기분으로 서로 격려하면서 대본영으로 돌아왔다.

리광의 지혜와 용맹으로 하여 한나라 황제는 늘 그를 중용하였으며 변강의 형세가 어디가 긴박하면 그리로 리광을 파견하였다. 그는 선후로 롱서(陇西), 북지(北地), 안문(雁门), 운중(云中) 등지의 태수로 있었다. 그가 가는 곳마다 흉노병들은 소문만 듣고도 멀리 도망쳐버렸다. 흉노병들은 리광에게 '비장군(飞将军)'이라는 별호를 달아주었다.

'마읍지모'가 수포로 돌아간지 4년 뒤 즉 기원전 129년 한무제는 위청, 공손하, 공손오, 리광 등 4명의 장군에게 각기 군사를 주어 흉노를 치게 하였다. 흉노는 리광이 두려운지라 그를 생포하기 위해 함정을 파놓고 싸우는 척하다가 도망치기 시작했다. 그런 줄도 모르고 리광은 다급히 쫓아가다가 결국 함정에 빠져 생포되고 말았다.

흉노인들은 리광을 바오래기로 엮은 망태기에 넣고 말 두필에 달아매고는 선우한테 공을 청하러 떠났다.

리광은 망태기 속에서 죽은 듯이 누워있으면서 기회를 노리고 있었다. 얼마간 가다보니 그의 옆에 흉노병 한명이 좋은 말을 타고 경계심을 푼 채 거들먹거리고 있었다. 리광은 잉어가 튀여오르듯이 잽싸게 망태기에서 뛰쳐나와 그 흉노병의 말에 뛰여올라 활까지 빼앗고 줄행랑을 놓았다. 수백명의 흉노기병들이 뒤쫓아왔으나 리광은 화살을 쏘아대며 죽기내기로 도망쳐나왔다.

싸움에서 패한데다 포로가 되였다가 도망쳐 왔으니 당시의 군법 대로라면 목을 쳐야 했으나 한문제는 그를 아끼는지라 돈으로 죄값을 치르는 규정을 세우고는 그더러 돈으로 속죄를 하게 하고 고향에 돌아가게 하였다.

몇년이 지나서 흉노는 또다시 료서군을 침범하고 태수를 죽이고 한조의 대장군 한안국의 군사를 격퇴시켰다. 그후 한안국은 우북평(右北平, 지금의 료녕성 릉원현 서남)에 옮겨와 얼마 안가서 병에 걸려 죽고 말았다. 한무제는 그래도 리광의 능력이 뛰여나다고 생각하고는 그를 우북평태수로 파견하였다. 이 소식을 들은 흉노인들은 겁을 먹고 도망쳐버리고 수년간 얼씬도 하지 못했다.

변경이 안정을 찾기 시작하자 리광은 수하 군사들을 거느리고 사냥을 즐겼다. 그때 우북평의 산속에는 호랑이들이 많았는데 리광은 련속 몇마리를 쏴죽이였다. 솜씨가 좋고 담이 큰 그는 늘 호랑이가 가까이 덮쳐들 때에야 화살을 날려 백발백중하였다. 어느 한번은 맹호 한마리가 정면으로 리광을 향해 달려들자 그는 당황해 않고 침착하게 웅크리고 앉아 맹호로 하여금 자기의 머리 우로 지나가게 한 다음 심장을 겨누고 한방을 날렸다.

또 한번은 리광이 병사들과 사냥을 마치고 밤 늦게야 돌아오고 있었는데 산굽이를 돌자 문득 수풀 속에 엎드려 있는 얼룩무늬 맹호와 맞닥뜨리게 되였다. 당금 그들을 향해 덮치려는 기세였다. 리광은 급시에 온힘을 다해 화살을 날렸다. "퍽"하는 소리와 함께 정통을 맞혔다. 병사들이 달려가 호랑이를 잡으려고 보니 풀숲에는 호랑이는 없고 괴상한 모양의 바위돌만 있었는데 리광이 쏜 화살이 바위 속에 깊숙이 박혀 있었다. 화살이 어떻게 바위에 박히지? 모두들 의아해하였고 리광도 매우 궁금해하였다. 그는 원래 자리에서 련속 몇개의 화살을 날렸지만 바위에서 불꽃만 튕길 뿐 하나도 박히지 않았다.

비장군 리광이 바위에 화살을 박았다는 소문은 삽시에 퍼졌다. 흉노인들은 이 소문을 들은 후 더욱 리광을 무서워하게 되였으며 서쪽으로 이동하여 다시는 우북평일대의 변경지구에 와서 교란을 하지 못했다고 한다.

099

장건이 서역으로 가다

한무제 류철은 '마읍지모(马邑之谋)'를 포치하기 전에 흉노에 대한 정별을 더욱 확실하게 하기 위하여 흉노에서 투항한 일부 사람들한테서 상세한 정황을 료해하였다. 그 사람들은 "묵돌 선우가 흉노를 통일시킨 후 월지국을 패배시킨 적이 있었습니다. 묵돌 선우는 월지국 국왕의 머리를 베여서 그 두개골로 술잔을 만들어 썼습니다. 월지국은 핍박에 못이겨 서역지역으로 옮겨갔습니다. 월지국 사람들은 흉노를 죽도록 증오하지만 어찌할 방법이 없어 그러는데 만약 그들을 도와주는 사람들이 있다면 원쑤를 갚으려고 이를 악물고 싸울 것입니다."라고 말하였다.

한무제는 월지국과 흉노가 깊은 원한관계를 갖고 있는 것을 리용하여 월지국과 련합하여 흉노를 치려고 하였다. 월지국은 흉노의 서쪽에 있어 월지국과 련계를 취한다면 흉노의 오른팔을 잘라버리는 것과 같기에 흉노와의 전쟁에서 승리를 보장할 수 있었다. 그는 인차 조서를 내려 월지국에 갈 사람을 모집하도록 하였다. 하지만 월지국을 가려면 반드시 흉노인의 지역을 거쳐야 했기에 모두 겁을 먹고 응할 엄두를 내지 못하고 있었다.

장건(张骞)이라는 젊은이가 있었는데 아주 담량이 컸다. 그는 흉노를 치는 것과 월지국에 사신으로 가는 것은 나라를 위하는 아주 의미가 있는 일인 것 만큼 모험이 따르더라도 응당한 것이라고 생각하였다. 그는 결연히 징집에 응하였다.

장건은 한중 성고(汉中城固, 지금의 섬서성 성고현)사람으로서 징집에 응할 때 조정에서 랑중벼슬을 하고 있었다. 일부 용사들도 장건의 용기에 힘을 얻어 분분히 응하였는데 그 가운데는 흉노에서 투항해온 당읍보(堂邑父)도 있었다.

한무제 건원 3년(기원전 138년) 즉 '마읍지모'가 있기 5년 전 한무제는 장건을 사자(使者)로 임명하고 당읍보를 번역관으로 삼고 백여명의 응모자들로 무어진 대오를 롱서(陇西, 지금의 감숙성)에서 월지국을 향해 출발시켰다. 그들 일행이 얼마 못가 흉노군과 조우하였는데 중과부적이라 장건을 비롯한 백여명 일행은 모두 포로가 되고 말았다. 흉노의 선우는 이들이 월지국에 간다는 말을 듣고 몹시 화가 나서 "월지국은 우리 흉노의 서쪽에 있는데 나는 너희들이 우리 땅을 지나 월지국으로 가는 것을 동의하지 않는다."고 말한 후 이들 일행을 여러 곳에 나누어두고 감시하게 하였다. 장건과 당읍보는 같이 있게 하고 장건에게는 흉노녀자까지 내주어 살림을 차리도록 하였다. 장건은 한무제가 그에게 준 사자 증명을 깊숙이 감춰두고 도망칠 기회만 엿보고 있었다.

10여년이 지나자 그들에 대한 흉노의 단속도 얼마간 느슨해지게 되였다. 장건과 당읍보는 말 두필을 훔쳐 서역을 향해 도망쳐 수십일이 지나서야 흉노지역을 벗어났다. 사막과 초원을 지나는 과정에 당읍보의 활쏘기 재주로 짐승들을 사냥하면서 기아를 견뎌낸 이들은 어느 날 흥성흥성한 곳에 다달았다. 그 곳 사람들이 코가 크고 눈알이 파란 것을 보고 월지국이라고 생각하였는데 알고 보니 월지국이 아니라 대완(大宛, 지금의 중앙아시아)국에 이르렀던 것이였다.

대완국 국왕은 오래전부터 동방에 부유하고 강대한 대국 한조가 있다는 말을 듣고 련계를 취하고 싶었는데 제발로 찾아온 장건 일행에게 술과 고기를 내여주며 따뜻하게 맞아주었다. 장건은 대완국 국왕에게 월지국에 가게 된 사연을 말하고 "만약 월지국까지 호송해준다면 한조 황제가 많은 금은보화로 보상해주게끔 하겠다."고 약조하였다.

대완국왕은 크게 기뻐하며 기병과 번역관을 파견하여 강거(康居, 오늘의 발하슈호와 아랄해 사이에 있음)에까지 호송하고 강거국에서 이들을 월지국까지 안내하도록 하게 하였다.

흉노에 패해 서역에 쫓겨간 월지국은 월지국 국왕의 부인을 왕으로 모시고 대하(大夏, 지금의 아프가니스탄 북부)국의 땅을 차지하고 대하국과 월지국을 합하여 대월지(大月氏)국이라는 나라를 세웠다. 대월지국은 비옥한 토지와 풍부한 물산으로 주변국들이 감히 넘보지 못할 정도로 강성해져 비교적 안락한 생활을 하고 있었는지라 국왕은 장건의 말을 들으면서도 옛날의 치욕을 잊은 채 심드렁하게 대했다.

장건과 당읍보는 대월지국에 1년 남짓이 있으면서 설복하느라 애썼지만 이들의 마음을 돌려세울 수 없다고 판단하고 한나라로 돌아오기로 하였다.

그들은 돌아오는 길에 흉노지역에서 또다시 흉노에게 잡혔는데 1년쯤 연금되였다. 후에 흉노의 선우가 죽고 내부에 란이 일어난 틈을 타 도망쳤다. 장건은 장장 13년만에야 장안에 돌아오게 되였다. 장건은 떠날 때에는 풋풋한 젊은이였는데 돌아올 때에는 아래턱에 수염이 더부룩이 자랐으며 또 떠날 때에는 백여명의 일행이였는데 돌아올 때에는 그와 당읍보 두 사람 뿐이였다.

장건의 이번 출사는 비록 예기했던 목적에는 도달하지 못했지만 그는 대완, 강거, 대월지, 대하 등 많은 나라와 지역들에서 보고 들은 새로운 정황들을 한무제에게 상세히 아뢰였다. 서역에는 이 밖에도 대여섯개의 나라가 있는데 모두 물산이 풍부하고 경치가 수려한 나라들로서 모두 한조와 무역을 하기를 바라고 있다고 하면서 “저는 대하에 있을 때 사천에서 나는 공죽장(邛竹杖)과 세포(细布)를 보았는데 당지 사람들은 신독국(身毒国)에서 사온 것이라 하였습니다. 신독국이라는 나라가 어디에 있는가 하는 물음에 그들은 대하국의 동남쪽에서 수천리 밖에 있으며 바다와 가까이에 있기에 몹시 무덥고 습윤하며 그곳 사람들은 싸울 때 코끼리를 타고 출전한다고 하였습니다.”라고 말하였다. 장건은 이러한 정황을 한무제에게 상세히 보고하면서 “대하국은 장안의 서남쪽에 있고 천축은 대하국의 동남쪽에 있습니다. 천축에서 사천에서 나는 물품을 살 수 있다는 것은 사천과 천축이 멀지 않다는 것을 알 수 있습니다. 만약 다시 출사를 하게 된다면 사천에서 출발하여 천축을 통해 서역으로 가는 길을 찾아 흉노국을 지나지 않고도 안전하게 서역과 무역을 할 수 있는 길을 찾을 수 있다고 보아집니다."라고 하였다.

한무제는 대완, 대하와 더 서쪽의 안식(安息, 서부아시아의 고대 노예제국가)은 모두 대국이며 물산이 풍부하고 또 한조와 래왕하고 싶어한다는 것을 알았다. 북쪽에 위치한 대월지와 강거는 국력이 강대하니 그들과 관계를 건립하는 것도 나쁘지는 않다고 생각했다. 만약 언변이 좋은 사람을 파견하여 한조의 강대함을 알리고 이들의 풍부한 물산들을 조공으로 바치게 한다면 결국 몇만리의 강토를 얻는것과 같은 일을 어찌 마다하겠느냐 하면서 또다시 장건을 서역에 파견하기로 하였다.

장건일행은 네개의 팀으로 나누어 사천 건위(犍为, 지금의 사천성 의빈시)에서 출발하였다. 이들은 각기 일이천리 길을 헤맸으나 모두 연선의 종족들에게 거절당하거나 쫓기워 돌아오고 말았다.

한무제 원수 2년(元狩, 기원전 121년) 표기(驃骑)장군 곽거병이 만여명의 군사를 이끌고 흉노를 토벌할 때에도 흉노의 지리에 익숙한 장건은 길잡이로 나서서 4만여명의 흉노병을 소멸하고 곤사왕(昆邪王)을 항복시키는 데 큰 공을 세워 장건을 박망후(博望侯)로 봉하였다.

2년 뒤 장건은 서역의 오손국(乌孙国)과 손잡을 것을 한무제에게 건의하면서 오손국 국왕에게 공주를 시집보내므로써 그들과 련합하여 흉노를 치자고 하였다. 한무제는 또다시 장건을 정사자로 임명하여 부사자들과 300여명의 장병들을 거느리고 많은 금은보화와 비단, 소와 양을 지니고 서역으로 가게 하였다. 오손국에 도착하자 장건은 부사자들을 대완, 강거, 대하, 안식 등 나라들에 파견하고 자신은 오손국에 남아 오손국 국왕과의 관계개선에 전력하였다. 오손국 국왕은 한나라의 정황을 잘 알지 못하고 있는데다 흉노의 보복이 두려운지라 직접 사람을 파견하여 한조의 상황을 보고 오는 것이 좋겠다고 생각하였다.

한무제 원정 2년(元鼎, 기원전 115년)에 장건은 오손국의 사자를 장안에 데리고 와 한무제의 환대를 받으면서 각지를 둘러보게 하였다. 오손국 사자는 장안의 번화한 거리들과 한나라의 번영창성한 모습을 보고 돌아간 다음 오손왕에게 낱낱이 보고하였다. 그제서야 오손국 국왕은 한조와 우호관계를 맺고 한나라의 공주를 부인으로 맞아들였다.

장건은 오손국에서 돌아온 지 일년만에 병으로 세상을 떠나게 되였는데 그 뒤 얼마 안되여 서역 여러 나라들에 파견되였던 부사자들이 각국의 사자들을 데리고 장안으로 돌아왔다. 이 나라들도 모두 한조와 우호관계를 맺었다.

장건의 여러 차례의 서역행은 한나라와 서역의 교류에 커다란 공헌을 하였는바 그때로부터 서역의 포도, 자주개자리(苜蓿), 호두, 석류, 마늘 등 농작물들이 륙속 황하, 장강 류역에서 재배되기 시작하였고 한족인민들의 선진적인 농업생산기술과 제철기술, 우물파기 방법들이 서역에 전파되였다. 뿐만 아니라 서역의 음악무용과 악기들이 한조에 전파되고 한조의 비단 등 물품도 서역을 통해 구라파와 세계 각지에 전해지기 시작하였다. 이와 같은 빈번한 래왕과 무역을 통해 한조와 서역의 많은 나라들이 번영 발전되였고 인민들의 생활도 다채롭게 되였다. 후세 사람들은 습관상에서 장건이 개통한 한조로부터 서역간의 길을 '비단의 길(丝绸之路)'이라 하였다.

100

애국명장 곽거병

한무제 원수(元狩) 2년(기원전 121년), 흉노와의 전쟁에서 대승을 거둔 곽거병(霍去病)은 한조의 유명한 대장군으로서 그해 그의 나이는 겨우 20살이였다.

곽거병은 하동군 평양현(河东郡平阳县, 지금의 산서성 림분시)사람이며 그의 부친은 평양현의 아역(衙役)으로서 평양공주의 심부름군 노릇을 하고 어머니는 평양공주의 몸종이였다. 평양공주의 집에서 태여난 곽거병은 어릴 때부터 노비들 속에서 생활하다 보니 하인취급을 받았다. 그 시기 노비계층 사람들이 출세하는 방법은 오직 참군하여 전장에서 군공을 세우는 방법 밖에 없었다. 곽거병은 이러한 목적으로 어릴 때부터 말타기, 활쏘기 등 각종 무예를 열심히 닦아 언젠가는 전장에서 군공을 세워 자기의 사회지위를 개변하려 하였다.

열예닐곱살 때에 이르러 곽거병의 무예는 아주 출중하여 황제의 신변을 보호하는 시중관으로 선정되였다. 열여덟살 되던 해 즉 기원전 123년 대장군 위청이 흉노정벌에 나서게 되였는데 한무제는 이번 출정이 아주 중요하다고 생각되여 자기 신변의 시중관 곽거병에게 '표요교위(票姚校尉)'라는 관직을 주어 800명의 정예기병을 거느리고 위청을 돕도록 하였다.

공을 세울 절호의 기회를 얻은 곽거병은 800명의 기병을 거느리고 돌격대가 되여 늘 주력부대와 수백리 떨어진 곳에서 공격의 목표를 찾아 다녔다. 그들은 병력이 적거나 방비가 허술한 흉노병들을 만나면 맹호가 새끼양을 덮치듯이 일거에 소멸해버렸다. 위청은 이번 출전에서 많은 승리를 거두었다. 공로를 꼽을라치면 당연히 곽거병이 으뜸인지라 돌아온 후 관군후(冠军侯)로 봉받았다.

원수 2년(기원전 121년) 봄, 한무제는 곽거병을 표기(骠骑)장군으로 임명하고 그에게 만여명의 기병을 주어 롱서에서 출발하여 하서주랑(河西走廊)을 탈취하라고 명하였다. 병법을 계통적으로 배우지 못하였지만 용병술이 뛰여난 곽거병은 군사들을 이끌고 기동령활하고 용감무쌍하게 흉노병들을 족쳤다. 그는 연지산(燕支山, 지금의 감숙성 단현 동쪽) 일대에서 엿새 동안에 흉노인들이 세운 작은 왕국들을 무너뜨리고 나중에는 연지산을 넘어 흉노의 중심부까지 치고 들어가 절란(折兰)왕과 로후(卢侯)왕을 비롯한 8,000여명의 흉노병의 목을 베고 혼사(浑邪)왕의 왕자와 많은 관리들을 생포하였다. 흉노에서도 가장 뛰여나다고 자랑하던 혼사왕과 휴도왕(休屠王)은 큰 타격을 입고 퇴각할 수 밖에 없었다.

이해 여름, 곽거병과 공손오(公孙敖)가 거느리는 군사들이 배합작전을 하게 되였는데 도중에 공손오의 군사들이 사막에서 길을 잃어 곽거병의 군사와 회합하지 못하게 되였다. 곽거병은 될 수 있는 한 흉노병의 활동규률을 장악하고 대담하게 적의 진영에 깊이 침투하여 적진의 수뇌부를 파괴하는 작전방침을 써서 흉노병 3만여명을 섬멸하고 흉노 선우 환왕과 기타 관리와 장병 수천명을 포로하였으며 또 수천명에 달하는 흉노병의 투항을 접수하였다. 이번의 출전을 거쳐 곽거병의 위망은 진일보로 높아져 대장군 위청과 나란히 설 수 있게 되였다.

위청, 곽거병 등의 수차례에 달하는 흉노에 대한 격파는 흉노내부를 분화시켰다. 흉노 이치사(伊稚斜) 선우는 혼사왕을 질책하면서 그를 독촉하여 한조군에 대한 공격을 개시할 것을 명령하였다. 혼사왕과 휴도왕은 서로 상의한 후 한조에 투항하기로 결정하였다. 그들은 사람을 파견하여 한조와 련계를 취하고 한조에서 사람을 파견하여 맞이해줄 것을 요구하였다. 하서주랑에 주둔하고 있던 장군 리식(李息)이 혼사왕이 파견한 사자를 만나고 즉시 한무제한테 보고를 올렸다. 한무제는 혼사왕의 투항에 속임수가 있을가봐 곽거병더러 군사를 이끌고 하서주랑에 가서 투항상황을 알아보게 하였다. 곽거병은 황하를 건너가 진세를 친 다음 혼사왕더러 와서 투항할 것을 요구하였다. 혼사왕도 흉노병들로 진세를 친 다음 곽거병더러 와서 투항을 받아달라고 하였다. 쌍방 진영은 서로 마주 보면서 대치하고 있어 형세가 아주 긴장하였다. 혼사왕 수하의 일부 사람들은 투항하기가 싫어서 도망을 치려 하였다. 곽거병은 위험을 무릅쓰고 단호하게 혼사왕의 진영으로 출격하여 혼사왕과 담판함으로써 도망가려던 8,000여명을 모두 처단하게끔 하였으며 혼사왕더러 혼자서 황제의 행궁에 가서 한무제를 배알할 것을 요구하였다. 곽거병은 하서에서 4만에 달하는 투항한 흉노병의 부대를 재편성하여 한조의 명령을 기다리게 한 후에 황하를 건너 장안에 돌아왔다. 이번 일이 성공할 수 있은 것은 모두 곽거병의 공로와 갈라놓을 수 없었다. 이때로부터 흉노의 세력은 대대적으로 쇠약해져 한조로 하여금 롱서, 북지, 상군 등지의 변방군의 수효를 줄일 수 있어 대량의 군비지출을 절약할 수 있었다.

한무제 원수 4년(기원전 119년), 위청, 곽거병은 각기 5만의 군사들을 이끌고 또다시 명령을 받고 흉노로 출전하였다. 위청은 정양(定襄, 지금의 내몽골자치구 홀린고리현)에서 출발하고 곽거병은 대군(代郡, 지금의 산서성 북부)에서 출병하였다. 위청은 정양에서 북쪽으로 대사막을 지나 천여리나 행군하여 흉노병과 맞다들었다. 광풍이 몰아치고 모래와 자갈이 얼굴을 때리는 악렬한 조건에서도 위청은 조금도 흐트러짐이 없이 군사들을 지휘하여 만여명에 달하는 흉노병을 섬멸하였다.

곽거병은 대담하게 투항한 흉노병들로 선두부대를 무어 그들이 앞에서 길을 내게 하였다. 그들은 대군(代郡)에서 출발하여 북으로 2,000여리를 진격하면서 리후산(离侯山)을 넘고 공려하(弓闾河)를 건너서 흉노의 좌현왕(左贤王)을 격파하여 그들의 량초를 빼앗아내였다. 치렬한 전투 끝에 흉노의 툰두왕(屯头王), 한왕(韩王) 및 장군, 재상, 도위 등 83명을 포로하고 7만여명의 흉노병을 섬멸하였다. 끝으로 곽거병의 사회하에 랑거서산(狼居胥山, 내몽골경내에 있는 산이름)에서 봉산 의식(封山仪式)을 거행하여 천지에 제를 올리고 나라를 위해 목숨을 바친 용사들을 추모하였으며 전공을 세운 영웅들을 위로한 다음 군사들을 거느리고 한조로 돌아왔다.

한무제는 곽거병의 공로를 장려해주기 위하여 많은 장인들을 파견하여 특별히 그를 위한 호화로운 저택을 지어주었다. 집이 지어진 후 한무제는 곽거병을 청하여 보게 한 다음 마음에 드는가고 물어보았다. 곽거병은 "흉노를 아직 소멸하지 못했는데 먼저 가정을 꾸려서야 되겠습니까!"라고 대답하였다. 곽거병의 나라를 위하여 가정을 잊는 정신은 후세에 좋은 본보기가 되여 천여년래 줄곧 사람들을 고무격려하였다.

애석하게도 곽거병은 18살에 참군하여 전장에서 6년 밖에 질주하지 못하고 24살 나던 해에 불행하게도 병으로 죽었다. 곽거병이 죽은 후 한무제는 너무 비통한 나머지 변방의 5개 군의 흉노 이민들에게 검은색 갑옷을 입혀 곽거병의 령구를 장안으로부터 무릉(茂陵)묘지까지 호송하여 안장하라고 령을 내렸다. 또 그를 위하여 기련산 모양의 웅위한 릉묘를 수축하여 전공이 혁혁한 젊은 영웅을 기념하였다.

101

야랑자대

장건이 사천 건위(犍为)에서 네갈래로 사신을 파견하여 신독국(身毒国)을 거쳐 다시 서역으로 가는 길을 개통하려 하였지만 중도에서 막혀 되돌아오게 되였다. 장건의 길을 막은 것은 지금의 사천성 남부와 귀주, 운남 일대의 소수민족이였다. 당시 이 일대에는 많은 소수민족들이 살고 있었는데 사천 남부와 귀주에는 야랑(夜郎), 운남 일대에는 전(滇), 사천 서남부와 운남 북부에는 공도(邛都)가 제일 강대하였다. 이런 민족들의 풍속습관을 보면 대개 머리를 쪽찌고 왼쪽에 섶을 낸 옷을 입었으며 남자는 밭일을 하거나 나무를 하고 야크(牦牛)나 유명한 작말(笮马)을 키우고 녀자들은 집에서 길쌈을 하였다. 당지의 기후가 온화하고 토양이 비옥하며 물산이 풍부하였기에 그들의 생활은 비교적 부유하였다. 그들의 사회발전 정도는 한조보다 많이 뒤떨어져 있었는데 노예사회단계나 심지어 원시사회 말기에 처해 있다고 할 수 있다.

야랑은 원시사회 말기에 처해 있은 소수민족부락이였다. 그들의 수령은 성이 죽(竹)씨이고 이름은 다동(多同)이였다. 야랑사람들의 전설에 의하면 다동은 그의 어머니가 죽통에서 꺼낸 아이라고 한다. 어느 하루, 한 녀자가 즉 다동의 어머니가 장가강(牂牁江, 지금의 귀주성 동남부)에서 발을 씻고 있는데 문득 세마디 크기의 죽통이 떠내려와 그의 옆을 지나게 되였다. 그 녀가 자세히 보니 죽통에서 갓난애의 울음소리가 들리는 것 같아서 얼른 건져서 쪼개보니 아니나다를가 희고 포동포동한 남자애가 있었다. 그는 이 애를 안고 가서 키웠는데 후에 문무가 겸비한 영웅으로 성장하였다. 이 영웅이 바로 다동이였다. 죽통에서 꺼내였다 하여 성이 죽씨로 된 것이다. 다동은 후에 야랑사람들의 수령으로 되고 야랑후(夜郎侯)라 자칭하였다. 그는 야랑지구를 질서정연하게 다스려 놓아 사람들로 하여금 근심걱정이 없는 생활을 하게 하였다. 사람들은 이를 고맙게 생각하여 그를 죽왕으로 존칭하였다.

이 전설은 실제상에서 당시 야랑사람들의 사회발전 정도를 설명하였다. 죽왕 다동은 아버지가 없고 어머니만 있다. 이것은 다동의 이전 사회는 모계씨족공동체 단계였음을 설명하였다. 죽왕 다동 때에 와서 남자가 야랑의 수령이 되고 또 왕으로 칭한 것은 이 시기 야랑사회는 이미 부계씨족공동체 단계에 진입하였으며 오래지 않아 노예사회 단계에로 진입할 것이라는 것을 설명하였다.

한무제 건원 6년(기원전 135년)은 장건이 제1차 서역출사의 세번째 해이며 또 제2차 서역출사하기 전 14번째의 해였다. 이 해에 령남 일대에 거주하는 소수민족들이 반란을 일으켜 한무제는 당몽(唐蒙)을 파견하여 그들을 권고하게 하였다. 당몽은 일찍 령남에서 사람들이 맛있는 구기자장(枸杞子醬)을 먹는 것을 보고 어디서 구했는가고 물으니 장가강 일대에서 사온 것이라 하였다. 당몽이 장안에 돌아온 후 사천에서 온 상인한테 구기자장은 어디에서 나온 것이며 장가강은 어디에 있는가고 물었다. 그 상인은 구기자장은 사천 특산이며 장가강은 야랑의 관할 지구이며 장가강은 강폭이 몇십장(丈)이나 되고 배가 다닐 수 있으며 구기자장은 이 강의 수로를 통하여 령남(岭南)으로 운반된다고 하였다.

당몽은 일부 지리 정황을 료해한 후 야랑에서 출발하여 장가강을 통과하면 령남지구를 통제할 수 있다고 생각하였다. 그는 한무제에게 상서를 올려 "령남 일대의 소수민족 수령들은 할거하면서 왕으로 칭하고 있습니다. 만약 호남과 강서 일대에서 출발하여 그들을 통제하려면 하천들이 가로세로 얽히여 아주 불편합니다. 듣는 바에 의하면 장가강 일대의 야랑이 아주 강대한 바 정예한 군사도 10만 정도 갖고 있다고 합니다. 사람을 파견하여 야랑과 교섭하여 그들을 우리 한조에 귀순시키고 관원을 파견하여 다스린다면 장가강수로를 통하여 령남 일대를 통제할 수 있다고 봅니다."고 하였다.

한무제는 당몽을 중랑장(中郎将)으로 임명하고 천명의 사람들과 많은 금은보화에 비단을 례물로 준비하여 야랑에 보냈다. 당몽은 사천에서부터 남쪽으로 산을 만나면 길을 빼고 강을 만나면 다리를 놓으면서 천신만고 끝에 야랑에 도착하였다. 그는 야랑왕 다동을 만난 후 한무제의 문안과 함께 갖고 온 례물을 주면서 한조 조정에서 여기에 군현을 설치하겠으니 다동의 아들이 군수를 맡아달라고 하였다.

야랑왕 다동은 장기간 두메산골에서 살고 교통이 막히고 안광이 좁은데서 우물 안의 개구리와 같아 자기가 제일 강대하다고 생각하였다. 그들은 온 천하에 자기네 야랑이 제일 크다고 여기면서 뛰는 놈 우에 나는 놈이 있다는 것을 몰랐다. 그는 당몽이 한무제의 문안을 전달할 때 당몽에게 "너희들은 한조에서 온 사신이라 하는데 물어보자. 너희들 한조

가 큰가 아니면 우리 야랑이 큰가?"라고 하자 당몽은 이러한 문제를 제기하는 자체가 몹시 우스웠지만 내심하게 좋은 말로 깨우쳐주면서 한조는 문명대국으로서 땅도 넓고 인구도 많으며 물산이 풍부하고 문화도 발전하였기에 만약 그들이 한조에 귀순하면 반드시 좋은 점이 많을 것이라고 하였다. 다동은 그제서야 한조가 야랑에 비해 얼마나 크고 부유한가를 알고 한조의 요구에 응하였다. 이 이야기는 후에 '야랑자대(夜郎自大)'라는 성구로 되였다.

야랑 주위의 기타 소수민족들도 한조에서 사신이 왔다는 말을 듣고 분분히 당몽을 청해갔다. 당몽은 일일이 방문하면서 그들에게 례물을 주고 한조에 귀순하라고 설복하였다. 이때로부터 야랑 일대는 한조의 건위군(犍为郡)으로 되였다.

하지만 한조의 도읍 장안에서 야랑까지 가려면 길도 멀고 기후 조건과 생활습관이 많이 다른지라 그 곳에 파견되여 간 사병들은 흔히 수토가 맞지 않아 피부병에 걸리거나 말라리아에 걸려 죽는 사람이 많았다. 시간이 지남에 따라 한조와 야랑 등 소수민족지구와의 련계가 중단되였기에 그들은 장건이 파견한 사신들을 되돌려 보냈던 것이다.

후에 한조는 령남 일대의 소수민족 소동을 평정한 후 다시 한번 사신을 야랑에 파견하여 한조와의 련계를 회복시켰다. 한무제는 야랑후 다동을 야랑왕으로 봉하고 황금으로 만든 큰 도장을 하사하였으며 귀주 일대의 땅을 야랑에게 주어 관리하게 하였다.

그때로부터 조국 서남지구의 야랑 등 소수민족들은 한조와 더욱 밀접해졌다. 서남지구에서 나는 금, 은, 동, 철, 호박(琥珀), 수정 등 광물질과 사향(麝香), 서각(犀角), 상아 등 축산품들은 련이어 한족지구에 운반되였고 한족지구의 선진적인 생산방식도 점차 서남지구에 전해졌다. 일부 문화정도가 높은 한족사람들은 야랑지구에 가서 학당을 설치하고 경서를 가르쳐 한족의 문화를 서남지구에 전파하였다. 이렇게 서남 소수민족들은 점차적으로 모두 조국의 민족대가정 속의 중요한 성원으로 되였다.

102

소무가 양몰이를 하다

곽거병이 흉노를 친 후 흉노는 원기를 크게 상하여 오래동안 소란을 피우는 일이 없었다. 이 시기 흉노에서는 사신을 파견하여 한조를 방문하면서 겉으로는 한조와 우호적인 척하였지만 실제상에서는 소식을 렴탐하여 또다시 중원을 칠 준비를 하고 있었다. 한조에서도 호의를 표시하기 위하여 사신을 파견하면서 중원의 일부 특산물들을 가지고 갔다. 하지만 흉노의 선우는 신용이 없이 경상적으로 한조의 사신을 억류하였다. 한조에서도 복수하기 위하여 흉노사신을 억류하였다. 이렇게 시간이 지나자 쌍방은 호상 사신을 억류한 것이 10여차나 되였다.

천한(天汉) 원년(기원전 100년)에 흉노는 저제후(且鞮侯) 선우로 바뀌면서 한조가 군대를 파견하여 자기를 칠가봐 무서워 사신을 파견하여 한조에 화의를 요구하는 한편 이전에 억류하였던 한조 사신을 모두 돌려보내왔다.

한무제는 새로운 선우가 도리를 아는 사람이라고 생각되여 그의 선의에 보답하려고 결정하였다. 그는 중랑장 소무(苏武)를 책임자로, 부중랑장 장승(张胜)을 부책임자로 파견하여 조수 상혜(常惠)와 100여명의 군사를 거느리고 많은 금은보화를 갖고 이전에 억류하였던 흉노의 사신들을 호송하여 흉노로 보냈다.

소무는 임무를 접수한 후 한무제가 친히 건네준 '사절(使节)'을 지니고 흉노로 떠났다. '사절'은 7~8자나 되는 몽둥이였는데 맨 웃쪽은 조금 휘여져 있고 털로 만든 방울술이 달려 있어 사신의 신분을 표시하였다. 소무는 흉노에 도착한 후 데리고 간 흉노의 사신들을 당면에서 선우에게 넘겨주고 례물도 올렸다. 변덕스러운 흉노의 선우는 한조에서 가져간 많은 례물을 받고도 감사는 커녕 오히려 거만을 부렸다. 소무는 쌍방의 화목을 수호하기 위하여 극력 참으면서 임무를 완성하고 빨리 한조로 돌아오려 하였다.

소무가 돌아오려고 준비를 할 때 생각지 못했던 불쾌한 사건이 발생하였다. 원래 소무가 흉노에 가기 전에 위률(卫律)이라는 한조 사람이 흉노에 사신으로 갔다가 투항하였다. 그는 선우에게 온갖 계책을 대주면서 한조를 반대하는 나쁜 짓들을 엄청 많이 하였다. 위률에게는 우상(虞常)이라는 부하가 있었는데 한조에 충성하는 열혈 사나이였다. 그는 의분에 차서 기회를 보아 위률을 없애려 하였다. 소무가 흉노에 사신으로 오니 그는 무척 기뻐하였다. 장승과 원래부터 아는 사이였던 그는 가만히 장승한테 "들을라니 한조 황제는 반역자 위률을 몹시 미워한다고 들었소. 내가 슬그머니 위률을 없애버리겠소. 어머니와 동생이 한조에 있는데 만약 나에게 무슨 일이 생기면 그들을 부탁하오." 라고 하였다. 장승은 우상의 계책에 찬성을 표시하면서 재물과 물자를 지원하였다. 하지만 깐깐하지 못한 우상은 계획이 폭로되여 선우한테 잡혀서 위률의 문초를 당하게 되였다.

사건이 발생한 후 장승은 혼자서 감당할 수 없으니까 소무한테 자초지종을 고하였다. 소무는 "일이 이 지경이 되여서야 나한테 알려주는가. 보아하니 나까지도 련루될 것 같은데 한조의 사신으로서 만약 흉노의 법정에 서서 심문을 받는다면 우리 한조가 심문을 받는거나 다름없으니 창피한 일이다. 그럴바엔 일찌감치 자살하는 것이 낫겠다."고 하면서 칼을 뽑아 목을 베려 하였다. 장승과 상혜가 인차 제지시키면서 칼을 빼앗았다.

위률은 우상을 심문하면서 갖은 잔혹한 형벌을 모두 썼다. 우상은 고문을 이기지 못하고 마침내 장승과 내통했다고 말하였다. 장승은 소무의 부하이므로 선우는 위률더러 소무를 불러다 심문하라고 하였다. 소무는 상혜 등 사람들을 보고 "내가 이번에 흉노에 온 목적은 한조와 흉노의 화의를 위한 것인데 나더러 심문을 받으면서 한조를 욕보게 하다니 살아있다 하여도 무슨 면목으로 한조로 돌아가겠느냐?" 하면서 또 칼을 뽑아 자기 자신을 찍었다. 위률이 급히 그를 안으면서 칼을 빼앗았다. 그러나 소무는 이미 중상을 입고 피를 흘리면서 까무러쳤다. 위률이 즉시 사람을 불러 치료를 하였다. 반나절이 지나자 소무는 차츰 정신을 차렸다. 상혜는 울면서 소무를 장막에 옮겼고 장승은 선우한테 붙잡혀 감옥에 갇히였다.

선우는 소무가 절개를 지키는 호걸인 것을 보고 못내 탄복하면서 소무가 투항하여 위률처럼 자기를 위해 일할 것을 바랐다. 그는 사람을 보내 아침저녁으로 문안을 하면서 소무를 감화시켜 투항을 권고하려 하였다.

소무가 건강이 회복된 후 선우는 위률에게 명하여 우상과 장승을 재판하면서 소무더러 방청하게 하였다. 심문과정에 위률은 당장에서 우상을 죽여버렸다. 뒤이어 칼을 들어 장승을 위협하면서 "너는 한조의 부사신으로서 흉노 대신을 모살하는 음모에 가담하다니 응당 죽여야 되는데 네가 만약 투항만 한다면 목숨은 살려주겠다."고 하자 장승은 죽음이 두려워 꿇어앉아 투항을 청하였다. 위률은 고개를 돌려 소무를 보면서 "부사신이 죄를 졌으니 당신도 응당 책임을 져야 하지 않겠소." 하자 소무는 태연자약하게 "나는 저들의 밀모를 모른다. 그들과 친속관계도 아닌데 련좌라니!"라고 하였다. 위률은 "당신도 빨리 투항하시오. 안 그러면 당신도 죽이겠소." 하면서 칼을 들어 소무를 향해 찍어왔다. 소무는 얼굴색도 변치 않고 "어디 담이 있으면 당당한 한조의 사신을 죽여봐라. 죽여라!"라고 하자 위률은 위협으로 그의 마음을 움직일 수 없는 것을 알고 칼을 거두고 간사한 웃음을 지으면서 "소선생, 내가 권고할 때 투항하는 것이 좋을 것이오. 나를 보오. 선우는 나를 왕으로 봉하고 나에게 수만명의 부하와 수많은 소와 양을 주었소. 지금 나는 부귀영화를 누리고 있소. 당신도 투항만 하면 래일부터라도 나처럼 될 수 있소. 그렇지 않으면 여기 흉노에서 덧없이 죽어 황량한 풀더미 속에 묻힐 것이오. 하늘은 높고 황제는 멀리 있는데 누가 당신의 일편단심을 알겠소?"라고 하였다.

소무는 위률의 터무니없는 말을 완전히 무시하였다. 위률은 오히려 렴치없이 계속 지껄이였다. "당신이 만약 나의 말 대로 흉노에 투항한다면 나는 당신과 결의형제를 맺을 생각이오. 그렇지 않을 때에는 다시 나를 보자해도 힘들거요." 소무는 위률이 자기와 결의형제를 맺자는 말을 듣고 자신에 대한 크나큰 모욕으로 생각하고 위률에게 삿대질하면서 욕설을 퍼부었다. "한조의 사신으로서 흉노에 투항하다니! 네놈은 배은망덕하고 후안무치한 놈이다. 너와 같은 인간을 나는 보기도 싫다. 너는 선우의 신임을 턱대고 마음대로 사람을 죽이고 한조와 흉노 지간에 리간질을 했으니 극악무도하기 짝이 없다. 오늘 네가 나를 죽인다 해도 후날 사람들이 와서 흉노를 평정할 것이고 너 같은 간신은 꼭 천벌을 받을 것이다!"

위률은 협박하고 회유하는 수단을 다 써보았지만 소무를 투항시킬 수 없자 할 수 없이 선우에게 돌아가 보고하였다. 선우는 소무가 견결한 것을 보고 더욱 소무의 투항을 희망하였다. 선우는 소무를 움 속에 가두어 두고 먹을 것과 마실 것을 주지 말라고 명령하였다. 그는 이런 방법으로 그를 굴복시키려 하였다. 흉노지방은 기후가 무척 추워 경상적으로 큰눈이 내리고 서북풍이 윙윙 소리를 내면서 불어쳤다. 의지가 강한 소무는 추호의 흔들림도 없이 움막 바닥에 몸을 옹송그리고 누워 있으면서 목이 마르면 눈을 집어 먹고 배가 고프면 모전을 씹으면서 며칠을 버텼다.

소무와 같이 굳센 사나이한테 어찌할 도리가 없자 흉노 선우는 결국 명을 내려 북해(北海, 지금 로씨야의 시베리아 바이깔호 일대)해변에서 양을 치게 하였다. 선우는 소무에게 "수양이 새끼를 낳으면 한조로 돌려보내겠다."고 하였다. 수양이 어떻게 새끼를 낳는단 말인가? 이는 선우가 소무를 한조에 돌려보내지 않겠다는 말이였다.

북해에는 일년 내내 백설이 쌓여있고 인가라군 없었으며 심지어 날짐승이거나 들짐승들도 아주 희소하였다. 소무는 쥐구멍의 풀씨를 파내

여 배고픔을 달래면서 지내였다. 얼마 후에 선우는 사람을 파견하여 또 투항을 권유하였지만 소무는 의연히 단호하게 거절하였다. 소무는 매일 양을 방목하면서 떠나올 때 한무제가 하사한 사절을 한시도 손에서 놓지 않았고 속으로 부모가 계시는 고국을 그리워하였다. 시간이 지남에 따라 사절에 달렸던 털술은 떨어져 나갔으나 소무는 여전히 반질반질해진 사절을 놓지 않고 지어 저녁에 잘 때에도 가슴에 안고 자군 하였다. 이렇게 소무는 춥고 황량한 북해에서 어렵게 긴 세월을 보냈다.

한무제가 죽은 후 한소제(汉昭帝)가 즉위하였다. 흉노는 한조와 화의를 요구해왔다. 한조는 흉노에게 소무를 돌려보내줄 것을 요구하였으나 흉노는 소무가 이미 죽었다고 거짓말을 하였다. 한조에서는 또다시 사신을 흉노에 파견하였다. 소무의 조수였던 상혜는 그를 지키는 흉노병을 매수하여 비밀리에 한조의 사신을 만나 소무의 상세한 정황을 보고하였을 뿐만 아니라 소무를 구할 방도까지 알려주었다. 사신은 크게 기뻐하면서 상혜의 말대로 해보기로 결정하였다.

그 다음날 사신은 선우를 만나 소무를 되돌려 달라고 요구하였다. 선우는 "우리가 이미 말하지 않았는가. 소무는 이미 죽었다고."고 하자 사신은 상혜가 가르켜준 대로 "소무가 분명 죽지 않고 살아있는데 당신들은 거짓을 일삼는군요. 우리 황제께서 어화원에서 사냥을 하실 때 기러기 한마리를 쏴 떨군 적이 있었는데 그 기러기다리에 명주천이 매여져 있었소. 그것은 소무가 황제에게 보내는 편지였는데 거기에는 그가 북해에서 양을 방목하고 있다고 하였소. 그런데 당신들은 그가 죽었다고 하니 웬 말이요?"라고 하였다. 선우는 한조 사신의 말을 듣고 깜짝 놀라더니 그제야 거짓말을 한 것을 승인하면서 인차 사람을 파견하여 소무를 찾아와 한조로 돌려보내겠다고 승낙하였다.

한소제 시원(始元) 6년(기원전 81년) 봄에 소무, 상혜 등 아홉 사람은 오랜만에 장안에 돌아와 한소제를 알현하였다. 한소제는 령을 내려 소무에게 일련의 제사 물건들을 갖춰주면서 먼저 선제묘에 가서 한무제에게 제를 올리게 하였고 반질반질해진 사절도 령전에 반환하게 하였다.

소무는 사신으로 떠날 때 40좌우의 장년이였다. 흉노에서 19년의 긴 시달림을 받다보니 조국으로 돌아올 때에는 백발의 로인이 되였다. 그의 견강하고 굴할 줄 모르는 정신과 고생도 아랑곳하지 않고 영원히 절개를 굽히지 않은 이야기는 한조 조정과 민간을 뒤흔들었다. 관리들은 물론 백성들까지도 소무의 이름만 들어도 탄복을 금치 못하였다.

103

사마천이 《사기》를 쓰다

소무가 춥고 황량한 북해에서 양몰이를 할 때 다른 한 사람은 서울 장안에서 굴욕적인 궁형을 당하고도 분발하여 력사책을 쓰고 있었다. 그가 바로 우리 나라 고대의 위대한 력사학자 사마천(司马迁)이였다. 그가 쓴 이 책은 후에 《사기(史记)》라고 이름을 달았다. 《사기》는 중국력사에서 첫번째 위대한 기전체 통사이다.

사마천은 룡문(龙门, 지금의 섬서성 한성시)사람이다. 그의 부친 사마담(司马谈)은 력사학가로서 조정에서 태사령(太史令)이라는 벼슬을 지냈다. 사마담은 아들이 자기의 뒤를 이어주기를 희망하여 어릴 적부터 그에 대한 요구가 엄격하였다. 사마천은10살 때에 이미 《좌전(左传)》, 《국어(国语)》, 《상서(尚书)》 등 고대로부터 전해 내려온 력사책을 읽을 수 있어 력사와 문학 방면에 튼튼한 기초를 닦아놓았다.

사마천은 책을 읽으면서 의문나는 점이 있으면 반복적으로 사고하고 꼬치꼬치 캐여물었다. 그는 명승고적을 돌아보기를 즐겼는데 20세가 되던 해부터 전국 각지를 두루 돌아다니였다. 남쪽으로 장강류역과 회하류역에 가보았으며 제일 멀리로는 회계(会稽, 지금의 절강성 소흥시)까지 가보았다. 전하는데 의하면 하우(夏禹)는 회계에서 각 부락의 추장(酋长) 회의를 소집한 적이 있었는데 우혈(禹穴)의 고적이 남아있다고 하였다. 사마천은 특별히 우혈에 가서 실제 고찰을 진행하였다. 그는 또 오늘의 호남성 경내에 있는 구이산(九嶷山)에 올라가 삼상(三湘)의 수려한 풍경을 바라보았으며 원강(沅江)과 상강(湘江)에서 배도 타보면서 산수의 경치에 흠뻑 빠져보았다. 북으로는 문수(汶水), 사수(泗水)를 건너 춘추전국시기의 제나라, 로나라의 도읍에도 가보았으며 공자, 맹자가 당년에 제자들에게 학문을 가르치고 무예를 익히게 했던 유적도 고찰하였다. 어느 곳에 가든 무릇 고대 력사기재나 전설중에 나타나는 곳이면 모두 직접 고찰하고 유람하였으며 또 당지의 로인들을 방문하였다. 그는 전국시기 진나라 촉군 태수 리빙이 도강언(都江堰)을 수축하였는데 관개도 할 수 있고 홍수도 방지 할 수 있다는 말을 듣고 특별히 사천으로 달려가 민산에 올라 멀리서 바라도 보고 도강언의 뚝에 가서 현지 답사도 하였다. 그는 또 진나라왕 영정이 위나라를 멸망시킬 때 일찍 황하의 물을 끌어들여 위나라의 도읍 대량을 잠기게 했다는 말을 듣고 대량에 가서 성벽에 남아있는 당년에 물이 차올랐던 흔적을 관찰하고 로인들에게 당시의 비참했던 정경들도 물어보았다. 굴원(屈原)이 재능과 학문은 있어도 펼칠 기회가 없자 멱라강(汨罗江)에 뛰여들어 자살한 것을 알고는 멱라강 강변에 가서 이 위대한 애국시인을 추모하였다. 유람과 고찰을 통하여 사마천은 시야가 넓어졌고 사물에 대한 관찰력을 높이게 되였으며 대량의 원시적인 자료들을 수집하여《사기》를 쓸 수 있는 든든한 토대를 닦아놓았다.

사마천이 36세 나던 해에 아버지 사마담이 병으로 돌아갔다. 아버지는 생전에 력사책 한부를 집필중이였는데 일부 재료만 수집해놓고 몇편을 쓰다가 돌아갔다. 림종전에 아버지는 아들의 손을 잡고 “한조가 건립된 후 전국이 통일되였다. 우로는 현명한 군주가 있고 아래로는 많은 충신들이 있었는데 그들의 사적들은 모두 풍부하고 매우 감동적이다. 태사령인 우리들이 만약 그들의 업적을 기재하지 않는다면 그것은 실직인 것이다. 내가 죽은 다음 너는 반드시 내 뒤를 이어 책을 완성하기 바란다.”고 하였다. 사마천은 눈물을 흘리면서 연신 고개를 끄덕이며 아버지의 당부를 받아들였다.

2년이 지난 후 사마천은 아버지의 뒤를 이어 태사령이 되여 아버지가 채 완성하지 못한 력사책을 편찬하기 시작하였다. 이 시기 그는 정부의 각종 당안문서들을 접촉할 수 있었고 황실도서관에 있는 많은 진귀한 책들을 읽을 수 있어 더욱 많은 것을 알게 되였고 수집한 재료 또한 더욱 풍부해졌다.

그러나 사마천이 48세 되던 해에 뜻하지 않은 불행한 사건이 그에게 닥쳤다. 사마천에게 리릉(李陵)이라는 오랜 친구가 있었는데 흉노를 치는 데 파견되였었다. 고군분투하던 끝에 흉노에게 포위되여 포로가 되였다. 당시 사람들은 리릉이 투항하였다고 하였다. 한무제는 크게 노하여 리릉의 일가를 모조리 죽여버렸다. 이 소식을 들은 리릉은 정말로 흉노에 투항하고 말았다. 사마천은 한무제 앞에서 리릉을 위해 몇마디 변호하는 말을 하였는데 이게 큰 화근이 되여 결국 궁형에 처하게 되였다. 궁형은 남자의 생식기를 잘라버리는 형벌로서 사람의 생육능력을 상실하게 하는 잔혹한 형벌이다. 비록 생명에는 지장이 없지만 사람으로 하여금 극도의 굴욕을 느끼게 한다.

사마천은 인격상에서 커다란 타격을 받아 극도로 비감하여 여러번 자살하려고까지 하였지만 아버지의 유언을 아직 실현하지 못했고 또 그대로 죽는 것이 달갑지 않았다. 그는 견강하게 살아서 그 력사책을 꼭 완성하리라 결심하였다. 이때로부터 그는 이미 수집해놓은 자료들로 밤에 낮을 이어가며 분발하여 책을 쓰기 시작하였다.

다년간의 간고한 노력을 거쳐 사마천이 53세 되던 해에 마침내 불멸의 력사거작《사기》가 완성되였다. 이 책은 총 130편에 52만여자에 달하였다. 그중 본기(本纪) 12편에는 제왕들의 사적이 기재되였고 표(表) 10편에는 도표의 방법으로 대사와 중요한 인물들을 기재하여 본기를 보충하였으며 서(书) 8편은 중요한 법장제도와 천문현상 그리고 정치구조와 사회경제생활을 기재하였으며 세가(世家) 30편에는 제후왕과 공자, 진승 등 특수한 인물들의 사적들을, 렬전(列传) 70편에는 중요한 인물이나 소수민족과 린근 국가의 력사를 기록하였다. 그중 제일 중요한 것은 본기와 렬전인데 후세 사람들은 이것을 가리켜 기전체사서(纪传体史书)라고 하였다.《사기》가 처음으로 기전체를 창제한 다음부터 중국력사의 정사(正史)는 기본상에서 모두 《사기》를 본받아 기전체의 형식으로 씌여졌다.

사마천이 쓴 《사기》는 내용이 상세하고 진실하여 한부의 뛰여난 력사책일 뿐만 아니라 문자 또한 생동하고 아름다우며 인물들이 마치 살아있는 듯이 생생하여 뛰여난 문학작품으로도 손색이 없었다. 사마천이 《사기》에서 표현한 사상은 진보적이였다. 그는 애증이 분명하여 력사상에서 성군, 현명한 신하, 의로운 사람과 농민봉기군 수령들에게는 아낌없는 찬사를 보내고 폭군과 간신, 혹독한 관리들에게는 무자비한 풍자와 편달을 가하였다. 당시의 력사에 한해서는 좋은 일이든 궂은 일이든 모두 진실하게 기록하려고 하였다. 옳은 일은 부풀리지 않고 틀린 일은 감추지 않았으며 당시의 황제 한무제의 결점과 과실에 대해서도 아주 적절한 서술을 하였다. 사마천은 력사적 경험교훈에 대한 서술을 통하여 사람들로 하여금 미래에 대해 예견하기를 바랐다. 그의 진보적 사상과 신중한 창작태도는 지금까지도 우리들이 력사를 연구하는데 있어서 따라 학습해야 할 바이다.

104

곽광이 황제를 보좌하다

한무제의 뒤를 계승한 사람은 한소제이다. 소제 류불릉(刘弗陵)은 즉위할 때 8살 밖에 안되여 국가의 대사는 대사마 대장군 곽광(大司马大将军霍光)이 그를 대신하여 처리하였다. 곽광은 자가 자맹(子孟)이고 표기장군 곽거병의 이복동생이였다. 곽광이 10살 나던 해에 곽거병은 그를 고향으로부터 데리고 와 한무제의 시종관을 지내게 하였다. 한무제는 곽광의 성실하고 듬직한 성품이 마음에 들어 그를 시종관 두령으로 발탁시켰다. 곽거병이 죽은 후 한무제는 또 곽광을 봉차도위(奉车都尉), 광록대부(光禄大夫)로 발탁시켜 황제의 수레와 궁전의 문호를 책임지게 하였다. 곽광이 일을 신중하게 처리한데서 20여년간 큰 차실이 없었다.

한무제가 71세 나던 해에 병이 많고 신체가 허약해진 그는 자기가 오래 살지 못한다는 것을 알고 자기가 죽고 나면 8살 나는 막내아들 류불릉에게 황위를 물려준다고 하고 곽광을 대사마 대장군으로 임명하고 어린 황제를 보좌하여 국가의 대사를 관리하게끔 하였다.

곽광은 이렇게 중대한 책임을 맡고 난 뒤 더욱 근면하고 신중하게 일처리를 하였다. 그는 대공무사하고 공정하였으며 상벌이 분명하여 황제를 도와 나라를 조리정연하게 잘 다스려 나갔다. 그가 한소제를 도와 처리한 첫번째 큰 일은 농업생산을 발전시키고 농민들의 부세를 경감하고 정부에서 농민들에게 파견하는 관리를 감소시켰으며 농민들로 하여금 시름놓고 농업생산에 종사할 수 있게 하였다. 종자와 식량이 모자라는 농민에 한해서는 정부에서 돈과 물건을 꾸어주고 리자는 받지 않았다.

곽광이 한소제를 보좌하여 휴양생식정책을 실시한데서 그의 위망은 갈수록 높아졌다. 대사마 대장군 곽광이란 이름만 들어도 백성들은 모두 탄복해마지않았다. 그러나 조정의 몇몇 대신들은 곽광이 자기들의 앞길을 가로막는 걸림돌이라고 생각하고 그를 눈에 든 가시처럼 미워하였다.

좌장군 상관걸(上官桀)은 첫번째로 곽광과 권력을 타툰 사람이였다. 그와 곽광은 사돈간이였는데 그의 아들은 곽광의 딸을 안해로 맞아들였다. 상관걸은 곽광과 권력을 다투기 위하여 한소제의 큰누이 개장공주(盖长公主)의 도움을 받아 자기의 손녀이며 상관안(上官安)의 6살 나는 딸을 한소제에게 시집보냈다. 몇달이 지난 후 6살 나는 상관걸의 손녀는 황후로 책봉되였다. 이렇게 된데서 상관걸은 안양후(安阳侯)로, 상관안은 상락후(桑乐侯)로 책봉되여 황친국척(皇亲国戚)으로 되자 그 지위가 더욱 존귀해졌을 뿐만 아니라 한소제와 접촉할 수 있는 기회가 더욱 많아졌다.

개장공주가 상관걸을 도와주었기에 상관걸은 기회를 보아 보답하려 하였다. 개장공주에게 정외인(丁外人)이라는 정부(情夫)가 있었는데 이 일을 안 상관걸은 곽광한테 가서 정외인을 관직에 봉해 달라고 청을 들었다. 곽광은 사사로운 정에 매이지 않고 직접 상관걸에게 말하였다. "고조가 계실 때에 세운 법도인데 공로가 없으면 제후로 봉할 수 없습니다. 정외인은 공로가 없으니 당신은 그를 위해 나설 리유가 없지 않소!" 상관걸은 "제후로 봉할 수 없다면 그에게 광록대부(光禄大夫)로는 봉할 수 있지 않습니까."고 간절히 요구하였다. 곽광은 "그것도 안됩니다. 정외인의 명성이 아주 나빠 어떠한 관직도 줄 수 없습니다."고 하였다. 상관걸은 코를 떼우고 나니 무안해서 개장공주한테 가서 자초지종을 과장하여 고자질하였다. 하여 개장공주도 곽광을 미워하게 되였다.

곽광을 반대하기 위하여 상관걸, 상관안, 개장공주는 어사대부 상홍양(桑弘羊)과 결탁하였다. 상홍양은 일찍 한무제를 도와 소금과 철의 전매를 담당했었는데 재무관리에 뛰여났을 뿐만 아니라 공로도 세운 적이 있었다. 그는 그것을 자본으로 삼아 자기의 제자들이 조정에서 한자리하기를 바랐지만 곽광이 동의하지 않았다. 곽광은 "상홍양, 당신이 공로가 있으면 황제께서 당신에게 상을 내릴 수 있소. 하지만 제자들은 당신의 공로를 턱 대고 관리질을 할 수 없소. 그들은 응당 자기들의 능력에 따라 살아가야 하오."라고 하였다. 이 일로 상홍양은 곽광을 몹시 미워하였다. 상홍양은 상관걸 일당이 모두 황친국척이고 또 개장공주가 뒤심이 되여주고 있는 것을 보고 곽광과 싸워 이길 수 있다고 생각되여 이 일당에 가입하였다.

곽광은 평소에 일처리가 아주 신중하였기에 상관걸 일당이 그의 빈틈을 노리려 해도 빈틈이 없었다. 하여 그들은 연왕 류단(刘丹)을 리용하여 곽광을 모해하려 하였다.

한소제가 14살 되던 해였다. 한번은 곽광이 우림군(羽林军, 황제의 근위군)을 검열하게 되였는데 교위(校尉) 한명을 대장군부에 와 일을 보게 하였다. 상관걸 일당은 이 기회를 리용하여 자기들이 조작한 연왕의 편지를 연왕의 사절로 가장한 심복에게 주어 한소제에게 바치게 하였다. 가짜 편지의 내용은 이러하였다. "대장군 곽광은 군대를 검열할 때 황제의 의장대를 제멋대로 람용하여 위풍을 부렸으며 제멋대로 교위를 대장군부에 데려다 쓰기까지 하였습니다. 이는 곽광의 야심이 얼마나 크며 모반의 꿍꿍이일 수도 있다고 생각됩니다. 나는 연왕의 공인을 바쳐서라도 장안에 돌아가 황궁을 지키는 경위가 되여 간신의 반란을 진압하려 합니다."

한소제는 그 편지를 상세히 읽고 나서 한켠에 놓아두면서 곽광이 군사검열이 끝나 돌아온 다음에 보자고 하였다.

이튿날, 곽광이 돌아와서 들을라니 누군가가 자기를 모해하고 있다는 말을 듣고는 편전(偏殿)에 숨어 감히 한소제를 배알하지도 못하였다.

한소제는 내시를 시켜 곽광을 불러들였다. 곽광은 궁에 들어서자마자 모자를 벗고 엎드려 죄를 청하였다. "소인이 죽을 죄를 지었나이다."

한소제는 손을 저으며 말하였다. "대장군은 모자를 쓰고 일어나시오. 이 편지가 가짜인 줄을 짐은 알고 있거늘 그대에게 무슨 죄가 있겠는가?" 곽광이 의아쩍어 되물었다. "폐하께서는 이 편지가 가짜인 줄 어찌 아시나이까?" 한소제는 "뻔하지 않은가. 대장군은 경성부근의 광명에 가 열병했고 교위가 대장군부에 간지 열흘도 되지 않았는데 그 먼 북방에 있는 연왕이 어찌 이 일을 알 사이가 있었겠는가. 그가 알았다 해도 그 편지가 나한테까지 오려면 아직도 며칠 더 걸려야 할거요. 그리고 대장군이 반란을 일으키려 했다면 교위 한명만 데려다 쓸 리가 없지 않소. 이는 분명 장군을 모해하려는 자들의 소행이 틀림없소. 내 비록 나이는 어리지만 이런 어리석은 짓거리에 속지는 않소."라고 하였다. 나어린 한소제의 예리한 추리능력에 문무백관들은 탄복을 금치 못했다.

한소제는 곽광의 죄를 묻지 않았을 뿐만 아니라 당장에서 가짜 편지를 쓴 자를 잡아들이라고 령을 내렸다. 상관걸은 조사를 하다가는 자기들의 음모가 탄로날 것이 뻔한지라 한소제에게 간청하였다. "하찮은 일을 가지고 너무 심려치 마시옵소서." 한소제는 못이기는 척했지만 이때로부터 상관걸일당에 대해 의심하기 시작하고 계속 추궁하게 하였다.

황제의 조사가 계속되자 급해난 상관걸은 공격으로 수비하는 책략을 써 끊임없이 곽광을 무함하였다. 한소제는 크게 노하여 "대장군은 충신이다. 선제께서도 림종시에 나를 보좌하여 천하를 다스리라고 대장군께 부탁하였다. 그가 이 사이 과인을 위해 많은 일들을 한 것은 경들도 다 보고 알 것이다. 이후 곽광을 무함하는 자가 있으면 엄하게 다스릴 것이다."라고 엄포를 놓았다. 상관걸 일당은 이때로부터 감히 내놓고 곽광을 무함하지는 못하고 호시탐탐 기회를 노리기만 했다. 이들은 개장공주가 곽광을 불러들여 술을 마시게 하고 미리 연회석에 매복시킨 무사들이 곽광을 암살하고 연후에 한소제를 페위시키고 연왕을 황제로 세울 꿍꿍이를 꾸미기에까지 이르렀다.

하지만 낮말은 새가 듣고 밤말은 쥐가 듣는다고 이들의 꿍꿍이를 곽광이 먼저 알고 한소제에게 알리고 상관걸, 상관안, 상홍양, 정외인 등 일당을 죽여버렸다. 연왕 류단과 개장공주는 죄가 두려워 자살하고 말았다.

곽광은 한소제를 13년간 보좌하였는데 한소제는 21살 되는 해에 죽었다. 한소제에게 아들이 없었기에 곽광은 태후와 상의하여 한무제의 손자 창읍왕 류하(刘贺)를 황제로 모시도록 하였다. 헌데 창읍왕 류하는 후안무치한 자로서 즉위한지 27일만에 1127가지나 되는 착오를 범하면서 황제로서의 신망을 잃고 말았다. 곽광은 승상 양상, 차기(车骑)장군 장안세, 어사대부 채의 등 문무대신들과 상의하고 황태후의 허락을 받고 창읍왕 류하를 페하고 한무제의 증손 류순(刘询)을 황제로 삼았는데 그가 바로 한선제(汉宣帝)이다.

한선제는 서한시기 많은 일을 한 황제 가운데 한 사람으로서 18살에 즉위하였는데 곽광은 그를 6~7년간 보좌하면서 훌륭한 황제가 되게끔 가르침을 아끼지 않았다. 한선제 지절(地节) 2년(기원전 68년), 곽광은 병으로 죽었는데 한선제와 황태후는 직접 곽광의 상례를 주최하고 장중한 장례를 치르고 그를 무릉(茂陵)의 한무제의 릉 옆에 안장하였다.

105

소군이 멀리 장성 이북으로 시집가다

한무제시기에 서한과의 싸움에서 흉노는 크게 패하였다. 그 때로부터 흉노의 대규모적인 남침은 불가능하였지만 변경지구에서의 작은 소란은 늘 발생하였다. 한조가 서북 변강에 강대한 병력을 배치한데서 흉노의 작은 소란은 쉽사리 격퇴되였다. 한선제 오봉(五凤) 원년(기원전 57년)에 흉노 내부에서 다섯 선우가 권력을 두고 호상 다툼이 일어났는데 나중에는 질지(郅支) 선우와 후한야(呼韩邪) 선우 지간의 남북대치국면이 형성되였다. 결국에는 질지 선우가 후한야 선우를 전승하였다. 싸움에 패한 후한야 선우는 군사를 이끌고 남하하여 한조에 투항하였다.

감로(甘露) 3년(기원전 51년)에 후한야 선우는 장안에 와서 한선제를 알현하였다. 한선제는 성대하게 그를 맞았고 상등 재질의 옷 한벌, 자주색 비단이 매여진 금인(金印) 하나, 상등 보검 한자루, 칼과 화살, 창과 같은 무기, 주옥으로 장식한 수레 한채와 수레를 끄는 말 15필을 상으로 내린 외에도 황금 20근, 동전 20만전, 비단 8,000필, 명주솜 6,000근을 하사하였다. 한선제는 문무백관, 각 소수민족의 추장, 제후왕과 장안성의 백성들까지 거느리고 친히 장안성 밖까지 나와 귀빈을 영접하였으며 위수(渭水) 다리 옆에서 성대한 환영의식을 거행하였다. 그리고 한선제는 후한야 선우와 함께 위수 다리 우로 올라갔다. 사람들은 황제와 먼 곳에서 온 귀빈을 향해 “만세”를 높이 불렀다. 후한야 선우는 성대한 환영에 매우 감동되여 연신 한선제에게 고마움을 표시하였다. 뒤이어 한선제는 후한야 선우를 황궁에서 열리는 연회에 초대하였으며 또 황궁에 수장된 진귀한 보물들을 참관시켰다.

후한야 선우가 장안에서 한달 남짓이 머물다가 돌아갈 때 한선제는 장락위위 동충(长乐卫尉董忠), 차기도위 한창(车骑都尉韩昌) 등 장군에게 기병 16,000명을 거느리고 호송하게 하였다. 한선제는 또 사람을 시켜 식량 34,000곡(斛, 고대 용량단위. 10말은 1곡)을 보내주었다.

질지 선우는 후한야 선우가 한조에 투항한 후 많은 리득이 있는 것을 보고 또 한조에서 후한야 선우를 지원하여 자기를 진공할가봐 두려워 그도 인차 사신을 파견하여 많은 토산물을 선물로 보내왔다. 한선제는 아주 례의 바르게 질지 선우가 보낸 사신을 접대하고 많은 귀중한 선물로 답례를 하였다. 하지만 질지 선우와 한조의 관계는 후한야 선우보다 못하였다. 질지 선우는 자기력량의 부족함을 느끼고 한조가 후한야 선우를 지지하여 자기를 진공할가봐 두려워 할 수 없이 서쪽으로 이주하였다.

한선제는 재위한지 25년이 지나 43살이 되던 해에 죽고 그의 아들 류석(刘奭)이 황제자리를 계승하였는데 그가 바로 한원제(汉元帝)이다.

한원제 경녕(竟宁) 원년(기원전 33년) 정월에 후한야 선우는 재차 장안에 왔다. 그는 한조와 세세대대로 우호관계를 유지하려는 뜻을 표시하기 위하여 한원제에게 한조와 화친할 것을 요구하였다. 한원제는 그의 요구를 동의하고 사람을 시켜 후궁에서 재질과 용모가 뛰여난 궁녀를 물색하여 공주의 명의로 후한야에게 시집보내려 하였다.

한원제 즉위 초기에 간의대부(谏议大夫) 공우(贡禹)가 궁녀를 감소시킬 데 관한 건의를 하였기에 많은 궁녀들을 돌려보냈지만 아직도 남아있는 궁녀들이 적지 않았다. 이 궁녀들은 모두 민간에서 선발되여 왔다. 황궁에 들어온 후 그들은 마치 조롱 속에 갇힌 새처럼 자유를 잃었다. 적지 않은 궁녀들은 좋은 신랑을 만나 황궁에서 나가 자유로운 생활을 하기를 갈망하였다. 하지만 지금은 춥고 언어도 통하지 않고 생활습관도

다른 멀리 흉노로 시집보낸다니 모두 주저하면서 선뜻 응하지 않았다.

왕장(王嫱)이라는 궁녀가 있었는데 부유한 가정에서 태여났고 어릴 때 몇년간 책을 읽은 적이 있으며 학명은 소군(昭君)이라 불렀다. 궁에 들어온지 얼마 되지 않아 황제도 본 적이 없었다. 왕소군은 이것은 한조와 흉노가 화목해지는 큰일이라고 생각하고 선뜻 자진해나섰다. 이번 일을 책임진 관원은 한원제에게 상황을 설명하고 왕소군을 위하여 혼수를 준비하였으며 흉노녀인을 찾아 왕소군에게 흉노의 풍속습관과 언어를 가르치게 하였으며 비파와 호금 등 서역지구의 악기도 가르쳤다. 왕소군이 열심히 배운 탓에 얼마 되지 않아 흉노말을 할 수 있었고 감동적인 연주도 할 수 있었다.

결혼식날 후한야 선우는 한조의 풍속습관에 따라 친히 신부 왕소군을 맞으러 왔다. 신랑과 신부는 한원제를 알현하였다. 한원제는 그들에게 많은 재물을 하사하고 연회를 차려 배웅하였다. 신랑신부가 장안을 떠날 때 문무백관들은 그들을 십리장정(十里长亭)까지 배웅하였다. 비파를 안고 말을 타고 가는 왕소군의 심정은 기쁨과 슬픔으로 가득 차있었다. 기쁨은 자기가 흉노와 한조 백성들의 화해를 위하여 공헌할 수 있고 또 자신도 의탁할 데가 생긴 것이고 슬픔은 부모 형제가 있는 고국을 떠나 영원히 돌아올 수 없다는 것이였다. 왕소군은 말 우에서 잠간 생각에 잠기는가 싶더니 이내 자기의 이러한 모순되는 심정을 곡을 지어서 연주하기 시작하였다. 사람들은 이 곡을 〈소군원(昭君怨)〉이라고 불렀다. 사실 이 곡의 내용은 시름과 원한 정서만 있는 것이 아니였다. 후에 사람들은 왕소군을 한명비(汉明妃)라 불렀고 〈소군원〉도 〈명비곡〉이라 하였다.

왕소군은 흉노로 간 후 후한야 선우를 도와 생산을 발전시키고 유목민족의 일부 락후한 풍속습관을 개변시켰다. 흉노사람들은 한조로부터 인입된 농업생산도구를 쓰기 시작하였고 점차적으로 농업생산을 발전시켜 기본상에서 자체로 식량문제를 해결하였으며 다시는 한족지구에 와서 식량을 빼앗거나 한조정부의 구제에 의거하지 않았다. 농업이 발전을 가져오자 목축업도 사료도 보장이 있게 되여 더욱 발전할 수 있었다. 질지 선우가 이미 자기의 인마를 거느리고 서쪽으로 이동한 뒤라 후한야 선우는 북쪽의 질지 선우의 지반을 접수하였다. 후한야 선우의 통치하에 흉노는 사람과 가축이 모두 번성하는 국면이 나타났다.

후한야 선우는 한족의 문화를 흠모하였으며 왕소군을 무척 존중한데서 부부감정이 아주 좋았다. 흉노에 온 두번째 해에 왕소군은 아들을 낳았다. 이름을 이도지아사(伊屠智伢师)라 지었으며 후에는 우일축왕(右日逐王)으로 책봉되였다. 후한야 선우가 죽은 다음 흉노의 풍속에 따라 왕소군은 새로 등극한 복주루(复株累) 선우한테 개가하여 두 딸을 낳았는데 큰딸은 수복거차(须卜居次)라 부르고 작은딸은 당우거차(当于居次)라 불렀다.

왕소군은 흉노 선우의 안해로서 그 지위가 한조의 황후와 비슷한데서 한조를 떠난 후 다시 돌아오지 못하였다. 하지만 자기의 고국을 열애하는 왕소군은 경상적으로 사람을 파견하여 편지를 보내온다든가 또 선우를 졸라 사신을 한조에 파견하여 흉노의 특산물을 한조의 황제에게 바치게 하였다. 한조의 황제 또한 금은보석과 비단을 답례로 보내기도 하였다. 왕소군이 흉노로 간 후부터 흉노와 한조는 장기간 서로 화목하게 지내며 60여년간 전쟁을 하지 않았다.

왕소군이 늙었을 때 유언을 작성하였는데 그는 자기가 죽은 후 귀화(归化, 지금의 내몽골자치구 훅호트시) 교외에 안장해 줄 것과 묘지는 남북방향으로 하여 자기가 죽어서라도 부모 형제가 있는 고국을 바라볼수 있게 해 달라고 하였다. 그가 죽은 후 자녀들은 해별이 잘 들고 수초가 무성한 산언덕에 그의 묘를 만들어주었다. 사막지구는 춥고 건조하여 대부분 지구는 여름 한 계절에만 푸른 풀들이 자란다고 한다. 하지만 왕소군의 묘지는 양지바르고 또 물자원이 충족하기에 일년중 대부분은 푸르싱싱한 풀로 덮여 있다고 한다. 하여 사람들은 왕소군의 묘지를 "청총(青冢)"이라 하였다.

왕소군은 한족과 흉노족의 화목을 위하여 자진하여 흉노에 시집감으로써 우리 나라 민족대가정의 형성에 큰 기여를 하였다.

106

왕망이 정권을 탈취하다

왕소군이 흉노로 떠난 그 해 여름에 한원제가 죽고 그의 아들 류오(刘骜)가 즉위하였는데 그가 바로 한성제(汉成帝)이다. 한성제는 그의 어머니 왕정군(王政君)을 황태후로, 큰외삼촌 왕봉을 대사마(大司马) 대장군으로 봉한 다음 기타 외삼촌들은 모두 제후로 봉하였다. 외척 왕씨 가문이 조정의 대권을 장악하게 되였다.

왕씨 가문에는 또 한 사람이 있었다. 처음에는 조용히 있다가 후에 점차 두각을 나타내기 시작하였는데 그가 바로 한성제의 둘째외삼촌의 작은아들 왕망(王莽)이였다. 왕망은 아버지가 일찍 죽었기에 집안이 가난하고 정치상에서 내세울 만한 것이 없었다. 그는 남보다 뛰여나기 위하여 사서오경을 달달 외울 정도로 열심히 공부를 하였으며 또 큰아버지와 삼촌들에게 잘 보여 그들의 도움을 받으려고 무진 애를 썼다. 특히 그는 대사마 대장군직을 맡고 있는 큰아버지 왕봉(王凤)을 자기 아버지처럼 공경하였다. 왕봉이 중병에 걸렸을 때에 왕망은 정성을 보이고 신임을 쌓기 위하여 직접 탕약을 맛보고 똥오줌을 받아내면서 더럽고 힘든 일을 가리지 않았다. 환자를 간호하기 위하여 련속 몇달간 얼굴도 씻지 않고 옷도 입은 채로 잠을 잤다. 왕봉은 왕망의 정성에 감동되여 림종전에 황태후와 한성제에게 왕망을 추천하였다. 이렇게 왕망은 황문랑(黄门

郞)으로 임명되였고 뒤따라 사성교위(射声校尉)로 발탁되였다.

얼마후 삼촌 왕상의 추천으로 왕망은 신도후(新都侯), 광록대부(光禄大夫)로 되였다. 또 몇년이 지난 후 그의 삼촌이며 대사마 표기장군인 왕근(王根)이 늙어 뒤로 물러나면서 왕망이 대사마자리를 차지하고 조정대권을 장악하였다.

왕망은 왕씨 가문에서 다섯번째 대사마였다. 앞의 네 사람은 모두 그에게 큰아버지 아니면 삼촌벌이였다. 그는 그들의 명성을 초과하기 위하여 겉으로는 공손하고 부지런히 일하는 모습을 보여주면서 암암리에는 애써 패거리를 긁어모았다. 무릇 그한테 의탁하러 오는 사람이면 출신의 귀천과 지방을 고려하지 않고 모두 받아주고 그들에게 관직을 주었다. 인심을 매수하기 위하여 그는 자기의 봉지에서 거두어들인 돈과 식량을 모두 빈객들에게 나누어주고 자기네 집은 아주 검박한 생활을 하였다. 한번은 왕망의 어머니가 병이 나자 조정의 문무백관들이 자기들의 부인들을 보내여 병문안하게 하였다. 왕망의 부인은 겨우 무릎이나 가릴 수 있는 헌옷을 입고 나와 사람들을 맞았다. 문무백관 부인들은 처음에는 하인인 줄로 알았는데 나중에 대사마부인이라는 것을 알고 놀라움을 금치 못하였다. 왕망이 자기를 희생하고 나라와 사회를 위해 헌신하며 근검소박하다는 명성이 이렇게 전해졌다. 조정의 대신들은 모두 황제 앞에서 왕망을 칭찬하고 그의 빈객과 명사(名士)들도 도처에서 그를 위해 허풍을 떨었다.

수화(绥和) 2년 (기원전 7년)에 한성제가 죽고 그의 조카인 류흔(刘欣)이 즉위하였는데 그가 바로 한애제(汉哀帝)이다. 한애제는 황태후 왕정군(王政君)을 태황태후로 칭하고 왕망은 계속하여 대사마직에 임명하였다. 그러나 한애제에게도 한무리의 외척이 있었는데 외조모 부태후(傅太后)와 어머니 정태후(丁太后)의 친정이였다. 외척들 모두가 한자리씩 노리는 자들이였다. 그들은 한애제의 지위를 리용하여 왕망을 배척한데서 왕망은 마침내 대사마직에서 내려와 고향에 돌아가는 수 밖에 없었다.

한애제는 6년 밖에 황제질을 못하고 죽었다. 그에게는 아들이 없었기에 태황태후가 나서서 애제의 사촌 동생인 류간(刘衎)을 황위에 올렸는데 그가 바로 한평제(汉平帝)이다. 태황태후는 왕망을 다시 불러들여 대사마직을 맡게 하였다. 그때 한평제의 나이가 9살이였기에 조정대권은 명의상에서 태황태후가 섭정하였지만 실제상에서 대사마 왕망이 전부 틀어쥐고 있었다. 이때로부터 왕망은 한걸음한걸음 한조의 천하를 빼앗기 시작하였다.

왕망은 성제, 애제의 외척들이 또다시 권력을 다툴가봐 두려워 구실을 대여 성제의 조태후, 애제의 부태후를 자살하게 하여 조, 부 두 외척의 길을 막아버렸다. 왕망의 백부들중에서 선후하여 대사마직에 있던 왕봉, 왕음, 왕상, 왕근은 모두 죽고 막내삼촌 홍양후 왕립(王立)만 살아 있었다. 왕립은 비록 작위만 있고 조정에서의 관직은 없었지만 필경은 태황태후의 친동생인 것 만큼 그가 태황태후 옆에 있는 한 왕망이 태황태후 몰래 마음대로 할 수가 없었다. 왕망은 친신 공광(孔光)을 시켜 왕립과 순어장(淳于长)과의 관계를 적발하게 함으로써 태황태후로 하여금 부득불 왕립을 자기 봉지로 돌아가게 하여 조정의 일에 간섭하지 못하게 하였다.

거치장스러운 왕립을 치워버린 후 왕망은 조정에 자기의 친신들을 박아넣었다. 왕순(王舜), 왕읍(王邑), 견풍(甄丰), 견단(甄郸), 평안(平晏), 류흠(刘歆), 손건(孙建), 최발(崔发), 진숭(陈崇), 그리고 견풍의 아들 견심(甄寻)과 류흠의 아들 류분(刘棻)은 모두 왕망의 심복, 모사, 앞잡이들로서 왕망은 그들에게 모두 큰 관직을 주었다. 왕망은 무슨 일이나 그들을 내세워 태황태후에게 상서를 올리게 하였다. 왕망은 태황태후가 조서를 내리면 공손하게 명을 받아 집행하면서 태황태후를 미혹시켰다. 왕망은 이런 수단으로 왕순을 내세워 태황태후에게 청들어 자기를 안한공(安汉公)으로 책봉하게 하였다. 태황태후가 청을 들어주자 왕망은 도리여 상서를 올려 공광, 왕순, 견풍, 견단의 공로가 크니 이들에게 상을 내리고 자기한테는 상을 내리지 말라고 하였다. 견단이 재차 상서하여 왕망의 책봉을 간청하자 왕망은 또다시 사양하는 한편 병을 핑게로 조정에 나가지도 않았다. 태황태후가 공광 등 네 사람에게 상을 내린 후에도 왕망은 계속 사양하였다. 대신들은 다시 상서를 올려 그의 책봉을 청하고 태황태후도 또다시 조서를 내린 후에야 왕망은 못이기는 척하고 안한공의 봉호를 받았다. 봉호는 접수했지만 봉지만은 견결히 받지 않았다. 견풍 등 사람들은 왕망이 봉지를 받지 않자 각지의 관리와 지주들을 동원하여 그의 봉지를 거절하는 '공덕'을 칭송하게 하였다. 며칠 사이에 40여만명이 나서서 상서를 올려 왕망의 '공덕'을 칭송하였다.

왕망은 자기의 딸을 한평제에게 시집을 보내 황후가 되게 하였다. 그에게는 '국장(国丈)'이라는 황친국척의 신분이 더해져 그 지위는 더욱 높아졌다. 천릉후 류경(泉陵侯刘庆)이라는 사람이 있었는데 그도 왕망에게 잘 보이려고 태황태후에게 상서하기를 "주성왕이 어릴 적에 주공은 왕을 대신하여 직권을 행사하였습니다. 현재 황제가 아직 어리니 응당 안한공이 황제를 대신하여 직권을 행사해야 된다고 생각합니다."라고 하였다. 태황태후는 류경의 건의를 대신들더러 상의하게 하였다. 대신들은 모두 "응당 류경의 말대로 해야 한다"고 하였다. 태황태후는 왕망더러 주공처럼 황제를 대신하여 직권을 행사하라고 하였다.

왕망의 지위는 하루하루 높아가고 한평제의 나이는 한해한해 먹어 인젠 14살이 되여 조정의 일을 얼마간 알 수 있는 나이가 되였다. 한평제는 왕망이 야심이 큰 것을 보아내고 내심으로 무서우면서도 미워하였다. 평제의 어머니 위희(卫姬)는 응당 태후로 봉해져야 했다. 하지만 왕망은 위씨네 집안에서 외척의 지위에 의지하여 자기와 정권을 다툴가봐 두려워 위희를 중산왕후(中山王后)로만 봉했고 두 동생인 위보(卫宝)와 위현(卫玄)은 관내후(关内侯)로 봉한 후 모두 봉지 안에서 도읍으로 올라오지 못하게 하였다. 한평제는 왕망의 이런 처사에 자연 싫은 소리를 하였다. 왕망이 알게 된 후 장차 평제가 자기에게 불리할가봐 원시 5년(기원 5년) 12월의 어느 날 독주로써 한평제를 독살한 후 두살 밖에 안된 류영(刘婴)을 황태자로 삼았는데 력사에서 그를 유자영(孺子婴)이라고 한다.

한평제가 독살된 지 며칠 후 장안에서 멀지 않은 곳에 맹통(孟通)이라는 사람이 있었는데 그는 우물을 파다가 흰돌을 발견하였다고 했다. 우가 둥글고 아래가 네모난 돌에는 "안한공 망이 황제임을 알린다(告安

汉公莽为皇帝)"고 씌여져 있었다. 이것은 필시 왕망 수하사람들의 소행인 것이다. 사람들은 이 사건을 왕망에게 보고하자 왕망은 또 수하사람들을 시켜 태황태후에게 아뢰게 하였다. 태황태후는 할 수 없이 왕망을 섭정에 봉하고 이듬해 년호를 거섭 원년(居摄元年, 기원 6년)으로 고쳤다.

류씨 황족중의 안중후 류숭(安众侯刘崇)은 왕망의 야심이 날로 드러나는 것을 보고 자기의 친신 장소(张绍)에게 "안한공 왕망이 정권을 탈취하려 한다. 류씨 천하가 위험하다. 하지만 어느 누구도 나서서 그를 반대하는 사람이 없으니 이것은 우리 류씨 집안의 수치이다. 내가 나서면 천하사람들이 응당 나를 따를 것이다."고 하였다. 장소는 류숭과 함께 백여명의 사람을 모아 완성(宛城, 지금의 하남성 남양시)을 진공하였으나 준비가 부족하고 력량이 너무 작아 곧 실패하였다.

류숭을 패배시킨 후 왕망의 담은 더욱 커졌다. 그는 또 사람을 시켜 태황태후에게 자기를 섭황제로 봉해줄 것을 요청하게 하였다. 태황태후는 또 할 수 없이 그를 섭황제로 봉하였다.

이듬해 9월에 동군태수(东郡太守) 적의(翟义)가 군사를 일으켜 왕망을 반대하고 엄향후 류신(严乡侯刘信)을 천자로 옹립하고 전국에 호소문을 발표하였다. "왕망이 한평제를 독살하고 류씨 천하를 빼앗으려 합니다. 지금 여러분들은 천자의 기발 아래에 모여 함께 왕망을 토벌할 것을 희망합니다." 그들의 대오는 인차 10여만명으로 늘어나 호호탕탕하게 장안을 향해 진군하였다. 왕망은 날마다 류영이를 안고 암자에서 기도를 하는 한편 왕읍과 손건에게 군사를 거느리고 반란군을 토벌하게 하였다. 장안부근의 괴리(槐里)지방의 조명(赵明)과 곽홍(霍鸿)은 류신과 적의에 호응하여 군사를 일으켰다. 그들은 "왕망이 군사를 파견하여 동군을 칠 것이다. 그러면 장안은 필시 텅 빌 것이다. 우리는 이 기회에 장안성을 탈취한다."고 하면서 진군하는 한편 군사들을 확충한데서 급속히 10여만명으로 발전하였다. 왕망은 왕기, 왕급을 파견하여 조명과 곽홍을 대적하게 하였다. 얼마후 왕읍과 손건이 류신, 적의를 전승하고 장안으로 돌아오면서 왕기, 왕급과 회합하여 조명과 곽홍도 패배시켰다.

두갈래 인마가 모두 승리하자 왕망은 더욱 기고만장하여 두려운 것이 없었다. 그는 또 크게 여론을 조성하였다. 어떤 사람이 와서 보고하는데 제군 림치현 창흥정장 신당(齐郡临淄县昌兴亭长辛当)은 하루밤 사이에 여러 꿈을 꾸었는데 꿈속에서 천사가 그에게 "섭황제가 응당 진짜 황제가 되여야 한다."고 말하였다 한다. 잠시후 또 어떤 사람이 와서 파군(巴郡)지방에서 석우(石牛)를 발견하였는데 거기에는 왕망이 응당 황제가 되여야 한다는 글이 새겨져 있었다고 보고하였다. 또 재동(梓潼)사람 애장(哀章)이 동으로 상자를 만들었는데 그 우에 "한고조는 황제자리를 왕망에게 물려준다"는 글씨를 새겨 한고조의 종묘에 놓았다고 한다. 사람들이 보고 바삐 왕망에게 보고하였다. 이번에 왕망은 "고조께서 이렇듯 령험하시여 나더러 황제가 되라 하니 이것 역시 조상의 뜻인지라 나로서는 사양할 수가 없구나."고 하면서 정식으로 황제질 하기 시작하였다. 기원 9년 왕망은 한조를 '신조(新朝)'라 고치고 자기를 '신황제'라 칭하고 류영을 폐하고 정안공으로 봉했다. 이렇게 한고조 류방이 세운 서한 왕조는 정식으로 왕망에게 탈취당하였다.

107

록림, 적미 봉기

왕망이 서한 정권을 탈취한 후 자기의 위신과 덕망을 나타내고 통치를 공고히 하기 위하여 제도상의 개혁을 진행하였는데 이것을 력사상에서 '왕망의 개혁'이라 한다. 이런 개혁은 표면상에서 서한 말년에 나타난 사회상의 각종 모순을 해결하려 한 것 같지만 실질상에서는 력사의 수레바퀴를 거꾸로 돌리는 일종의 역행으로서 사회모순을 더욱 격화시켰고 자기의 멸망을 가속화하였다.

왕망의 제도개혁에서 제일 독특한 사건은 토지제도개혁이였다. 그는 노예사회시기의 정전제를 다시 채용해 천하의 토지를 '왕전(王田)'이라 부르고 그 소유권을 조정에 귀속시켰으며 토지매매를 허용하지 않았으며 정부에서 인구에 따라 다시 분배한다고 하였다. 이것은 일종 퇴보적인 방법으로서 실제상 근본 실시할 수 없는 것이였다. 노예사회에서 실행한 정전제는 그 당시의 사회생산력의 발전을 촉진할 수 있었다. 봉건사회에 와서 만약 계속하여 정전제를 실시하면 농민들의 생산적극성을 억제시키고 사회생산력의 발전을 저애할 뿐이였다. 결과 왕망의 '왕전'제도는 반포한 지 3년이 되였지만 실시할 수가 없어 할 수 없이 폐지령을 내리고 토지자유매매를 허락하는 수 밖에 없었다.

왕망의 제도개혁에서 또 다른 사건은 화폐제도개혁이였다. 그는 령을 내려 시중에서 류통된 지 오랜 오주전(五铢钱)을 폐지시켰다. 그리고는 이런저런 류형의 돈들을 화폐로 규정했다가는 폐지하고 심지어 태고시대의 교환의 매개물로 썼던 조가비까지도 화폐로 규정하여 사용하게 하였다. 백성들은 핍박에 못이겨 이리 바꾸고 저리 바꾸면서 하다 보니 막대한 혼란이 조성되였을 뿐만 아니라 백성들 수중에 있던 돈마저 죄다 수탈당하고 상인들마저 장사하기를 꺼려하였다.

토지제도와 화폐제도 외에도 왕망은 기타 일부 제도를 개혁하였는데 나중에 보면 이러한 제도들 모두 실패하였다. 왕망은 백성들의 시선을 전이시키기 위하여 군사를 파견하여 흉노, 서남이(西南夷)와 서역지구를 정벌하였는데 거대한 군비지출은 백성들의 부담을 가중시켰다.

왕망의 이러한 시대의 흐름에 역행하는 통치는 백성들의 생활을 몹시 고통스럽게 하였다. 특히 농민들은 더 고통스러웠다. 그들의 토지는 지주에게 빼앗겼고 얼마 남지 않은 저금은 화폐제도개혁과 전쟁의 부담으로 모조리 빼앗기고 말았다. 당시 전국 각지에서는 보편적으로 가뭄이 들고 누리재해까지 겹치였다. 오래동안 비가 한방울도 내리지 않아 곡식이 제대로 크지 못했고 엎친 데 덮치는 격으로 누리떼까지 무리를 지어 덮쳐들어 곡식을 절단내니 사람들의 먹고 사는 문제가 큰일이였다. 북방에서는 이미 기근이 들어 사람을 잡아먹는 비극까지 일어났으며 남방에서는 사람들이 무리를 지어 소택지 같은 곳에 가서 올망개(荸荠)뿌리를 캐여다 기아를 달래였다. 관중지구에는 사처에서 모여든 류랑민이 수십만명에 달하였는데 제때에 구제를 받지 못하여 열에서 일여덟은 굶어죽었다. 왕망은 백성들의 먹는 문제를 해결해 줄 대신 사람을 각지에 파견하여 그 무슨 나무껍질과 풀을 오래 삶으면 치즈와 같은 맛있는 음식이 될 수 있다고 백성들을 기편하였다. 이런 사람을 속이는 미친소리를 믿을 사람이 어디에 있겠는가. 사람들은 살길을 찾기 위하여 마침내 칼과 창을 들고 대규모적인 무장봉기를 일으켰다.

왕망 천봉(天凤) 4년(기원 17년)에 랑아군(琅琊郡) 해곡현(海曲县, 지금의 산동성 일조시)에서 관리가 제멋대로 사람을 죽인 사건이 발생하였는데 이것을 계기로 한차례의 농민봉기가 발생하였다. 해곡현 아문에서 하급 관리질하는 려육(吕育)이라는 사람이 있었는데 그는 아주 작은 과오를 범하고 현관에게 처형당하였다. 려육의 모친은 아들의 원쑤를 갚기 위하여 수천명의 류랑민으로 조직된 무장부대를 거느리고 현성을 진공하여 현관을 죽여버렸다. 린근의 농민들도 소식을 듣고 분분히 참가하여 봉기대오는 신속히 만여명으로 확대되였다. 이 사건을 력사에서 려모(吕母)봉기라 하였는데 농민봉기의 서막을 열어놓았다.

려모봉기와 같은 해에 남방의 형주에서도 농민봉기가 일어났다. 신시(新市, 지금의 호북성 경산현)사람 왕광(王匡), 왕봉(王凤)은 기아에 시달리던 농민들이 올망개를 가지고 싸움이 일어난 기회를 타서 사람들을 선동하여 일떠나 지주들의 악패와 왕망정권을 반대하자고 호소하였다. 재빨리 수백명에 달하는 대오가 무어졌는데 록림산(绿林山, 지금의 호북성 당양시 경내)을 근거지로 하였기에 록림군(绿林军)이라 불렀다. 몇달도 안되는 사이에 록림군은 칠팔천명으로 늘어났다.

이듬해에 려모의 고향인 랑야군(琅琊郡)의 번숭(樊崇)도 거현(莒县, 지금의 산동성 거현)에서 농민봉기를 일으켰다. 번숭은 봉기군을 이끌고 태산군(泰山郡, 지금의 산동성 태안시)에 쳐들어갔는데 마침 청주, 서주 일대에 기근이 들어 굶주린 백성들이 분분히 참가하여 봉기군은 10여만명으로 아주 빨리 발전하였다. 번숭은 소박한 농민으로서 글을 배우지 못하였다. 그가 봉기한 목적은 황제가 되려는 것이 아니라 오로지 왕망정권을 뒤엎고 사람들로 하여금 살아나갈 수 있게 하려는 것이였다. 그가 령도한 봉기군 병사들은 저마다 눈섭에 붉은 색을 칠하여 표식을 하였기에 적미군(赤眉军)이라 불렀다. 적미군은 빈곤한 농민들의 순박성을 가지고 있었고 지도자들도 시골의 작은 관리들의 호칭을 썼다. 번숭은 '삼로(三老)'라고 자칭하고 그 아래 사람들은 '종사(从事)', '졸사(卒史)'라 불렀으며 병사들은 서로 '거인(巨人)'이라 불렀다. 번숭은 글을 모르기에 그 무슨 법률이나 규장제도 같은 것은 제정하지 못하고 단지 구두상으로 사람을 죽인 자는 사형에 처하고 사람을 상하게 한 자는 손실을 배상하여야 한다고 하였다. 봉기군은 사람마다 이 규정을 지켰기에 규률이 엄격하여 백성들의 열렬한 옹호를 받았다.

왕망은 록림, 적미 봉기의 소식을 들은 후 인차 군대를 파견하여 진압하게 하였다. 왕망 지황(地皇) 2년(기원 21년)에 형주의 2만 관군이 록림군을 습격하자 록림군은 영용하게 저항하여 관군을 패배시키고 대량의 물자를 로획하였다. 록림군은 승승장구하여 경릉(竟陵, 지금의 호북성 천문시), 운두(云杜, 지금의 호북성 선도시), 안륙(安陆, 지금의 호북성 안륙시) 등지를 점령하고 대오를 5만여명으로 확충시켰다.

봉기군이 급속도로 발전하고 있을 때 록림산 일대에 전염병이 돌았다. 봉기군은 약품이 부족하여 많은 사람들이 죽었다. 왕광과 왕봉은 기타 수령들과 상의한 후 대오를 분산시켜 다른 곳으로 전이하기로 결정하였다. 왕상(王常), 성단(成丹)은 일부분의 부대를 이끌고 서쪽으로 남군(南郡, 지금의 호북성 강릉현) 경내로 들어갔는데 하강병(下江兵)이라 불렀다. 왕광, 왕봉도 부대를 거느리고 북쪽으로 남양(南阳, 지금의 하남성 남양시) 경내로 들어갔는데 신시병(新市兵)이라 불렀다. 왕광과 왕봉이 평림(平林, 지금의 호북성 수주시)부근에 이르렀을 때 평림 사람들인 진목, 료잠(廖湛)도 천여명의 농민들을 이끌고 봉기하였는데 평림병(平林兵)이라 불렀다. 평림병과 신시병이 련합하자 봉기군대오가 진일보 확대되였다.

록림군이 분산 이동하던 그해 겨울에 왕망은 10여만 관병을 파견하여 적미군을 토벌하였다. 적미군은 성창(成昌, 지금의 산동성 동평현 동쪽)에서 왕망의 관군과 결전을 벌였는데 관군을 대패시키고 그 기세가 드높아져 재빨리 강소, 안휘, 하남 일대로 발전하였으며 동마군(铜马军), 청독군(青犊军) 등 지류 대오까지 발전시켰다.

이 시기 형주일대의 지주 류현(刘玄), 류연(刘縯), 류수(刘秀)는 한조황실과 같은 류씨라는 것을 리용하여 왕망을 반대하고 한조를 부흥시키자는 기발을 내걸고 봉기군에 가담하여 농민혁명의 승리의 과실을 빼앗으려 하였다. 류현은 평림군에 가담하였고 류연(刘縯), 류수(刘秀) 형제는 용릉(舂陵, 지금의 호북성 조양현)에서 종족, 빈객과 부근의 지주무장 도합 칠팔천명을 모아가지고 용릉군이라 부르면서 신시, 평림군과 련합작전을 하였다. 류현은 정치적인 경험이 비교적 풍부하였기에 아주 빨리 봉기군의 령도지위를 차지하였다. 왕망군의 한차례 대규모적인 진공을 물리친 후 그는 황제로 되여 년호를 갱시(更始)라 정하고 한조라 불렀다. 그가 한조를 갱신하였다 하여 력사에서는 그를 갱시황제라고 하였다. 이때로부터 록림 등 농민봉기군들을 한군이라 불렀다. 뒤이어 봉기군은 곤양(昆阳, 지금의 하남성 엽현), 정릉(定陵, 지금의 하남성 무양현), 언성(郾城, 지금의 하남성 언성현)을 점령하고 완성(宛城, 지금의 하남성 남양시)을 포위하였다.

왕망은 농민봉기군대오가 이미 걷잡을 수 없이 발전한 것을 보고 지황 4년(기원 23년)에 대장군 왕읍, 왕심을 파견하여 전국 각지에서 42만 군사를 모아 백만대군이라 떠벌이면서 남하하여 봉기군을 진공하였다. 왕읍, 왕심이 거느린 관군이 봉기군이 점령한 곤양을 포위하는 바람에 력사상에서 유명한 곤양대전이 폭발하였다.

108

신한곤양대전

왕읍과 왕심은 신조(新朝) 군대 42만명을 거느리고 남하하여 봉기군이 점령하고 있는 곤양을 포위하였다.

곤양 주변의 농민봉기군은 적들의 기세가 살벌한 것을 보고 모두 곤양성안으로 퇴각하여 들어갔다. 어떤 장령들은 적들이 수자적으로도 우세이니 곤양을 버리고 서로 흩어져서 각자 응전하자고 주장하였다. 태상(太常)직을 맡은 류수는 이런 견해를 단호히 반대하면서 "현재 우리들은 병력이 적고 량식도 부족합니다. 만약 우리가 병력을 집중하여 한곳만 친다면 이길 승산이 있지만 병력을 분산시키면 우리의 력량을 약화시키기에 필시 적들에게 각개 섬멸될 것이고 나중에는 전군이 복멸될 것입니다. 곤양은 제일 중요한 요충지로서 곤양이 함락되면 하루도 못가서 기타 지방도 적들 손에 넘어갈 것입니다. 때문에 우리가 동심협력하여 곤양을 지킴으로써 적들의 사기를 꺽어놓아야만 싸움에서 이길 수 있습니다."라고 하였다.

봉기군의 기타 장령들은 류수의 말에 도리가 있다고 인정하고 곤양을 끝까지 지킬 것을 결정하였다. 이때 정탐군이 와서 왕망의 신조군대는 이미 곤양성 북쪽까지 왔는데 대오가 수십리 늘어서서 먼지와 기발들이 란무하고 그 끝이 보이지 않는다고 보고하였다.

이 때 곤양성에는 팔구천의 봉기군 밖에 없었다. 봉기군 수령 왕봉, 왕상과 류수 등은 상론하여 왕봉, 왕상은 전력을 다해 곤양성을 지키고 류수와 종요(宗佻), 리일(李轶) 등 13명은 날랜 말을 타고 밤도와 남문을 뚫고 나가 지원군을 모집하기로 하였다.

왕망의 신조 군대는 10만명이 이미 곤양성 아래에 도착하였다. 그들은 성안에서 사람들이 뛰쳐나오자 구원병을 부르러 가는 줄 알고 인차 막아나섰다. 류수, 종요, 리일 등은 영용하게 싸워 끝내 포위를 뚫고 나가 언성과 정릉에 이르렀다. 얼마후 그들은 두 곳의 수천명의 봉기군을 통합, 조직하여 류수의 령도하에 곤양을 지원하였다.

곤양성 밖에는 왕읍과 왕심의 신조 군대가 이미 곤양성을 겹겹이 포위하고 있었다. 왕망의 납언(纳言, 관직) 장군 엄우(严尤)는 왕읍에게 "곤양성은 비록 작지만 아주 견고하여 쉽사리 공략되지 않을 것입니다. 반란군의 두목 갱시(更始)황제 류현이 완성 일대에 있으니 우리는 응당 주력을 동원하여 그를 쳐야 합니다. 류현이 패하면 곤양은 저절로 무너질 것입니다."라고 건의하였다. 하지만 왕읍은 엄우의 말을 듣지 않고 반드시 곤양성을 먼저 치겠다고 하였다. 그는 42만 대군을 몽땅 곤양에 투입시켜 작은 곤양성을 여러겹으로 포위하였다. 곤양성 밖은 기발들로 땅을 뒤덮었고 먼지가 하늘을 가리웠으며 수십리 밖에서도 나팔소리, 북소리를 들을 수가 있었다. 왕읍, 왕심은 성을 공략할 때 쓰는 운거(云车), 당거(撞车), 루거(楼车)도 동원하였다. 운제는 10장 남짓한 높이의 전망차였는데 거기에 올라서면 성안의 정황을 손금 보듯이 관찰할 수가 있었다. 당거는 돌격할 때 쓰는 전차로서 성벽을 허물 때 쓰이기도 하였다. 루거는 궁수들이 성안에 대고 화살을 쏠 때 쓰이는 전차이다. 신조 군대는 그 당시로 말하면 소위 선진적인 무기설비들을 모두 썼다. 그들은 또 일부분의 군사들을 동원하여 굴을 파서 성안에 진입하려고 하였다.

왕봉과 왕상은 곤양성 안의 한군을 지휘하여 성문을 굳게 닫고 요해 부분을 굳게 지키고 있었다. 성 밖에서 쏜 화살이 비오듯 쏟아졌다. 사람들은 우물로 물 길으러 가도 머리에 문짝을 이고 화살을 막아야 했다. 성을 지키는 병사들은 자기를 잘 엄페시키고 진지를 고수하고 있었다. 왕망의 신조군대들이 성벽에 붙어서 기어오르려 하면 성 우에서 돌들이 우박처럼 쏟아져내려 머리통을 맞은 군사들은 피가 철철 흐르는 머리를 싸쥐고 황망히 도망쳤다.

곤양성의 한군은 적들의 진공을 한번 또 한번 물리치면서 한달 가량을 죽기내기로 뻗쳐왔다. 6월이 되자 류수가 거느린 지원군이 당도하였다. 그는 신조 군대의 대본영에서 4~5리쯤 되는 곳에 이르러 진을 쳤다. 류수는 직접 정예한 군사들을 이끌고 배후로 신조군대를 습격하였다. 왕읍과 왕심은 류수가 수천의 지원병을 데리고 왔다는 소식에 배를 끌어안고 웃으면서 아주 경멸에 찬 어투로 "류수가 수천명의 지원병을 데리고 오다니, 이것은 닭알로 바위를 치는 격이 아니고 무엇인가?"하면서 부하들에게 수천명으로 류수를 대적하게 하였다.

신한 량군의 대치에서 류수는 맨 앞에서 적진을 향해 돌진하였다. 장군의 이와 같은 용맹에 병사들은 분분히 무기를 들고 함성을 지르면서 맹호같이 적진으로 뛰여들자 예상치 못한 신조 군대는 진세가 흐트러

져 몇리 밖으로 퇴각한 후에야 겨우 수습할 수가 있었다. 이 싸움에서 류수는 신조 군대 천여명을 소멸하였다. 그후 며칠 동안 류수는 적의 력량이 박약한 곳을 골라 계속 공격을 하여 또 많은 적을 섬멸하였다.

이 시기 완성은 이미 봉기군에 의해 공략되였지만 류수는 이 소식을 모르고 있었다. 그는 허장성세로 적들을 위협하기 위하여 사람을 시켜 완성에서 오는 련락원으로 가장하고 곤양성에 편지를 보내게 하였다. 편지에는 완성을 공략하던 한군은 이미 승리를 거두고 이내 곤양성을 지원할 것이라고 씌여져 있었다. 그는 편지를 전하는 사람을 보고 고의로 편지를 길에 떨구어 신조 군대가 주어가게끔 하라고 지시하였다. 편지를 전해 받은 왕읍, 왕심은 크게 놀라면서 만약 완성을 진공하던 한군이 곤양을 지원하게 되면 자기들이 이길 희망이 더욱 적어짐을 느꼈다. 원래의 득의양양하고 안하무인이던 기세는 이미 절반이나 꺾이였다.

곤양성을 지키던 한군은 성 밖에서 나는 함성소리와 적군의 진세가 흐트러진 것을 보고 지원군이 도착했음을 알아챘다. 그들은 내외로 적군을 협공할 만단의 준비를 하였다.

결전의 날이 다가왔다. 류수는 적군의 대본영이 곤양성 서쪽의 강가에 있는 것과 왕읍, 왕심이 자기들의 병력이 강대함과 강을 끼고 있는 우세를 턱대고 대본영수비를 허술히 한다는 것까지 모두 알아내였다. 류수는 3,000명의 결사대를 거느리고 적의 소굴로 접근하였다. 왕읍, 왕심은 한군의 결사대가 대본영 문어구에서 신조군대와 조우했을 때에야 꿈속에서 깨여나 황망히 대응하였다. 한군은 련며칠 계속된 승리로 사기가 충천하여 병사들마다 일당백이였다. 반대로 신조군대 병사들은 련이어 패배만 당하다 보니 사기가 저락되고 모두 자기 목숨 보존에만 급급하였다. 접전하자마자 진세가 무너진 신조군대는 싸울수록 용맹한 한군 병사들을 당할 수가 없었다. 신조군대는 얻어맞아 뿔뿔이 흩어지고 주장 왕심은 란도질에 목숨을 잃고 말았다.

곤양성을 지키던 한군 병사들은 성 밖에서 격전이 벌어지자 왕봉, 왕상의 인솔하에 큰 함성을 지르면서 성 밖으로 출격하여 협공작전을 하였다. 왕읍은 왕심이 죽는 것을 보고 자기도 배에 상처를 입었던차라 말을 타고 필사적으로 도망을 쳤다. 신조 병사들은 주장이 도망을 치자 항복을 하는 자는 항복을 하고 또 왕읍을 따라 도망을 치는 자들은 앞에서 도망치던 자가 넘어져도 그대로 마구 짓밟고 나갔기에 저희들끼리 밟아 죽은 자가 천여명이나 되였다. 왕읍은 패잔병들을 이끌고 죽기내기로 백여리를 도망쳐 치수(滍水, 여하의 지류로서 곤양 북쪽을 흘러지난다)가에 다달았을 때 갑자기 광풍이 몰아치면서 폭우가 쏟아져 강물이 언덕을 넘쳐났다. 도망치기에 급급한 병사들은 물이 깊고 물살이 센 것도 아랑곳하지 않고 마구 뛰여들었다. 결국 물에 빠져 죽은 자가 수만에 달하여 시체가 쌓여 강물이 막히기까지 하였다. 왕읍과 엄우 등은 군수물자와 략탈해온 재물까지도 모두 버리고 말을 타고 시체를 밟고 치수를 건너서 락양까지 도망쳐와 점검해보니 42만명 군사에서 겨우 수천명 밖에 남지 않았다.

싸움이 끝나고 류수, 왕봉, 왕상 등은 사람을 시켜 싸움터를 정리하였는데 전리품을 거두는 데만 한달 가량이나 걸렸다.

곤양대전에서 곤양성 안의 한군 팔구천명에 지원군 수천을 합쳐도 만여명 밖에 안되였지만 42만명의 왕망의 신조군대를 패배시켰다. 이것은 우리 나라 고대력사에서 또 한차례의 적은 병력으로 많은 병력을 싸워 이긴 전례이다.

곤양대전 이후 갱시황제 류현은 농민군 수령 왕광을 보내 락양을 공격하게 하고 다른 한갈래는 장안을 공격하게 하였다. 왕망 신조군대의 주력이 곤양대전에서 이미 붕괴되였기에 장안을 공격하는 한군은 아주 빨리 장안성 밑에 이르러 동북방향의 선평문으로 성안을 공격해 들어갔다. 장안성안의 백성들은 소년 주제(朱弟), 장어(张鱼)의 호소하에 봉기를 일으켜 한군과 함께 왕망의 궁전을 포위 공격하였다. 왕궁 대문이 열리자 상인 두호(杜吴)가 가장 먼저 궁중에 있는 점대(渐台)에 올라가 단칼에 왕망을 죽여버렸다. 적개심에 불탄 봉기군 병사들도 점대에 올라가 왕망의 시체에 란도질을 하였다. 서한의 천하를 훔친 왕망은 15년간 그 통치를 유지하다가 결국 무너지고 말았다.

109

류수가 한왕조를 다시 세우다

류수는 록림군과 련합 작전하여 곤양대전에서 왕망의 주력부대를 섬멸하고 큰 공을 세웠다. 그의 형인 류연도 완성을 공략하였다. 갱시황제로 옹립된 류현은 누워서 떡 먹기로 완성에 들어간 후 완성을 갱시정권의 림시 도읍으로 하였다.

류현은 완성에 들어간 후 자기의 지위가 비록 공고히 되였다고 하지만 류연과 류수 형제의 세력이 강대해져 자기와 천하를 다툴가봐 두려워 구실을 대여 류연을 죽여버렸다. 류수는 마침 다른 곳에 있다가 형이 살해되였다는 소식을 듣고 내심으로 분개하였지만 두려움도 없지 않았다. 그는 자기의 세력이 아직 류현을 대적하기에는 역부족인 것을 알기에 울분을 참고 완성에 가서 잘못을 빌었다. 겉으로는 형의 죽음에 대해 전혀 개의치 않는 듯이 초상도 치르지 않고 남들 앞에서는 평상시와 같이 술도 마시고 즐겼으며 류연의 부하를 만나도 사사로운 말은 전혀 하지 않았다. 그는 류현에게 무조건 복종하였으며 절대로 곤양대전에서의 공로를 언급하지 않고 허다한 잘못을 모두 자기한테로 돌렸다. 하지만 저녁만 되면 대문을 닫아걸고 이불 속에서 몰래 울면서 형을 위해 복수를 다졌다. 류현은 류수의 내심세계는 보아내지 못하고 그를 위안하고 롱락하기 위하여 파로(破虏)장군으로 추대하고 무신후(武信侯)로 봉하였다. 그러나 실제 권력은 주지 않았다.

얼마후 류현은 락양에 도읍을 옮기기 위하여 류수를 파견하여 락양궁을 수건하게 하였다. 왕궁 수건이 끝난 후 류현은 락양으로 도읍을 옮기고 류수를 황하 이북에 파견하여 세력을 확충하게 하였다. 이것은 류수에게 있어서 자기를 보호할 수 있고 또한 교룡이 바다로 돌아가고 맹호가 산으로 돌아가듯이 마음껏 자기의 세력을 발전시킬 수 있는 절호의 기회였다.

왕망의 신조정권이 무너진 후 황하 이북의 지주세력들은 농민봉기의 불길이 자기들에게 옮겨 붙을가봐 분분히 지주무장을 조직하였다. 그들은 류수가 오자 모두 찾아와서 귀순하였다. 이렇게 류수의 세력은 점차 커져 황하 이북에서 자리를 잡았다.

갱시황제 류현은 류수의 세력이 계속 커지는 것이 두려워 급히 사람을 파견하여 류수를 소왕(萧王)으로 봉하고 장안에 불러들여 국가대사를 상의하자고 하였다(이 시기 류현은 도읍을 이미 장안에 옮겼다). 류수는 이미 자기의 든든한 기반이 있었기에 당연히 류현의 통제에서 벗어나려 했다. 그는 사람을 시켜 류현한테 편지를 전하게 하였다. 그는 편지에다 “황하 이북은 아직 완전히 평정되지 않았기에 장안으로 돌아가지 못하겠나이다.”라고 썼다. 이때로부터 류수는 실제상 류현과 결렬하였다.

류수는 진일보로 세력을 확대하기 위하여 기주(冀州), 연주(兖州) 일대(지금의 하북, 산동, 하남 세개 성의 접경지구)의 농민봉기군들을 잔혹하게 진압하였다. 그는 력량이 비교적 강대한 동마(铜马)군과 청독(青犊)군을 격파하고 투항을 권고하는 수단으로 일부 흩어져 있던 농민군을 편입시켰으며 황하 이북의 광대한 토지를 수탈해 전부 자기 수중에 넣었다. 뒤이어 그는 또 적미군(赤眉军)이 서진하는 기회를 타서 두길로 나누어 자기의 세력을 확충하였다. 한갈래는 하북으로부터 남하하여 원래의 적미군의 기반을 빼앗고 다른 한갈래는 하북으로부터 서쪽으로 병주(并州, 지금의 산서성)를 진공하였다. 몇차례의 싸움을 거쳐 류수가 파견한 군대가 모두 승리하여 그의 세력은 진일보로 확대되였으며 물산이 풍부한 중원지구는 거의 모두 그의 수중에 들어갔다.

류수가 득세를 하니 더욱 많은 할거세력들이 찾아왔으며 귀순한 후 전공이 있는 대장들은 모두 류수를 황제로 옹위하여 자기들도 개국공신이 되려고 급급해 하였다. 그들은 류수에게 "지금 천하에는 군주가 없습니다. 대왕께서는 고조의 9대손으로서 신망이 높기에 하루빨리 황제자리에 오르시여 민심을 안정시키십시오."라고 하였다. 류수는 대장들의 말을 듣고 내심으로는 무등 기뻤지만 아직 시기가 성숙되지 않았다고 여겼기에 겉으로는 사양하는 척하였다. 그 뜻인즉 더욱 많은 사람들이 그의 등극을 권고하게 하려는 것이였다.

대장들은 류수의 심사를 알아채고 더욱 많은 사람들을 조직하여 련명으로 류수의 등극을 권고하는 상서를 올렸다. 대장 경순(耿纯)은 여러 사람들을 대표하여 류수한테 마음속 말을 하였다. "천하의 영웅들이 전원 옥답(田园玉畓)을 버리고 가족을 떠나 대왕을 따라 화살이 비발치는 싸움터에서 생사를 같이한 것은 무엇을 바라서였겠습니까? 룡의 비늘을 잡고 바람 따라 날개짓을 하는 격으로 개국공신의 자리를 노리는 것이 아니겠습니까. 어서 빨리 황제자리에 등극하시기를 바랍니다!"

류수는 빌붙는 대장들이 진정으로 자기를 옹위하는 것을 보고 더는 사양하지 않고 기원 25년 6월에 호성(鄗城, 지금의 하북성 고읍현)에서 정식으로 등극하여 왕망에게 빼앗겼던 한조를 다시 세웠다. 뒤이어 그는 군사를 파견하여 당시 이미 관중지구를 점령한 적미군을 진공하게 하였다.

이 시기 적미군은 이미 자기들의 정권을 세우고 화음(华阴, 지금의 섬서성 화음시)에서 15살 나는 목동 류분자(刘盆子)를 황제로 옹립하고 번숭이 어사대부를 담당하고 있었다.

록림군에 의해 황제가 된 갱시황제 류현은 도읍을 장안에 옮긴 후 천하가 이미 안정되였다고 생각하고 늘 궁중에서 술판을 벌렸다. 장령들이 일이 있어 찾아가도 술에 만취한 상태라 나오지는 못하고 시종을 앉혀놓고 발을 드리운 후 그를 대신하여 말을 하게 하였다. 장령들은 알아채고 몹시 불쾌해 하면서 뒤에서 의론이 분분하였다. "황제자리에 앉은지 얼마 됐다고 벌써부터 방탕해지니 어찌 믿을 수가 있겠는가?" 류현은 제멋대로 농민출신의 록림군 장령 몇몇을 죽여버리고 공개적으로 록림군과 결렬하였다. 후에 핍박에 의해 장안을 떠났던 왕광 등 사람들은 적미군과 련합하여 장안으로 쳐들어가 류현의 통치를 뒤엎어버렸다.

적미군이 장안으로 들어갈 때 장안성의 백성들은 남녀로소 모두 떨쳐나와 그들을 환영하였다. 하지만 부근의 지주들은 량식을 감춰놓고 내놓지 않아 농민군은 곤경에 빠졌다. 정치투쟁의 경험이 풍부한 류수는 이 기회를 타서 대장 등우(邓禹)를 파견하여 공격하게 하였다. 적미군은 비록 여러번 등우의 진공을 격퇴시켰지만 식량이 부족하여 얼마 못버티고 장안을 포기하고 산동으로 돌아갈 준비를 하였다. 돌아가는 길에서 적미군은 또 류수의 매복 습격을 받아 손실이 막대하였기에 돌아가는 길이 막혀 투항하는 수 밖에 없었다. 번숭은 투항한 후 봉기군의 세력을 회복하려 하다가 류수에게 들통이 나 살해되였다.

류수는 농민봉기의 렬화 속에서 군사를 일으켰고 또한 농민봉기의 성세를 빌어 세력을 확장시켰으며 여러 세력들간의 싸움에서 점차 우세를 차지하였다. 류수는 호성에서 황제가 된 후 얼마 지나지 않아 락양을 도읍으로 정하였다. 락양은 장안의 동쪽에 있었기에 력사에서 류수가 건립한 한조를 동한 또는 후한이라고 한다. 류수는 동한의 첫번째 황제로서 류수가 바로 광무제(光武帝)이다.

110

롱을 얻고 촉을 탐내다

광무제(光武帝) 류수가 적미봉기군을 진압한 후 남북 각지에는 여전히 적지 않은 할거세력들이 존재하였기에 천하는 통일되지 않았고 정권도 공고히 되지 않았다. 이런 할거세력중에서 군사가 많고 지반을 크게 차지한 자들을 보면 산동 일대에 류영(刘永)과 장보(张步)가 있었고 서북 량주, 롱서 일대에 외오(隗嚣), 서남 파촉 일대에 공손술(公孙述) 등이 있었다. 이들도 황제라 자칭하면서 류수와 천하를 다투려 하였다. 류수는 건무(建武) 2년부터 수하에 유능한 장군들을 믿고 남정북전하면서 이런 할거세력들을 하나씩 소멸함으로써 대통일의 국면을 다시 열어놓았다.

광무제 류수가 통일전쟁을 하던 과정에서 경감[耿弇(yǎn)]이 장보를 치면서 나온 〈뜻이 있는 자는 반드시 성취한다(有志者事竟成)〉는 이야기와 잠팽(岑彭)이 외오와 공손술을 칠 때 나온 〈롱을 얻고 촉을 탐하다(得陇望蜀)〉는 이야기가 유명하다.

장보는 랑야(琅琊)사람으로서 적미, 록림 봉기가 일어날 때 그도 수천명의 사람들을 모집하여 산동에서 몇개 현성을 공략하고 오위(五威)장군으로 자칭하면서 당지의 할거세력으로 되였다. 한조의 종실인 량왕 류영도 기회를 타서 봉기하였다. 류영은 자신의 명성을 높이기 위하여 장보와 련합한 후 장보를 보한 대장군(辅汉大将军) 충절후(忠节侯)로 봉하였다. 장보는 극현(剧县, 지금의 산동성 수광시)에 주둔하면서 류수정권에 큰 위협으로 되였다. 건무 3년(기원 27년)에 류수는 광록대부 복륭(伏隆)을 보내 장보에게 동래태수(东莱太守)의 자리를 주면서 투항을 권고하게 하였다. 류영은 복륭이 극현에 왔다는 말을 듣고 인차 사람을 시켜 많은 례물을 보내는 동시에 장보를 제왕(齐王)으로 봉하였다. 류수와 류영은 모두 장보를 매수하려 하였는데 류영이 보낸 례물이 많고 또 '왕'자리를 들먹이니 장보는 류영 쪽을 선택하기로 결정하고 류수가 파견한 복륭을 죽여버렸다. 류수는 복륭이 살해되였다는 말을 듣고 몹시 화를 내면서 대장군 경감을 파견하여 장보를 치게 하였다.

출전명령을 받은 경감은 수만의 군사를 거느리고 장보에 대한 맹렬한 진공을 발동하였다. 반나절도 안되여 장보의 전연 초소인 축아(祝阿, 지금의 산동성 제남시 력성구 서남)를 점령하여 승리할 수 있는 기초를 마련하였다. 장보는 비록 패전하였지만 원기는 크게 상하지 않았다. 그는 의연히 군사와 장군이 많음을 턱대고 아주 교만하게 부하들에게 "나는 옛날에 십여만의 군사를 가지고 있던 우래(尤来), 대창(大枪) 등 농민군도 패배시켰다. 지금 경감의 군사는 그들에 비하면 엄청 적고 또 오래동안 싸운데서 기진맥진했는데 두려울게 뭐가 있는가!"고 말하였다. 그는 20만 대군을 이끌고 림치(临淄) 동문으로 가서 반공격을 준비하였다.

경감은 장보가 직접 출동하여 치수를 건너오는 것을 보고 철퇴하는 척 하여 장보를 유인함으로써 기회를 엿보아 그의 주력을 소멸하려 하였다. 장보는 경감이 감히 응전하지 못하는 줄로 알고 더욱 제멋대로 진공을 발동하였다. 경감은 장보가 앞만 살피고 뒤를 고려하지 않는 허점을 리용하여 정예군사를 거느리고 량익으로 포위권을 좁혀 장보의 주력을 꼼짝달싹 못하게 묶어놓았다. 치렬한 격전에서 경감은 날아오는 화살에 다리를 맞고 말았다. 그는 군사들의 사기에 영향을 미칠가봐 다른 사람들이 주의하지 않는 틈을 타서 몸에 지녔던 칼로 화살을 끊고 계속 싸움을 견지하다가 날이 어두워서야 군사를 철수시켰다.

다음날 일찍 그는 상처의 극심한 아픔도 잊은 채 또다시 군사들을 지휘하여 진공하였다. 그의 부하가 그에게 권고하기를 “지금 장보의 병력이 아직 강대한데 잠시 휴전하면서 황제께서 지원병을 령솔하여 오실 때까지 기다렸다가 공격해도 늦지 않을 것입니다.”라고 하였다. 경감은 휴전하는 데 동의하지 않았다. 그는 “황제가 오실 때에는 응당 소를 잡고 술을 준비해 성대하게 영접하는 것이 신하된 도리인데 어찌 소멸되지 않은 적을 남겨둔단 말인가?”고 하면서 대군을 출전시켜 아침부터 저녁까지 싸워 마침내 장보의 군사를 크게 패배시켰다. 경감은 장보가 패전한 후 반드시 창졸하게 퇴각할 것을 예견하여 미리 매복을 설치하였다가 장보의 패잔병들을 또다시 호되게 족치고 80~90리나 쫓아갔다.

며칠이 지난 후 광무제 류수가 치박에 도착하여 싸움에서 공로를 세운 군사들을 위로하였다. 그는 여러 장군들 앞에서 경감을 치하하면서 “옛날 한신이 력하(历下, 제남시 력하구)를 공략하여 한조의 기반을 닦았다면 현재 경감장군이 축아를 공략하였으니 천하의 큰일도 이것으로 결정난 것이다. 그야말로 뜻이 있는 자는 반드시 성취하는구나!”라고 하였다. 이 말은 경감 뿐만 아니라 싸움에 참가한 전체 장병들에게 커다란 고무를 주어 그들이 승리의 기세로 끝까지 추격하여 장보가 할거했던 제나라 땅을 완전히 평정하고 개선하게 하였다. 이 때로부터 류수가 경감을 칭찬하여 “뜻이 있는 자는 반드시 성취한다”는 말은 아주 유명한 성구가 되였다.

이듬해에 광무제 류수는 군사를 파견하여 량주, 롱서 일대의 외오와 파촉 일대의 공손술을 진공하게 하였다.

외오는 천수 성기(天水成纪, 지금의 감숙성 태안현)사람으로서 젊었을 때 왕망의 조정에서 관리로 있었다. 농민봉기군이 왕망정권을 뒤엎은 후 외오의 삼촌들이 기회를 타서 봉기를 일으키고 외오를 대장군으로 추대하면서 롱서, 무위, 주천, 돈황 등지를 공략하였고 천수를 근거지로 정하였다. 갱시황제 류현이 장안에 들어간 후 사람을 파견하여 외오를 장안에 청하여 관직을 주었다. 적미군이 관중에 들어간 후 외오는 수십명의 기병을 데리고 천수로 도망쳐왔다. 그 때로부터 그는 서주 상장군(西州上将军)이라 자칭하면서 독립적인 군사력량으로 되였다.

건무 6년(기원 30년)에 외오는 류수의 지위가 진일보로 공고해지는 것을 보고 두려워 파촉 일대의 공손술과 련합하여 류수와 겨루어보려고 하였다.

공손술은 부풍 무릉(扶风茂陵)사람으로서 어릴 적부터 재능이 아주 뛰여났으며 젊었을 적에 작은 관리로 있은 적이 있었다. 왕망이 한정권을 탈취하고 류현이 황제를 칭할 때 공손술은 사천에 가서 자기의 세력을 발전시켜 얼마 안되여 수만의 대오를 조직할 수 있었다. 류수가 황제자리에 등극하던 해의 4월에 공손술도 사천에서 황제가 되였다. 류수가 적미군과 기타 할거세력들을 진압하느라 분주할 때 공손술은 진일보로 세력을 확장시켰다. 그는 한중(汉中)에 군량을 쌓아놓고 암암리에 롱서의 외오와 련합하여 류수를 대적하려고 준비를 하고 있었다.

건무 8년(기원 32년)에 광무제 류수는 장보를 치던 기세로 직접 정남 대장군 잠팽과 대사마 오한(吴汉)을 거느리고 롱서로 서정을 하였다. 잠팽은 군사를 이끌고 외오의 근거지 천수를 공략하고 오한과 회합한 후 서성(西城, 지금의 섬서성 안강시)에서 외오에 대한 포위를 좁혔다. 공손술은 대장군 리육(李育)을 파견하여 외오를 구하게 하였다. 리육의 군사들이 상규(上邽, 지금의 감숙성 천수시)에 이르자 한군에게 포위되였다. 류수는 승리가 눈앞에 보이고 또 락양 부근의 영천(颍川)에서 정변이 일어나고 락양에서 소동이 발생했다는 소식을 듣고 밤도와 락양으로 떠났다. 그는 떠날 때 잠팽에게 편지 한통을 남겼는데 편지에는 "만일 서성, 상규 두 성을 함락시키면 자네들은 승승장구하여 남쪽으로 파촉을 진공하라. 인간은 가진 것에 만족하지 못할 때 괴로워한다. 즉 롱서를 평정하면 촉을 탐하듯이 말이다(得陇望蜀). 나는 싸움에 심혈을 다 쏟다보니 머리와 수염까지도 모두 세여졌다."고 하였다.

편지를 본 잠팽은 롱서와 파촉을 어서 빨리 평정하라는 류수의 뜻을 알아채고 책략을 짰다. 그것은 모래주머니를 쌓아서 강물을 막은 다음 그 물길을 서성으로 돌려놓아 외오로 하여금 서성을 포기하고 도망가게 하려는 것이였다. 그러나 공손술의 지원군이 도착하자 외오는 구사일생으로 살아나 반공격을 조직하였다. 한군은 군량공급이 따라가지 못한

데서 할 수 없이 퇴각하여 돌아가는 수 밖에 없었다.

이듬해에 공손술은 임만(任满), 전융(田戎), 정신(程汎) 등 대장들에게 수군 수만명을 거느리고 떼목을 타고 장강을 따라 내려가 형문산(荆门山)과 호아산(虎牙山) 사이의 수면에 부교(浮桥)와 다락(斗楼)을 세워 한군을 저항하게 하였다. 이 시기 잠팽은 이미 전전(转战)하다가 형주로 왔기에 임만 등은 촉군의 몇차례 진공에 모두 실패하여 부득불 장기적인 타산에 들어갈 수 밖에 없었다. 잠팽은 수전에 쓸 수천척의 배를 만들라고 명한 다음 건무 11년(기원 35년)에 오한과 함께 수륙군사 6만여명을 거느리고 파촉을 향해 대거 진공하였다. 잠팽은 먼저 사람을 파견하여 촉군의 부교와 다락을 태워버리게 한 다음 강을 거슬러 촉군을 패배시켰다. 이 싸움에서 촉군 대장 임만(任满)은 죽고 정신(程汎)은 포로되였으며 전융(田戎)은 강주(江州, 지금의 중경시)까지 퇴각하였다. 잠팽은 승승장구하여 성도 동남쪽 수십리 밖의 광도(广都)까지 쳐들어갔다. 공손술은 걸음마다 패배하니 자객을 파견하여 거짓으로 투항하는 척하다가 잠팽을 암살하였다.

잠팽은 비록 죽었지만 그의 롱서를 평정하면 촉을 탐하는 정신과 제일 먼저 형주성을 돌진했던 전공은 이미 한군의 승리를 위하여 기초를 마련해주었다. 외오, 공손술 이 두갈래 할거세력은 잠팽에 의해 심중한 타격을 받아 더는 맥을 못추다가 나중에 류수에 의해 정복되였다.

왕망이 한조정권을 빼앗은 후 각지의 지주무장들이 농민봉기를 진압하는 과정에 형성된 할거세력들은 나라를 사분오렬되게 하였다. 류수와 수하 대장들의 “롱서를 평정하면 촉을 탐하듯이” 련이은 싸움으로 또다시 통일의 국면이 나타나 사회경제는 전쟁의 페허에서 다시 회복과 발전을 가져오게 되였다. 후세 사람들은 류수가 한조왕실을 다시 일으킨 것을 ‘광무의 중흥’이라 하였다. 이러한 점으로 볼 때 류수와 그의 수하 대장들은 력사상에서 공헌이 있는 사람들이다.

111

강항령 동선

광무제 류수는 재산이 많고 세력이 강한 지주출신으로서 집에는 많은 토지가 있었다. 그는 고향에 있을 때 자기의 세력을 확대하기 위하여 늘 악당들과 어울려 지내였다. 사람을 죽이고 사형판결을 받아야 하는 놈들도 류수네 집에 숨어들면 관아의 관리들도 어쩌는 수가 없었다. 류수의 친척들도 모두 재산이 많고 세력이 강한 지주였다. 그의 외조부는 성이 번(樊)씨였는데 당지의 유명한 대지주로서 3만여무나 되는 땅을 가지고 있었다. 음(阴)씨 성을 가진 그의 장인도 7만여무의 땅을 가지고 있었다. 류수가 봉기한 후 그에게 와서 의탁한 사람들인 등우, 경감 등도 모두 호족 지주출신이였다. 류수가 건립한 동한정권은 대지주계급의 리익을 수호하는 정권이였다. 동한정권은 귀족과 호족 지주들이 농민들의 토지를 겸병하는 것을 간섭하지 않았다. 동한정권이 수립된 날부터 수천무, 수만무의 토지를 점유하고 있는 지주들이 날따라 늘어갔다.

대지주들은 자기의 세력을 믿고 대규모의 장원을 건립하였다. 하나의 장원은 마치 독립왕국처럼 존재하였으며 심지어 정부에서 파견한 세무관들마저 그들의 문전박대를 받았다.

호족 지주들이 마구 살판쳤기에 지방정부의 허다한 일들은 제대로 돌아가지 못하였고 심지어 정부의 법령까지도 집행하기 어려웠으며 광무제 류수도 어떤 일은 처리하기 어려워할 정도였다. 그러나 당시에 법을 공정하게 집행하고 대담히 황친국척이나 호족 지주들과 맞서 싸운 관리들이 있었다. 그들은 심지어 관직과 목숨마저도 아랑곳하지 않고 봉건법률의 존엄을 수호하였다. 별명이 '강항령(强项令)'이라는 동선(董宣)이 바로 법률의 존엄을 수호한 대표적 인물의 하나였다.

동선이 북해(北海, 지금의 산동성 창락현)에서 관리로 있을 때 호족지주가 마음대로 사람을 죽인 사건이 발생하였다. 공손단(公孙丹)이라는 호족 지주가 있었는데 북해에다 새로 으리으리한 저택을 지었다. 저택이 완공된 후 점쟁이가 집은 비록 잘 지었지만 풍수가 나빠 들어가 살면 사람이 죽는다고 하였다. 공손단은 아주 무서워하면서 다른 사람을 죽게 함으로써 자기들의 화를 면하려고 하였다. 그는 아들더러 대문에서 기다렸다가 길을 지나는 아무 사람이나 잡아오게 해서는 죽여서 정원에 묻는 방법으로 자기들에게 닥친 재난을 모면하려 하였다. 마음대로 사람을 죽이면 당연히 법을 어기는 것이다. 하지만 공손단은 당지의 이름 있는 호족 지주였기에 누구도 그를 어쩌지 못하였다. 동선은 이따위를 무서워하지 않았으며 지방관리로서 응당 처리해야 한다고 생각하였다. 그는 상황을 료해한 후 사람을 파견하여 공손단부자를 잡아오게 한 다음 사형판결을 내리고 즉시 집행하였다. 이렇게 되자 북해의 호족 지주들은 크게 놀라 다시는 나쁜 짓들을 못하고 마음대로 사람을 죽이지 못하였다.

동선은 일처리가 뛰여나 호양공주(湖阳公主)의 집사를 징벌한 후 '강항령'이라는 별명을 얻었다.

호양공주는 광무제 류수의 누나로서 역시 이름 있는 호족 지주였다. 락양 근교에 아주 큰 장원을 가지고 있었고 락양성에도 호화로운 저택을 갖고 있었으며 집에는 노비만 해도 수천명이나 두고 있었다. 어느 한번 호양공주의 집사가 시퍼런 대낮에 사람을 죽여 형법을 범하였다. 당시 동선이 락양에서 현령을 지내고 있을 때였는데 살인범은 동선이가 자기의 죄를 물을가봐 호양공주네 집에 숨어서 공주의 비호를 턱대고 법을 무시하고 있었다. 동선은 이 사건을 안 후 몹시 분개하면서 반드시 살인범을 붙잡아 법의 징벌을 받게 하겠다고 결심하였다.

기다리던 동선에게 마침내 기회가 왔다. 호양공주가 외출하면서 한 무리 가노들을 데리고 나갔다. 살인범인 집사도 인젠 고비를 넘겼다고 생각하고 이 틈에 끼여 외출하였다. 소식을 들은 동선은 사람들을 데리고 호양공주가 지나가는 길목인 하문정(夏门亭)에서 기다렸다. 공주의 행렬이 하문정에 이르렀을 때 동선은 불현듯 길을 막아나섰다. 그는 긴 칼로 바닥을 가리키면서 큰소리로 “공주께 아뢥니다. 당신의 집사가 제멋대로 사람을 죽였으니 응당 사형에 처해야 합니다. 살인범을 내여 주십시오!”고 하였다.

호양공주는 동선이가 그의 행렬을 가로막고 또 집사를 내놓으라고 하자 많은 사람들 앞에서 체면이 구겨져 매우 불쾌해 하였다. 그는 얼굴을 흐리더니 동선을 보고 “동선 네 이놈! 일개 현령인 주제에 마음대로 지껄이지 말어라. 나의 집사가 어떻게 사람을 죽일 수 있지? 확실한 증거라도 있는 거냐?”하고 질책하였다.

동선은 “당연히 증거가 있지요. 당신의 집사가 사람을 죽일 때 많은 사람들이 똑똑히 보았답니다. 믿겨지지 않으면 증인을 찾아올 수 있습니다!”라고 하였다.

공주는 상황이 좋지 못함을 알고는 이내 어투를 바꾸면서 “동선이 자네도 알잖아, 집사는 내가 제일 신임하는 사람인 것을. 만약 그가 사람을 죽였다 하더라고 나의 면목을 봐서라도 이번만은 용서해주게!”라고 하였다.

동선은 호양공주가 법률을 무시하고 사람을 죽인 자를 비호하려 하자 얼굴을 굳히며 큰소리로 “공주님! 당신의 가법이 엄하지 못하여 집사가 제멋대로 못된 짓을 한 것입니다. 그가 죄를 범하면 응당 그 죄를 다스려야지 어떻게 그를 위해 용서를 빌 수가 있습니까? 설마 공주네 집사는 황제의 법률을 지키지 않아도 된단 말입니까?”하고 말하였다.

호양공주는 동선에게서 질책을 받고도 말 한마디도 못하였다. 집사는 상황이 틀어진 것을 보고 다른 사람 뒤에 숨었지만 동선이가 인차 알아보고 수하 사람들을 시켜 끌어낸 후 길복판에서 즉시 사형을 집행하였다.

호양공주는 이 작은 현령이 감히 자기를 욕하고 사람들이 보는 앞에서 자기의 집사를 처형하니 속으로 무척 화가 났다. 그는 즉시 황궁에 달려가 류수를 찾아 자기의 억울함을 하소연하였다. 광무제는 동선이가 자기 누나에게 무례하게 군 것을 알고 당장 동선이를 잡아들이게 하고 몽둥이로 때려 죽이려 하였다.

동선은 광무제가 자기를 때려 죽이련다는 것을 알고 조금도 당황함이 없이 "황제께서 나를 죽이려 한다면 어찌 황령을 거역하겠나이까. 하지만 죽기 전에 할 말을 할 수 있게 허락해주십시오!"라고 하자 광무제는 "무슨 말을 하고 싶은가?"고 하였다. 그러자 동선은 "폐하께서 영명하시여 한조를 다시 일으켜 세웠습니다. 오늘날 공주의 집사가 사람을 죽였습니다. 공주께서는 황제가 만들어놓은 법률을 아랑곳하지 않고 살인흉수를 비호하려고 합니다. 저는 공정하게 법률을 집행했을 뿐인데 목숨을 잃게 되였고 폐하께서는 자신이 제정한 법률을 파괴하고 있습니다. 이러고서야 어떻게 나라를 잘 다스릴 수 있겠습니까? 폐하께서 저를 때릴 필요가 없이 스스로 목숨을 끊겠나이다."라고 하였다. 그는 말을 마치고 궁전의 기둥에 머리를 힘껏 들이박자 대번에 피투성이가 되였다. 광무제는 이내 태감을 시켜 동선을 구하게 하였다. 생각해보니 동선의 말에 일리가 있긴 하였지만 호양공주의 면목도 있고 해서 동선더러 공주에게 절을 하고 비는 것으로 사건을 마무리하려고 하였다. 광무제는 동선에게 "법 대로 일을 처사한 것은 잘한 것이다. 하지만 너는 공주를 모욕하고 놀라게 하였다. 네가 지금 공주에게 절을 하는 것으로써 잘못을 빌면 내가 너를 용서해 주겠노라."고 하였다.

동선은 공주에게 절을 하면서 빌라고 하니까 승복하지 않았다. 광무제는 사람을 시켜 호양공주 앞에 끌고 가서 머리를 억지로 눌렀지만 동선은 두손으로 땅을 짚고 목대를 꿋꿋히 버티면서 죽어도 머리를 수그리려 하지 않았다.

호양공주는 동선의 강경한 태토를 보고 아주 난감해 하면서 광무제에게 말하였다. "옛날 폐하께서 고향에 계실 때에 악당들을 집에 들이지 않았습니까? 관리들도 우리 집을 수색하지 못하였는데 지금 폐하께서

는 귀하신 천자의 몸이신데 어찌 이 작은 현령을 어찌 하지 못하는지요?" 광무제는 쓴 웃음을 지으면서 "천자와 백성은 다르오. 동선은 목대가 센 현령으로서 황가의 법률을 지키려고 이러한 것이니 내가 어찌 그를 죽이겠소. 누님께서는 다른 재간 있는 사람을 찾아 집사로 쓰시오!'라고 말한 후 령을 내려 동선을 풀어주고 상으로 술상을 차려주었다. 동선은 술과 음식을 깡그리 먹어치운 다음 접시와 잔을 모두 뒤집어 밑굽이 우로 향하게 상 우에 놓았다. 태감들은 동선이의 이러한 행동은 황제를 욕하는 것과 같다고 생각하고 덜미를 잡아 황제 앞에 끌고 가 꿇어앉혔다. 광무제는 자초지종을 들은 후 동선을 질책하면서 "동선 네 이놈! 이번에는 또 무슨 말을 하고 싶은 것인가?"고 하자 동선은 "폐하께서 저에게 음식을 주었으니 제가 어찌 조금이라도 남기겠습니까. 폐하께서 저에게 일을 맡기시면 저는 온힘을 다해 완성할 것입니다. 이것이 제가 술과 음식을 모조리 먹어치우고 빈접시를 뒤집어놓은 뜻입니다."고 하였다. 광무제는 듣고 난 후 머리를 끄덕이면서 "이렇게 하는 것이 아주 좋구나!"라고 하였다. 광무제가 30만전을 상으로 주라고 령을 내리자 동선은 이 돈을 모두 부하들에게 나누어주었다. 이때로부터 '강항령'(목대가 센) 동선은 그 이름이 온 천하에 알려졌다.

112

불교를 들여오다

한광무제는 자기 통치를 공고히 하기 위하여 대대적으로 유가사상을 제창하였다. 그는 번마다 지방순시를 내려갈 때면 그 지방에서 사서오경을 숙독한 사람이 있나를 물어보군 하였다. 만약 그런 사람이 있다고 하면 직접 찾아가서 관리직을 할 것을 부탁하였다. 당시 유가학술을 정통한 사람들은 황제가 이처럼 유가학설을 숭상하는 것을 보고 사면팔방으로부터 락양에 모여들었다. 광무제는 락양에 태학을 세우고 오경박사(五经博士)를 설립하여 경서를 숙독한 사람들로 하여금 거기에서 가르치게 하였다. 락양은 학술의 풍기가 농후해지기 시작하였다.

유가의 충효절의(忠孝节义) 등 학설은 봉건전제주의통치를 수호하는 데 커다란 작용을 일으켰다.

한광무제가 죽은 후 그의 아들 류장(刘庄)이 즉위하였는데 그가 바로 한명제(汉明帝)이다. 한명제는 유가학설을 신앙하였을 뿐만 아니라 불교도 신앙하면서 불교의 교의로 자기의 통치를 수호하려 하였다. 영평(永平) 8년(기원 65년)에 한명제 류장은 사람을 인도에 파견하여 불경을 가져오게 하였다.

불교는 고대인도에서 기원하였는데 창시자는 석가모니(释迦牟尼)로서 성은 고다마(乔答摩)이고 이름은 싯다르타(悉达多)이다. 석가모니는 약 기원전 565년에 한 석가족의 귀족가정에서 태여났다. 그의 아버지는 슈도다나왕(净饭王)으로서 오늘날 네팔 경내의 가비라성(迦毗罗卫) 지방의 통치자였다. 때문에 왕자 싯다르타는 어린 시절부터 남의 시중을 받으면서 부유한 생활을 하였다. 그러나 싯다르타왕자는 이러한 생활에 만족해하지 않았다. 그는 인간세상에는 생로병사(生老病死)의 고통이 존재하기에 응당 방법을 대 이 고통에서 해탈하여야 한다고 생각하였다. 29살 되던 해에 싯다르타는 부모처자를 떠나 출가하여 도를 닦았다. 전하는데 의하면 그는 큰 보리수나무(菩提树) 아래에서 7년 동안 심사숙고하여 마침내 큰 깨달음을 얻었는데 지고무상의 정신 경지에 도달하여 "불타(佛陀, 깨달은 자라는 뜻)"가 되였다고 한다. 그후 그는 인도의 인다스강류역에 가서 신도들을 모집하고 자기가 창시한 불교를 전파하였다. 최초에 사리불(舍利佛), 아난다(阿难陀) 등은 그의 설교를 믿었기에 그의 문하에 들어와 첫번째 신도가 되였다. 뒤이어 불교를 신앙하는 사람들이 점점 많아지면서 불교는 인도의 큰 종교로 되였다.

불교의 중요한 교의는 인과보응(因果报应)의 '륜회(轮回)' 학설이다. 불교의 설법에 의하면 무릇 생명을 가진 물체는 시종 수레바퀴처럼 한곳에서 끊임없이 돌고 있다고 한다. 태여나서 죽을 때까지가 바로 수레바퀴가 한바퀴 도는 것과 마찬가지이다. 잇달아 죽음에서 오는 것이 다음 생의 삶이고 삶이 있으니 또 죽음이 있고 태여나고 죽고 또다시 한바퀴 돈다. 잇달아 또 한생의 삶이 이어지는 것이다. 한 사람이 이 인생에서는 사람이나 그의 전생 혹은 다음 생에서는 사람이 아닐 수도 있다. 그의 전생은 가능하게 신이였을 수도 있다. 신이라서 수행(修行)을 하지 않았기에 벌을 받아 이번 생에는 사람이 되였고 혹은 전생에서 소나 말 같은 짐승이였기에 수행을 하여 사람으로 승급되였을 수도 있다. 한 사람이 다음 생에 무엇이 되는가 하는 것은 그 사람의 이번 생에서의 표현을 보아야 한다. 만약 이번 생에 수행을 하였다면 다음 생에 신이 될 수 있고 그렇지 않았을 때에는 다음 생에 짐승이 될 것이다. 이런 인과보응의 륜회학설은 곧바로 통치계급의 수요에 부합되였다. 통치계급들은 불교의 이런 설교를 리용하여 피통치계급의 반항사상을 없애버리고 그들로 하여금 이번 생에서 참고 복종하며 수행을 잘하여 희망을 다음 생에 기탁하게 하였다.

불교는 창시된 후 인도에서 널리 전파되였다. 기원전 3세기(중국의 전국 말기)에 아쇼카왕(阿育王)이 인도를 통치하면서 불교를 국교로 정하였다. 이때로부터 불교는 점차 석란(锡兰, 지금의 스리랑카), 먄마(缅甸), 샴(暹罗, 지금의 타이)과 웰남 등지에 전파되였다. 서한 말년에 서역의 일부 소국들도 불교를 숭배하였다. 한애제 원수 원년(汉哀帝元寿元年, 기원전 2년)에 불교를 신봉하는 대월지왕이 이존(伊存)이라는 사람을 사신으로 장안에 파견하였다. 서한의 박사 제자(博士弟子) 진경헌(秦景宪)은 이존을 따라 부도경(浮屠经)을 학습하였다. 이때로부터 불교가 점차 중국에서 전파되기 시작하였다.

불교가 중국에 들어온 후 일부 왕공귀족들이 먼저 불교를 신앙하였다. 그들은 소식(素食)하고 불경을 읽으면서 다음 생에는 서방의 극락세계에 가서 신선이 될 수 있기를 희망하였다. 한광무제 류수의 아들인 류영(刘英)은 불교도였다. 류영의 어머니 허미인(许美人)은 광무제의 총애를 받지 못하였기에 류영의 지위가 비교적 낮아 초왕(楚王)임에도 불구하고 그 봉지가 아주 작고 척박하였다. 류영은 자기의 다음 생은 이번 생보다 좋기를 희망하면서 불교를 신앙하였고 또 경상적으로 자기가 알고 있는 불교에 대해 많이 선전하였을 뿐만 아니라 배다른 형제인 명제(明帝) 류장한테도 들려주면서 명제더러 불교를 신앙하라고 권고하였다.

영평 8년의 어느 날 저녁, 명제 류장은 꿈 속에서 키가 크고도 우람진 금사람을 보았는데 금사람의 머리와 목에는 눈부신 광채가 나 매우 존엄스러웠다. 명제는 깨여난 후 꿈속에서 봤던 금사람이 무엇을 의미하는지 알 수가 없었고 좋은 꿈인지 나쁜 꿈인지도 구분이 안되였다. 이튿날 조회 때 명제는 꿈이야기를 문무대신들에게 들려주어 해몽하게 하였다. 대신들은 들은 후 서로 쳐다보면서 누구도 제대로 해석을 못하였다. 나중에 초왕 류영이 분석을 하였다. 그는 명제에게 "폐하, 꿈에 부처를 보신 것 같습니다. 서역 천축국에서 온 불교대사의 말에 의하면 부처는 한장 여섯자 높이에 전신은 금빛색이며 목에는 일월의 광채를 지니고 있다고 합니다. 이는 폐하께서 꿈 속에서 보신 것과 완전히 일치하지 않습니까? 부처가 폐하 꿈 속에 나타난 것은 좋은 징조로서 폐하께서는 이내 목욕재계하시고 사람을 천축국에 파견하시여 부처를 청해오시기 바랍니다."라고 하였다.

한명제는 자기가 꿈 속에서 본 것이 부처이고 또 길할 징조라니 아주 기뻐하였다. 그는 이내 목욕재계하고 아주 정중히 랑중 채음(蔡愔)과 박사 제자 진경헌 등 사람들에게 명하여 노란색과 흰색의 좋은 비단을 가지고 천축국으로 불경 가지러 떠나게 하였다.

천축국은 바로 장건이 말한 신독국(身毒国)으로서 지금의 인도를 말한다. 전하는데 의하면 인도의 상인들은 일찍 서한 초년에 중국의 파촉 지구와 통상관계가 있었으며 장건이 서역으로 갔을 때 촉지의 천과 공죽장(邛竹杖)을 본 적이 있었다고 한다. 이런 것들은 서역사람들이 신독국으로부터 운송해 온 것이였다. 장건은 한때 신독국으로 출사하고 싶었지만 뜻대로 되지 않았었다.

동한시기에 생산의 발전으로 각 지역간의 교통이 서한 때에 비해 많이 편리해졌다. 채음, 진경헌과 수행인원들은 천신만고 끝에 마침내 천축국에 도착하여 불교대사를 찾았으며 그들에게 한조의 정황과 한명제의 불경을 구하려는 경건한 심정을 전달하였다. 불교의 대사들은 한명제가 불원만리하고 사람을 파견하여 불경을 구하려는 심정을 리해하고 축법란(竺法兰)과 가섭마등(迦叶摩腾) 두 대사를 파견하여 다라수(贝多罗树)잎에 쓴 불경을 가지고 채음, 진경헌 등 사람들과 중국에 가게 하였다. 다라수는 천축에서 자라는 나무의 일종으로서 잎이 넓고 단단하여 불교도들은 이 나무잎에 불경을 썼다.

축법란과 가섭마등은 중국에 온 후 한명제를 배알하고 그에게 불교의 교의를 해석해주었다. 한명제는 불교의 교의가 봉건전제통치를 강화하는데 부합된다고 인정하고 두 대사에게 일부 불교도들을 거느리고 가져온 다라수잎경을 한문으로 번역하게 하였다. 축법란과 가섭마등 대사는 초기에는 한조정부에서 귀빈을 접대하는 홍로사(鸿胪寺)에 기거하였다. 그들은 한조정부에서 인도 불교사원과 같은 사원을 건축하여 그들에

게 제공할 것을 희망하여 불교사원의 도면을 그려 한명제에게 올렸다. 한명제는 국고에서 거액의 자금을 내여 이름 있는 장인들을 모집하여 락양성 밖에다 우리 나라에서 첫번째로 되는 불교사원을 건축하였다. 축법란과 가섭마등이 흰색 말에 다라수잎경을 싣고 왔기에 이 사원의 이름을 백마사(白马寺)라고 지었다.

한명제가 천축에 사람을 파견하여 불경을 가져오게 한 후 불교는 우리 나라에서 광범위하게 전파되였다. 불교의 발원지가 인도였기에 어떤 교의는 우리 나라 전통사상과 풍속 습관에 맞지 않았다. 후에 일부 불교도와 한조의 통치자들은 불교에 대하여 부분적으로 개조를 하여 중국 도가의 황로(黄帝和老子)사상과 유가의 공맹지도(孔孟之道)를 첨가해넣어 중국의 풍속 습관과 봉건전제주의통치의 공고에 유리한 중국식 불교로 변하게 하였다. 중국 봉건사회는 2,000여년 동안이나 길이 존재하였기에 봉건사상이 완고하게 사람들의 머리 속에 뿌리를 내렸는데 이것은 한 방면으로 유가의 공맹지도의 작용이였고 다른 한 방면으로는 불교의 영향이라 할 수 있다.

113

왕경이 변거를 소통시키다

동한 초기에 집권자들은 통치를 공고히 하기 위하여 일련의 계급모순을 완화하는 조치들을 취하였다. 한광무제는 여러번 노비를 석방하고 노비들을 마음대로 죽이거나 학대하는 것을 금지하였으며 지세(地税)를 서한 초기처럼 30분의 1로 경감시켰다. 이러한 조치들은 생산을 회복하고 발전시키는 데 일정한 작용을 하였다. 부담이 경감되니 광대한 농민들의 생산적극성도 제고되였으며 수십년의 노력을 거쳐 황폐해졌던 땅들도 다시 농작물을 심을 수 있게 되였다. 황하 남북의 광활한 대지에는 새로운 마을들이 생겨났고 마을마다 인구가 늘어나고 닭이 홰를 치고 개가 짖는 번창한 기상이 나타났다.

농업생산의 발전은 수공업생산의 발전을 촉진하였다. 제철업은 그때 당시 중요한 수공업부문으로서 철제농기구의 사용은 이미 보편화되였다. 고고학자들이 발굴해낸 동한 시기의 철제농기구들을 보면 보습, 낫 등 여러가지가 있었다. 사천에서 발굴된 한조의 무덤에서는 길이가 35센치에 달하는 낫이 출토되였는데 이것은 가을할 때 쓰는 것이였다.

한광무제 재위기간에 남양태수 두시(杜诗)는 로동인민들의 생산경험을 총화하여 수배(水排)를 발명하였는데 수력으로 풀무질을 하여 제철로의 온도를 훨씬 높였다. 수배를 리용하여 생철을 제련하고 철기를 단조(锻造)함으로써 인력을 절약하고 제철질도 높였다.

농업과 수공업생산의 발전은 수리관개와 수상운수로 하여금 대대적인 개진을 가져오게 하였다. 서한 말년 이래 전쟁과 사회동란으로 하여 많은 관개수로와 언제들이 파괴되여 수리관개와 수상운수에 엄중한 영향을 끼치였다. 이 문제를 해결하기 위하여 수리건설이 절박히 수요되였다. 동한의 저명한 수리전문가 왕경(王景)은 하천수로를 보수하여 큰 공을 세웠으며 사람들의 칭찬을 받았다.

왕경은 조선(朝鲜) 락랑군(乐浪郡)사람으로서 그의 8대 이전의 조상들은 중국 산동 랑야(琅琊)의 사람들이였다. 서한의 경제(景帝)시기에 그의 조상들은 오초(吴楚)와 7국의 란을 피하여 조선으로 이주를 하였다. 고국을 그리고 한족문화를 즐겼던 왕경은 "천길 높이의 나무라도 그 잎사귀는 떨어져서 뿌리로 돌아간다(树高千丈, 叶落归根)"는 심정으로 다시 고향인 산동으로 돌아왔다. 왕경은 중국 고대의 철학, 천문, 산술 등 과학을 좋아했을 뿐만 아니라 각종 실용적인 공정, 기예와 생산지식 특히는 수리공사에 대한 연구가 깊었다. 한명제 재위시기에 준의거(浚仪渠, 지금의 하남성 개봉시에 있음)는 오래동안 보수를 하지 않아 늘 수재가 발생하였기에 명제는 왕오(王吴)라는 관원을 시켜 책임지고 보수하게 하였다. 왕오는 명제에게 왕경을 추천하여 이 공정에 참가시키자고 하였다. 명제는 왕경이 왕오를 돕는 것을 허락하였다. 왕오는 왕경이 제기한 '인류법(堙流法)'을 채용하여 준의거에 대한 보수사업에서 큰 성공을 거두었다. '인류법'이란 지형에 근거하여 부동한 방법으로 막힌 부분을 소통시켜 막혔던 물을 거침없이 흘러가게 하는 것이였다. 당지 실정에 맞고 실사구시한 치수방법은 왕경이 선인들의 경험에 근거하여 총화해낸 것들이였다.

준의거가 보수되자 한명제는 아주 기뻐하면서 이번에는 왕경더러 변거(汴渠)를 다스리라고 하였다. 변거는 서쪽의 형양(荥阳)으로부터 동쪽으로는 황하의 예주(豫州), 연주(兖州), 청주(青州) 등 지역을 지나 천승(千乘)의 바다입구까지 흘러가는데 그 길이가 천여리나 되며 이 몇개 주의 중요한 농토수리공사와 수로교통 요충지였다. 서한시기부터 황하가 범람한데서 대량(大梁, 지금의 하남성 개봉시)이 물에 잠기고 변수(汴水)가 동쪽으로 침범하였기에 언제가 허물어져 변거는 항운과 관개 작용을 상실하였을 뿐만 아니라 여러 주의 백성들에게 적지 않은 피해를 주었다. 사람들은 여러번 동한조정에 변거를 다스려 줄 것을 요구하였으나 군현의 관리들은 말만 하고 행동에 옮기지 않았다. 그들은 변거를 다스린다는 미명하에 백성들에게서 돈을 뜯어갔지만 늘 다른 곳에 써버렸기에 변거 량안의 수재문제는 시종 해결을 보지 못하였다.

영평 12년(기원 69년)에 한명제는 친히 왕경을 접견하고 어떻게 하면 변거를 다스릴 수 있는가를 물었다. 왕경은 자기가 료해한 정황에 비추어 실행가능한 방안을 제기하였다. 명제는 고대로부터 전해내려온 《산해경(山海经)》, 《하거서(河渠书)》, 《우공도(禹贡图)》 등 진귀한 서책들을 왕경에게 주면서 선인들의 경험을 본보기로 삼아 변거를 잘 다스리라고 하였다.

이해 여름, 왕경은 수리자금과 재료를 받은 다음 예주, 연주, 청주 등 몇개 주로부터 수십만의 민공과 병사들을 모집하여 변거에 대한 대규모적인 보수공사를 시작하였다. 이번에는 왕경이 왕오를 청하여 자기의 조수로 삼았다. 두 사람은 동심협력하여 직접 민공들을 데리고 지세를 측량하고 시공에서의 절차를 안배하였다. 왕경은 대우(大禹)를 본보기로 삼고 늘 공사현장에서 민공들과 함께 일하며 산을 파고 돌을 캐내여 장애를 없애고 강바닥에 오래동안 침적되였던 모래와 흙을 깨끗하게 제거하였다. 지세가 비교적 낮은 곳에는 제방을 높게 쌓아 홍수를 방지하였다. 또 변거 량켠에 수많은 지류들을 새로 파서 주류의 부담도 덜어주고 관개에도 리롭게 하였다. 천여리나 되는 거도(渠道)에 매 10리를 간격으로 수문을 만들어 물의 흐름을 조절하게 하였다. 상류에 비가 오지 않아 물이 부족할 때에는 하류의 수문을 막아 수위가 올라가게 함으로써 거도의 물이 역류되여 항운과 관개의 수요에 적응할 수 있게 하였다. 이러한 보수방법은 완전히 과학적이여서 대우치수(大禹治水)가 있은 이래 수천년의 수리공사의 결정체라고 볼 수 있었다.

변거 량안의 백성들은 수리공정에 적극적인 지원을 아끼지 않았다.

그들은 민공들과 병사들에게 마실 물을 날라주고 멜대와 광주리를 지원해주면서 수리공정에 크나큰 공헌을 하였다. 변거의 수리공사는 장장 1년 동안 진행되였다. 이듬해 여름 홍수가 오기 전에 공사는 완공되였다. 한명제는 문무백관들을 거느리고 친히 완공된 공사장에 와서 시찰하고 연도의 군현 관리들을 접견하였다. 그는 연도의 군현은 반드시 전문인원을 배치하여 거도의 보수작업을 해야 하며 만약 관리가 소홀하여 문제가 발생하면 당지의 관원이 처벌을 받아야 한다고 규정하였다. 명제는 또 이번 수리공사에 참가했던 사람들에게 상을 내리고 왕오와 기타 관원들은 모두 한급 진급시키고 왕경은 공사의 총책임자로서 공로가 제일 크기에 세급을 뛰여넘어 시어사(侍御史)로 승진하게 하였다. 두해가 지난 후에는 하제알자(河堤谒者)로 봉하고 많은 비단과 돈을 상으로 주었다.

일년 사이에 천여리나 되는 거도를 다스렸다는 것은 실로 거대한 성과가 아닐 수 없었다. 이러한 성과가 어떻게 가능할 수 있었을가? 그것

은 왕경의 재능과 노력도 있었겠지만 당시의 사회조건도 커다란 작용을 하였다. 시공에서는 대량의 철제도구를 사용하였고 이미 상당히 발달한 측량기술을 응용하였으며 특히 전국(战国) 이래 우리 나라 로동인민들의 풍부한 수리경험을 섭취한 것이였다. 동한 이전에 우리 나라 로동인민들은 이미 수많은 수로를 팠다. 유명한 것은 정국거(郑国渠), 서문표거(西门豹渠), 백거(白渠) 등이 있었다. 사람들은 이런 유명한 수로를 파거나 보수하면서 풍부한 경험을 쌓은 것이였다. 왕경은 선인들의 경험을 잘 섭취하고 또 실제 상황에 근거하여 대담하게 창신한 결과 거대한 성과를 거두었던 것이다.

왕경은 하천을 다스리고 수로를 보수하는 수리공사방면에 공로가 클 뿐만 아니라 농업생산 방면에서도 커다란 공헌을 하였다. 한명제의 아들 한장제(汉章帝) 류달(刘炟) 재위시기 왕경은 려강태수(庐江太守)로 파견되였다. 그는 려강은 토지는 비옥하나 량식생산량이 아주 낮아 많은 백성들이 가난하여 끼니도 제대로 에우기 어려운 것을 발견하였다. 자세한 료해를 거쳐서야 당지의 경작기술이 매우 락후하여 농민들은 아직도 소로 밭을 가는 방법도 몰랐던 것이다. 왕경은 사람을 파견하여 외지로부터 많은 부림소와 철제농기구를 사오게 하고 우경(牛耕)과 철제도구사용을 대대적으로 제창하였으며 농민들이 황무지를 개간할 것을 호소하였다. 이렇게 한데서 려강 경내의 량식생산량이 제고되였고 농민들의 생활도 개선되였다.

114

반초가 붓을 던지고 종군하다

장건이 서역에 갔다온 후 서역의 일부 주요 국가들은 한조와 우호적인 관계를 맺었다. 서한 말년에 서역에는 50여개 나라가 있었다. 왕망정권시기 서역의 여러 나라들은 한조와 단절하고 흉노에 순종하였다. 동한정권이 건립된 후 서역의 여러 나라들은 모두 한조와의 관계회복을 생각하고 있었다. 광무제 건무 21년(기원 46년)에 차사(车师), 선선(鄯善), 언기(焉耆) 등 10여개 서역 나라의 국왕들은 아들들을 락양에 볼모로 보내면서 한조의 속국이 되기를 원하였으며 한조정부에서 서역도호부를 설치하여 그들을 보호해주기를 바랐다. 광무제는 동한정권도 이제 방금 안정된 터라 서역방면의 사무를 관리할 여력이 없었으므로 그들의 요구를 들어주지 못하고 있었다. 한명제가 즉위한 후 북흉노가 군사를 파견하여 한조를 교란하자 한명제 영평 16년(기원 73년)에 대장군 두고(窦固)를 파견하여 북흉노를 치게 하였다. 두고는 청년 장령 반초(班超)를 중용하여 커다란 승리를 거두었다.

반초는 자가 중성(仲升)인데 어릴 적부터 웅대한 포부를 가지고 있었다. 그는 일하기를 즐겼고 말재주 또한 좋았다. 많은 책을 읽었지만 깊이 연구하는 것은 싫어하고 늘 군사방면에서 나라를 위하여 공헌을 할 수 있기를 바랐다.

영평 5년(기원 62년)에 반초의 형인 반고(班固)가 한명제의 부름을 받아 교서랑(校书郎)이 되자 반초와 어머니도 형을 따라 락양으로 가게 되였다. 집이 가난하였기에 반초는 관아를 도와 문서나 편지를 베껴써서 버는 돈으로 생활에 보탬을 하였다. 하지만 반초는 일생을 이렇게 평범하게 보내고 싶지 않았다. 나라를 위하여 전장에서 말을 달려 전공을 세우고 싶었다. 어느 하루, 그는 공문을 베껴쓰다가 별안간 붓을 벼루언저리에 던지고는 "남자대장부로 태여나 큰 포부는 없다 해도 응당 서한의 박개자(博介子)처럼 전장에서 적을 무찔러 나라에 충성하든지 장건처럼 이역에서 공을 세워 제후로 책봉받든지 해야지 허구한 날 필묵과 씨름하면서 살아서야 될 말인가?"고 한탄하였다. 옆에 있던 사람들은 "이 자식, 배불리 먹지도 못하면서 포부 하나만은 크네."라고 하면서 반초를 아니꼬운 눈길로 바라보았다. 반초는 긴 한숨을 쉬면서 입속말로 중얼거렸다. "후! 소인들이 어찌 대장부의 큰 뜻을 알겠는가!"

영평 16년에 반초에게 마침내 붓을 던지고 종군할 수 있는 기회가 찾아왔다. 그는 대장군 두고(窦固)의 수하에 들어가 두고를 따라 흉노를 치러 떠났다. 반초는 용맹하게 싸워 여러번 승리를 거두었다. 어느 한번 두고는 반초에게 군사를 거느리고 이오로(伊吾卢, 지금의 신강 하미시)를 진공하게 하였다. 반초는 흉노군사를 패배시키고 이오로를 점령한 다음 계속하여 흉노군을 포류해(蒲类海, 지금의 신강 파리곤해)까지 추격하였다. 두고는 반초가 아주 유능하다고 생각되여 한명제에게 반초를 서역에 출사시킬 수 있겠다고 청시하였다. 반초는 가사마(假司马)로 임명되여 곽순(郭恂) 등 36명 시종들과 함께 서역에 출사하여 서역의 여러 나라들과 련락을 취하므로써 흉노에 대한 두고의 승리를 공고히 하려 하였다. 이때로부터 다시 서역으로 통하는 중임이 반초에게 떨어졌다.

반초 등 일행 36명은 천신만고 끝에 먼저 선선국(鄯善国, 지금의 신강위글족자치구 남부)에 도착하였다. 선선국은 서역지구에서 비교적 큰 나라였다. 선선왕은 그들을 열정적으로 접대하였다. 그런데 며칠이 지나자 선선왕의 태도가 갑자기 랭담해졌다. 반초는 시종들에게 말하였다. "선선왕이 우리를 대하는 태도가 달라진 것을 너희들은 느끼지 못하였느냐? 내가 보건대 여기에 흉노의 사신이 와 있으므로 선선왕이 어찌할 바를 몰라 감히 우리와 가까이하지 못하는 것 같다. 속담에 총명한 사람은 일이 터지기 전에 미리 낌새를 챈다는데 하물며 지금은 이미 그럴 조짐이 완전히 보이니 우리는 마땅히 준비를 해야 옳을 것이다." 하여 그들을 시중드는 선선국의 시종을 불러 물어보았다. "흉노의 사신들이 온지 며칠이나 되느냐? 어디에 거처를 잡았느냐?" 선선국의 시종은 반초가 사납게 물어보자 속으로 매우 무서워하면서 "이미 온지 사흘째 됩니다. 거처는 여기에서 30여리 떨어진 곳에 잡았습니다."라고 대답하였다.

반초는 선선국의 시종을 작은 방안에 가두고 즉시 36명의 군사들을 불러모은 다음 함께 술을 마셨다. 모두들 술기운이 올라 흥분해지자 반초는 불현듯 일어서더니 격앙된 목소리로 "너희들이 나와 같이 서역에 온 목적은 오직 공을 세워 부귀영화를 누리려는 것이다. 흉노사신이 여기에 온지 며칠 밖에 안되였는데 선선왕이 우리들을 대하는 태도가 달라진 것을 보면 선선왕이 우리를 흉노에게 넘길 수도 있다는 것이다. 그렇게 되면 우리는 뼈도 못추리고 여기에서 죽을 것이다. 이 일을 어떻게 했으면 좋겠느냐?"하고 물었다. 36명의 군사들은 "이미 위급한 고비에 이르렀으니 우리들은 당신의 명령에 복종하겠습니다."라고 이구동성으로 말하였다. 반초는 "범의 굴에 들어가지 않고서는 범의 새끼를 잡을 수 없다. 우리에게는 오직 한가지 방법 밖에 없다. 어둠을 타서 흉노의 장막주위에 불을 지르고 쳐들어가면 그들이 우리의 군사가 얼마나 되는지 몰라 허둥댈 때 그들을 죽여버릴 수 있을것이다. 흉노의 사신만 죽여버리면 선선왕도 우리 한조와 우호적일 것이다."라고 말하였다. 모두들 반초의 의견에 동의하면서 서둘러 준비하러 갔다.

날이 어두워지자 반초는 군사들을 거느리고 출발하였다. 때마침 바람도 세차게 불어쳤다. 반초는 10명에게 북을 가지고 흉노사신의 장막 뒤에 매복해 있다가 불길이 솟아오르면 힘껏 북을 치면서 고함을 지르라고 하였다. 나머지 26명은 무기를 들고 장막문 앞에 매복해 있다가 흉노사신이 나오면 일제히 쳐들어가기로 하였다. 배치가 끝나자 반초는 사람을 시켜 불을 놓게 했다. 불길은 바람 따라 크게 번져갔고 북소리 고함소리가 마구 엉켜 수라장이 되였다. 흉노인들은 경황실색하여 사처로 도망을 갔다. 반초는 앞으로 뛰쳐나가면서 칼을 휘둘러 셋이나 요정내였다. 매복해 있던 26명의 군사들도 반초와 같이 영용하게 싸웠다. 흉노인들 가운데 30여명은 칼에 맞아 죽고 100여명은 불에 타죽었다.

전투가 끝난 후 반초는 사람을 시켜 선선왕을 불러오게 한 다음 흉노사신의 수급을 보여주었다. 선선왕은 깜짝 놀라서 얼굴이 백지장이 되여가지고 아무 말도 못하였다. 반초는 상냥한 어조로 인젠 흉노를 따라 한조와 엇서지 말고 한조와 우호적인 관계를 건립하자고 선선왕에게 말하였다. 선선왕은 련속 머리를 끄덕이면서 동의를 표시하였다. 그리고 자기의 아들을 락양에 보내여 볼모로 삼게 하였다.

락양에 돌아온 반초는 이 일의 자초지종을 두고에게 보고하자 두고는 매우 기뻐하면서 즉시 한명제에게 반초의 공을 청하였다. 한명제는 반초의 뛰여난 지모와 담대함에 무등 기뻐하면서 령을 내려 반초를 장려하고 그를 군사마(军司马)로 발탁시키고 서역으로 통하는 중대한 임무는 계속 완성하라고 명하였다.

두고는 반초에게 한명제의 결정을 전달하면서 그더러 우전(于阗)으로 출사할 때에는 많은 군사를 거느리고 가라고 하였다. 반초는 원래의 36명만 달라고 하였다. 그는 "사람이 많아 의외의 일이 닥치면 오히려 행동하기가 불편하니 36명이면 족합니다."라고 하였다.

선선국의 서쪽에 있는 우전은 국력이 비교적 강대하였고 흉노사신이 이 나라의 국정을 감독하면서 그 지구에서 패주질을 하였다. 반초 등은 우전에 도착한 후 우전왕에게 한조 조정의 우호적인 념원을 전달하고 한조와 우호적인 관계를 맺길 희망하였다. 우전왕은 흉노가 무서워 반초 등 사신들을 아주 랭담하게 대하였다. 한 무당은 우전왕에게 나쁜 계책을 대주었다. 그는 "대왕께서는 절대로 한조와 사이좋게 래왕하면 안됩니다! 그러면 신명님께서 노하십니다. 한조 사신에게 좋은 말이 있으니 그 말로 신명님께 제를 올리면 신령님은 대왕을 보호해 줄 것입니다."라고 말하였다. 우전왕은 대신을 파견하여 반초에게 말을 달라고 하였다. 반초는 이미 정황을 알고 있었던지라 그러라고 하면서 무당이 와서 직접 말을 고르라고 하였다. 무당은 대신과 함께 말을 가지러 왔다. 반초는 두말하지 않고 당장에서 무당의 목을 치고 대신을 채찍으로 치면서 우전왕이 우호적이지 못하다고 책망하였다. 우전왕은 이미 선선국에서의 반초의 용맹과 지략을 얻어들은 바가 있었기에 일이 이렇게 되자 무서워서 흉노사신을 죽여버리고 한조와 우호관계를 맺겠다고 표시하였다. 반초는 좋은 말로 우전왕을 위로하고 가지고 갔던 많은 선물을 우전왕과 대신들에게 주었다.

반초는 36명의 군사들을 거느리고 계속 서역 여러 나라에 출사하여 선후하여 소륵(疏勒), 차사 등 나라들과 우호관계를 건립하였다. 그는 또 이런 나라들의 병력을 동원하여 흉노를 따라 한조와 적대시하는 나라들을 진공하였으며 교묘한 전술로써 련이어 승리를 거두어 서역의 50여개 나라들이 한조에 순종하게 하였다. 반초는 동한정부로부터 서역도호(西域都护)로 임명되여 흉노를 감시하고 서역의 각국들을 보호하였다. 이렇게 서한 말년으로부터 막혔던 동서교통이 또다시 원활하게 되였다. 한족지구와 서역의 경제문화는 저명한 비단의 길을 따라 빈번한 교류가 전개되였다.

115

왕충이 《론형》을 쓰다

한명제 류장과 한장제 류환이 재위한 30여년 동안은 동한사회가 비교적 안정된 시기로서 경제가 점차 발전하고 문화교육도 발달하기 시작하였다. 당시 글 읽는 사람들은 사상이 비교적 활발하여 고대로부터 전해내려 온 유가경전에 대해서도 과감하게 의견을 발표하면서 변론을 전개하였다. 한명제는 이러한 자유로운 의견발표 풍기가 전제통치에 영향을 줄가봐 사상통일을 하기로 결정하였다. 영평 2년(기원 59년)에 그는 친히 태학에 가서 강의를 하였는데 수천수만의 사람들이 가서 듣고 구경하였다. 그는 사람들에게 자기의 해석에 따라 유가경전을 학습할 것을 요구하였으며 기타 견해는 허용하지 않는다고 하였다.

한장제는 계속하여 아버지의 방법 대로 사상통치를 강화하려 하였다. 건초 4년(기원 79년)에 그는 친히 백호관(白虎观)에서 유생대회를 소집하였는데 《시(诗)》, 《서(书)》, 《역(易)》, 《례(礼)》, 《춘추(春秋)》 등 5대 유가경전에 대한 부동한 견해를 토론하게 하고 나중에 황제가 직접 나서서 누가 말한 것이 옳고 누가 말한 것이 그른가를 판정하였다. 그후 강의하는 사람들은 반드시 옳은 견해에 따라 강의해야 한다고 규정하였다. 그는 백호관회의 기록을 당시 저명한 력사학가이며 문학가인 반고더러 정리하게 하였는데 이것이 바로 《백호통의(白虎通义)》라는 책이다.

반고는 반초의 형님으로서《한서(汉书)》라는 책을 썼다. 이것은 사마천이 쓴《사기》이래의 또 하나의 저명한 력사책이다.《한서》는 도합 100편, 80여만자에 달하며 한고조 류방으로부터 왕망이 한조 정권을 찬탈한 때까지의 200여년의 력사를 기록하였다. 반고는 또 부(赋)도 잘 썼다. 그 시기 어떤 사람들은 도읍을 락양에 정하는데 대해서 의견이 많아 서한 때처럼 장안에 옮겨가기를 희망하였다. 반고는 도읍을 장안으고 옮겨가는 것을 반대하였다. 그는 이 사건을 위하여 〈량도부(两都赋)〉라는 문장을 썼는데 부의 내용을 보면 두 사람의 대화였다. 한 사람은 장안사람이고 다른 한 사람은 락양사람이였다. 장안 사람은 장안이 여차여차하게 좋으니 응당 도읍으로 되여야 한다고 하고 락양 사람은 락양에는 제왕의 기가 있으니 응당 락양을 도읍으로 해야 한다는 것이였다. 마지막에 락양 사람이 장안 사람을 설복하여 두 사람이 모두 락양에 도읍을 정해야 한다고 인정한다. 반고의 〈량도부〉는 당시 영향력이 아주 큰 문학작품이였다.

반고와 거의 같은 시기에 봉건전제주의사상통치를 반대하고 백호관회의 요구와 맞선 유물주의사상가가 있었는데 이름은 왕충(王充)이라고 한다. 왕충은 회계 상우(会稽上虞, 지금의 절강성 상우시)사람으로서 어릴 적부터 총명하고 매우 부지런하였는데 여섯살부터 글을 배우고 여덟살에 서당에 들어갔으며 성적이 항상 우수하였다. 스무살 나던 해에 왕충은 락양의 태학에서 공부를 하였다. 당시 반고의 아버지 반표(班彪)가 마침 태학에서 강의를 하고 있었다. 왕충은 허심하게 반표를 따라 많은 지식을 배웠다. 그러나 그는 학당에서 배우는 지식에 만족하지 않고 경상적으로 여유 시간을 내서 다른 책들을 읽었다. 시간이 흐름에 따라 그는 태학에 소장한 책들을 거의다 읽었다. 그는 또 락양 시내의 책방들을 훑으면서 여러가지 새 책들을 찾았다. 가난한 왕충은 새 책을 살 수가 없어 서점에서 책을 읽었다. 그는 기억력이 비상하고 또 열심히 읽었기에 한번만 보아도 주요 내용을 모두 외울 수가 있었다. 그는 이렇게 수많은 지식을 장악하였다.

왕충은 락양의 태학에서 몇년간 공부를 한 후 당시의 정치가 부패한 것을 보고 관리질을 하기가 싫어 고향으로 돌아갔다. 후에 비록 군, 현에서 문서관리 같은 일을 하였지만 모두 오래 하지 못하였다. 왕충의 한 고향친구는 그를 극력 한장제에게 추천하면서 학문이 맹자나 사마천에 비길 만하다고 하였다. 한장제도 왕충이 나와서 관리직에 오를 것을 바랐다. 하지만 왕충은 병을 핑게로 나가지 않고 집에서 글을 쓰는 걸 좋아하였다.

왕충은 몇년간의 노력 끝에 유명한 저작《론형(论衡)》을 써냈다. 그는 이 책을 쓸 때 정력을 집중하기 위하여 두문불출하고 침실이나 서재의 창턱, 책꽂이, 벽장 어디라 없이 필이나 칼과 죽목간을 놓아두어 수시로 생각나는 것이 있으면 손쉽게 죽목간에 새길 수 있게 하였다.《론형》을 쓰기 위하여 수집한 재료만 하여도 방 몇칸을 차지하였다. 그가 쓴 이 책은 관점이 새로울 뿐만 아니라 사용한 자료 또한 풍부하여 설복력이 매우 강하였다.

《론형》의 주요 내용은 유물주의와 무신론을 선전하고 많은 미신설법들을 반박한 것이였다. 당시 미신사상을 가지고 있던 사람의 실례가 하나 있다. 춘추시기 초혜왕(楚惠王)은 어느 날, 신배추료리(酸菜)를 먹다가 료리 속에 거마리(水蛭)가 있는 것을 발견하였다. 만약 그가 거마리를 골라내면 료리사가 처형당할 수가 있었다. 료리사를 불쌍히 여긴 초혜왕은 남모르게 거마리와 배추를 함께 삼켰다. 저녁이 되여 뒤를 볼 때 삼켰던 거마리도 나왔을 뿐만 아니라 원래 있었던 복통도 모두 나았다고 한다. 그들은 이것이 바로 '선행에는 선과(善有善报)'의 견증이라 하였다. 왕충은 과학적인 도리로써 이 황당한 설법을 비판하였다. 그는 초혜왕이 삼킨 거마리는 왜서 변과 같이 나올 수 있었는가? 그것은 사람의 배속은 열이 높아 거마리가 살 수 없기에 죽어서 변을 볼 때 따라 나온 것이다. 초혜왕의 복통은 그의 배속에 원래 어혈(瘀血)이 있었는데 마침 거마리가 피를 빨아먹는 특징이 있기에 초혜왕의 배속에서 죽기 전까지 어혈을 빨아먹은 데서 초혜왕의 병은 자연히 나은 것이다. 이 일은 우연한 일치일 뿐 그 무슨 '선행에는 선과'가 따른 것이 아니라고 해석하였다. 왕충의 해석은 비록 오늘날의 과학적 도리에는 잘 부합되지 않지만 그래도 당시에는 아주 대단한 일이였다.

어느 한번, 번개에 맞아 사람이 죽었다. 미신사상이 있는 사람이 또 나서서 죽은 자는 못된 짓을 한 사람으로서 뢰공(雷公)이 노하여 그를 죽게 한 것이며 '악행에는 악과(恶有恶报)'가 따른 실례라고 선전하였다. 왕충은 이 소식을 들은 후 친히 현장에 가서 관찰하였다. 그는 죽은 자의 머리카락이 모두 타버린 것을 보았고 몸에서는 그을음내가 나는 것을 맡았다. 하여 그는 우뢰가 울 때 번개가 치는데 번개가 바로 불이다. 우뢰는 기실 천불(天火)의 일종으로서 번개에 맞아 죽은 사람은 천불에 타 죽은 것이다. 이것 역시 우연한 현상으로서 하늘에는 그 무슨 뢰공이 없으며 '악행에는 악과'가 아니라고 해석하였다.

《론형》중에는 이러한 미신사상을 비판하고 유물주의사상을 선전한 내용들이 아주 많다. 이 책은 기원 1세기의 지혜의 등불이라 할 수 있으며 그 빛은 중국 봉건사회의 암흑을 밝혔다.

116

채륜이 제지술을 개진하다

왕충이 《론형》을 쓸 때 비록 거치른 마지(麻纸)가 있었지만 글자를 쓰기에 적합하지 않아 그는 책을 죽간이나 목간에 썼다. 왕충이 죽은 지 얼마 안되여 채륜(蔡伦)이 제지술을 개진하여 글자를 쓸 수 있는 종이를 만들어냈다. 이 때로부터 종이, 먹, 붓, 벼루는 중국사람들이 글을 쓰는 주요 도구로 되였으며 이 네가지를 합쳐 '문방사보(文房四宝)'라고 하였다. 문방사보는 동일한 시기에 발명된 것이 아니다. 붓과 벼루가 비교적 이르고 먹과 종이가 조금 늦게 나왔다. 순서 대로 배렬하면 붓, 벼루, 먹, 종이이다.

문방사보가 나타나기 이전에 사람들은 제일 먼저 거북의 등껍데기나 짐승의 뼈에 글자를 새겼는데 이것이 바로 갑골문이다. 후에 또 글자를 청동기에 새겨 주조하였는데 이를 금문(金文) 또는 종정문(钟鼎文)이라고 하였다. 춘추시기에 붓이 출현하여 칼과 붓을 같이 사용하여 죽간이나 목간에 새기거나 썼다. 최초의 붓을 '율(聿)'이라고 하였으며 물감을 찍어서 글을 썼다. 붓이 있으니 이내 벼루가 생겨났다. 벼루는 물감을 배합하는 것이였다. 장성을 지키는 진조의 대장군 몽념(蒙恬)은 붓을 개진하여 우리가 지금 늘 보는 붓으로 만들었다. 붓이 개진된 후 얼마 안되여 먹이 출현하였다. 벼루로 먹을 간 후 붓에 먹을 찍어 글을 쓰니 물감을 쓰기보다 훨씬 편리하였다. 그러나 죽간이나 목간은 너무 육중하여 사람들은 비단에 글을 썼다. 진한시기에는 비단과 죽목간을 같이 썼다. 비단은 비록 가볍고 편리하지만 가격이 비싸기에 사람들은 줄곧 비단처럼 쓰기 편리하고 가격 또한 저렴한 물건을 찾았다. 서한시기에 이미 삼(麻)으로 만든 종이가 출현하였다. 이런 마지는 매우 거칠어서 글을 쓰기에 적합하지 않았다. 채륜은 마지를 만드는 기초상에서 부단히 새로운 실험을 진행하였다.

채륜은 자가 경중(警仲)이고 동한의 화제(和帝) 류조(刘肇)와 안제(安帝) 류호(刘祜) 시기의 환관이였다. 그는 정직하고 황제에게 간언을 잘하여 한화제의 신임을 받았다. 채륜은 또 발명창조를 잘하는 사람이였다. 그는 글을 쓰는 죽목간이 육중하고 비단은 너무 비싸고 이미 있는 종이 마지는 글을 쓰기에 적합하지 않은 것을 보고 값도 싸고 글을 쓰기도 편리한 종이를 꼭 만들어내리라고 결심하였다.

채륜은 선인들의 제지경험에 대한 세심한 연구를 거쳐 마지의 제조원리는 삼을 빻아서 얇은 조각으로 눌러낸 것이라는 것을 알아냈다. 공예가 너무 간단하여 만들어낸 종이가 매우 거칠었다. 채륜은 만약 공예를 좀더 섬세하게 한다면 만들어진 종이가 부드럽고 매끄러워 글쓰기에 유리하지 않을가고 생각하였다. 하여 그는 삼을 더욱 곱게 빻아 더욱 얇은 조각으로 만들어보았다. 이렇게 하니까 종이는 비교적 부드러워졌지만 의연히 리상적이지 못하였다. 그것은 삼 속에는 아직도 빻아지지 않은 굵은 섬유들이 있었기에 만들어진 종이는 의연히 글쓰기에 적합하지 않았고 또 천을 짜는 삼으로 종이를 만들자니 값도 싸지 않았다.

채륜은 계속 연구를 깊이 하였다. 삼으로 종이를 만들 수 있는 것은 삼 속에 섬유가 있기 때문이다. 그렇다면 낡은 천, 낡은 고기그물, 나무껍질, 삼토막 같은 값싼 물건들에도 섬유가 있지 않는가! 그는 급히 실험을 해보았다. 낡은 천, 낡은 고기그물, 나무껍질, 삼토막을 모은 다음 먼저 물에 불렸다가 깨끗이 씻은 후에 돌절구(石臼)에 넣고 찧어서 풀처럼 되게 한 다음 납작하게 눌러서 종이를 만들었다. 그러나 앞에서 존재하던 결점이 의연히 문제여서 만들어진 종이가 글쓰기에 적합하지 않았다.

섬유를 더 부드럽게 찧어 종이로 하여금 더욱 매끄럽게 하기 위하여 채륜은 원료에 부식성을 띤 석회 같은 것을 넣고 함께 돌절구에 찧었다. 결과 원료들이 전보다 더 잘 찧어졌을 뿐만 아니라 의외로 표백효과까지 나타났다. 하지만 이렇게 만들어진 종이에는 의연히 찧어지지 않은 거친 섬유가 남아 있었을 뿐만 아니라 석회를 넣은데서 종이에는 많은 작은 알갱이들이 나타났다.

채륜은 실험에 실험을 거듭하였다. 찧어서 풀모양의 된 팔프(纸浆)에 물을 희석한 다음 큰 나무통에 넣고 가는 발(细帘)을 리용하여 우에 뜨는 팔프를 건졌다. 발에 팔프가 얇고 균일하게 떠지면 그것을 말렸다가 떼여내면 한장의 희고 부드러운 종이가 되는 것이다. 채륜의 실험은 마침내 성공하여 글을 쓸 수 있고 값도 싼 종이가 만들어졌다. 이 때가 한화제(汉和帝) 원흥 원년(기원 105년)이였다.

채륜은 제지술의 개진과정을 한화제에게 보고하였다. 한화제는 매우 기뻐하면서 제지규모를 확대하고 더욱 질 좋은 종이를 많이 만들어내라고 하였다. 채륜은 한화제의 신임을 저버리지 않고 더욱 질 좋은 종이들을 많이 만들어냈다. 채륜은 한안제시기에 룡정후(龙亭侯)로 책봉되였기에 사람들은 그가 만든 종이를 '채후지(蔡侯纸)'라고 불렀다.

후세 사람들은 채륜의 제지 조작과정을 부단히 개진하고 완벽화시켜 점점 더 정제한 종이를 만들었다. 제지원료는 각 지방마다 부동하기에 등나무가 많이 나는 곳에서는 등나무 덩굴을 원료로 하고 대나무가 많이 나는 곳에서는 대나무를 원료로 하였으며 또 닥나무(楮树)가 많이 나는 곳에서는 닥나무껍질을 원료로 하였고 연해 지방에서는 김(海苔)을 원료로 종이를 만들었다.

제지술이 개진되자 붓, 먹, 벼루에 대한 요구도 높아졌다. 종이, 붓, 먹, 벼루도 부단한 개진을 거쳐 문방사보 지간에 아주 밀접한 관계가 형성되게 하였다. 제지술의 개진으로 글쓰기가 훨씬 수월해져 책을 쓰는 사람들이 많아졌기에 문화사업도 비약적인 발전을 가져왔다. 제지술의 개진은 중국의 서법예술과 회화예술에 대해서도 거대한 촉진작용을 하였다. 동한 이전에 중국에는 이미 화가와 서법가들이 있었는데 동한 이후에는 성과가 있는 화가와 서법가들이 더욱 많아졌다.

사회생산력의 발전과 더불어 사람들의 생활은 날따라 풍부해져 종이의 용도도 점차 많아지기 시작하였다. 종이는 문방사보의 하나일 뿐만 아니라 음식물이거나 기타 물건을 포장하는 용도로도 쓰이였다. 일상생활에서 사람들은 종이를 떠나서는 살 수 없었다.

채륜이 개진한 제지술은 제일 먼저 조선에 전해졌고 조선에서 다시 일본으로 전해졌으며 당조시기에 이르러 서역을 통하여 유럽에 전해졌다. 중국의 4대 발명중의 하나인 제지술은 마침내 전세계에 전파되여 세계문화발전에 중대한 공헌을 하였다.

117

장형이 지동의를 발명하다

채륜이 제지술에 대한 개진을 연구하고 있을 때 20여세의 한 청년 과학자는 다른 한 분야에서 중대한 과학연구를 하고 있었다. 그는 천체운행과 지진의 법칙을 탐구하려 하였다. 이 과학가가 바로 장형(张衡)이다.

장형은 자가 평자(平子)이고 남양(南阳, 지금의 하남성 남양시) 사람이다. 어릴 적에 집이 매우 가난하여 친척 친구들의 도움으로 겨우 살아갈 수 있었다. 이러한 간고한 환경은 그로 하여금 백성들의 생활질고를 료해하게 하였을 뿐만 아니라 더욱 분발하여 학업에 전력하게 하였다. 장형은 배우기를 좋아했는데 열몇살 때에 이미 훌륭한 문장을 써낼 수 있었다. 열여덟살 때 락양에 가서 태학에 들어간 후 사서오경을 숙독하였으며 풍부한 지식을 갖춘 청년 학자로 성장하였다.

장형의 학문은 비록 다른 사람들을 초과하였지만 그는 조금도 자만하지 않고 의연히 허심하게 다른 사람들을 따라 학습하면서 부단히 학식을 풍부히 하였다. 한화제 류조는 장형이 학식이 풍부하다는 말을 듣고 여러번 사람을 보내여 그에게 관리가 될 것을 요구하였지만 그는 모두 거절하였다. 그는 늘 사람들에게 "사람은 자신의 지위가 낮음을 고민할 것이 아니라 응당 자신의 도덕품질이 고상하지 못함을 근심해야 하며 보수의 많고 적음을 고민하지 말고 응당 자신의 학문이 해박하지 못함을 근심하여야 한다."고 말하였다. 장형이 제일 흥미를 느끼는 것은 바로 기계, 천문, 력법, 수학 등 자연과학 분야였다. 그는 한 문제를 풀거나 계기(仪器)를 제조하기 위해서는 성과가 나올 때까지 련 며칠이고 쉬지 않고 일하였다. 전하는데 의하면 장형은 나무로 날 수 있는 새를 만들었다 하는데 이 나무새는 하늘공중을 빙빙 돌다가 날개가 처지기만 하면 원래 출발했던 곳으로 되돌아온다고 하였다. 아쉽게도 이런 나무새의 제작방법이 전해 내려오지 못하고 있다.

한안제 류호는 장형이 박식하다는 말을 듣고 조정에 불러들여 태사령으로 임명한 다음 그에게 천문력법 방면의 사무를 책임지고 관리하게 하였다.

장형은 태사령이 된 후 혼상(浑象)이라는 계기를 만들었다.

혼상은 일종 천문계기로서 별무리를 관측하고 절기를 확정하고 기타 천문현상을 료해하는 계기였다. 혼상은 직경이 8자나 되는 속이 빈 동으로 된 구체로서 안에는 철사가 원심을 관통하고 있다. 이 구체는 경사진 틀에 놓여있는데 지구자전축의 방향과 일치하다. 동으로 된 구체 표면에는 각종 별자리와 눈금이 새겨져 있는데 이것은 천체의 별자리와 운행상황을 대표하고 있었다. 이 혼상은 치륜이 안장된 기계에 련계되여있고 기계 또한 시간을 알리는 물시계와 련계되여있어 물시계에서 떨어지는 물은 치륜을 돌리고 치륜은 혼상이 철사축을 에워싸고 돌게 하였다. 하루에 한바퀴를 돌아 비교적 정확하게 천체운행 상황을 나태낼 수 있었다. 혼상제작이 성공된 후 장형은 집안에 앉아 계기를 보면서 지금 어느 별은 막 동쪽에서 떠오르고 있고 어느 별은 이미 하늘 공중에 떠있으며 어느 별은 막 서쪽으로 지고 있다고 말하였다. 사람들이 집 밖으로 달려나가 하늘을 바라보니 장형이 말한 것과 기본상 일치하였다. 사실이 증명하다 싶이 장형이 발명한 혼상은 고대에서 비교적 정밀한 천문계기였다.

장형은 뒤이어 지진의 방위를 측정하는 지동의를 발명하였다. 동한 시기에 우리 나라 각지에서는 지진이 자주 일어나군 하였다. 력사기재에 의하면 한화제 영원(永元) 8년(기원 96년)부터 한안제 연광(延光) 4

년(기원 125년)까지 30년 사이에서 7년을 제외하고 23년은 해마다 비교적 큰 지진이 일어난 것으로 기록되여 있다. 한안제 연광 원년(기원 121년) 9월의 어느 한차례의 지진은 35개 군에 파급되여 어떤 곳은 땅이 갈라지고 어떤 곳은 성벽과 집들이 무너져 사상자가 매우 많았다. 고대의 사람들은 대부분 귀신과 신선을 미신하였기에 지진이 발생하면 귀신과 신선이 나타났다고 무서워 야단들이였다. 어느 지방에서 지진이 일어나면 그곳 지방관원은 이내 도읍에 보고를 올리고 태사령은 그것을 기록하여야 한다. 만약 조금이라도 지체되면 죄를 묻고 판결받게 된다.

장형은 미신을 믿지 않았다. 그는 지진은 일종 자연재해로서 사람들은 지진에 대해서 기록해야 할 뿐만 아니라 지진의 법칙을 연구해야 한다고 인정하였다. 그는 한순제(汉顺帝) 양가(阳嘉) 원년(기원 132년)에 지동의 한대를 발명하였다. 지동의는 청동으로 주조되였고 직경이 8자나 되여 똑 마치 큰 술항아리와 같았으며 꼭대기에는 뚜껑이 있어 여닫을 수 있었다. 몸통에는 온갖 날짐승과 길짐승의 문양을 새겨 장식하였다. 안에는 우가 실하고 아래가 약한 구리기둥이 세워져 있고 기둥주변에는 8개의 지레대가 밖과 련결되여있었다. 외곽에는 주조된 여덟마리 룡이 머리를 아래로 각기 동, 동북, 북, 서북, 서, 서남, 남, 동남 여덟개 방향을 향하고 있었다. 룡의 입에는 각기 구리알 하나씩 물리워 있었다. 만일 어느 방향에서 지진이 일어나면 구리기둥이 그 방향으로 넘어지면서 지레대를 다쳐 그 방향의 룡이 입을 벌리면서 구리알을 뱉아낸다. 그러면 구리알은 그 아래에 동으로 주조된 개구리 입안으로 떨어지면서 "딸랑" 소리를 내게 된다. 관리자가 구리알이 어느 쪽의 개구리 입안에 떨어졌는가를 보면 어느 방향에 지진이 일어났는지를 알기에 즉시 상급기관에 보고를 하고 인차 사람을 파견하여 상황을 료해하게 하였다.

지동의가 만들어진 후 경성 락양의 지진관측소의 한 방안에 놓아두었다. 어느 날, 문득 서북쪽의 룡의 입에서 구리알이 떨어져 개구리 입안으로 들어가면서 "딸랑"소리가 났는데 이는 서북방향에서 지진이 발생했음을 설명한다. 그러나 락양사람들은 아무런 감각도 느끼지 못하였다. 이렇게 되자 사람들은 의심하기 시작하면서 장형의 발명은 믿을 바가 못되며 지동의의 정확도도 의심하였다. 며칠후 락양에서 천리 밖에 떨어진 롱서(陇西, 지금의 감숙성) 지방에서 사람을 파견하여 며칠 전에 그곳에서 지진이 발생하였음을 보고하였다. 사람들이 날자를 계산해보니 구리알이 떨어진 바로 그 날이였다. 그제야 사람들은 장형이 발명한 지동의의 정확성을 믿어 의심치 않았다.

장형이 발명한 지동의는 세계상에서 처음으로 지진의 방위를 측정한 계기였다. 유럽에서는 기원 1880년에야 비로소 류사한 계기가 제작되였는데 장형의 발명보다 1700여년이나 늦다. 장형의 지동의는 비록 완벽하지는 못하였지만 인류력사에서 과학적인 방법으로 지진을 관측한 시작이였으며 지진과학의 새 기원을 열어놓았다.

118

당고의 화

동한의 황제들은 한명제 류장의 손자 한화제 류조로부터 시작하여 모두 어린 나이에 즉위하였다. 화제가 즉위할 때 10살 밖에 안되였다. 상제(殇帝)는 즉위할 때 돌도 채 되지 않았다. 안제(安帝)는 13살에 즉위하고 순제(顺帝)는 11살에 즉위하였으며 충제(冲帝)는 두살에 즉위하고 질제(质帝)는 8살에 즉위하였다. 환제(桓帝)가 즉위할 때 조금 나이가 있었는데 그래도 15살 밖에 안되였다. 몇개월부터 열몇살 어린 나이에 황제가 되다보니 나라 정사는 당연히 황태후가 집정하게 되였다. 황태후는 자기 본가 사람들을 믿고 아버지나 형제들 즉 황제의 외조부나 외삼촌들을 불러들여 나라대사를 관리하게 하였다. 이것을 력사에서는 외척이 권력을 장악했다고 한다.

외척들의 꼭두각시가 되기 싫은 어린 황제는 성년이 된 후 신변의 환관들과 결탁하여 외척들과 대권을 쟁탈하였다. 환관들이 외척을 몰아낸 후 그들이 조정을 쥐락펴락하면서 황제는 또 꼭두각시가 된다. 외척들은 실패를 달가워하지 않고 황제가 환관들에 대한 불만을 리용하여 또다시 공세를 발동하여 대권을 빼앗아간다. 이렇게 동한 조정에는 외척과 환관들의 권력다툼이 장기간 번갈아 진행되였다.

외척의 권력독점이 제일 심한 것을 꼽자면 량기(梁冀)를 꼽을 수 있다. 량기는 한순제 량황후의 오빠로서 순제 영화 6년(기원 144년)부터 대장군에 임명된 후 20여년간이나 조정의 대권을 틀어쥐고 있었다. 그는 대장군으로 있을 때 온갖 세도를 부리면서 황제마저도 안중에 없었으며 8살 밖에 안되는 질제 류찬(刘缵)을 독살하였다. 량기의 집안에는 선후하여 7명이 제후로 책봉을 받았고 3명이 황후가 되였으며 6명이 귀인(후궁)에 간택되였고 대장군이 2명, 부마가 3명 나왔다. 그리고 7명 부인이 봉지와 '군(君)'의 칭호를 받았다. 이외에도 경(卿), 장(将), 윤(尹), 교(校) 등 관직에 오른 사람들이 무려 57명이나 된다. 그야말로 '일인득도, 계견승천(一人得道, 鸡犬升天)' 즉 한 사람이 권세를 잡으면 그 주변 사람들도 덕을 보는 셈이다. 량기는 조정대권을 독점하고 교만하고 횡포하였으며 나쁜 짓이란 나쁜 짓을 다 하였지만 누구도 감히 건드리지 못하였다. 그러다가 마침내 그의 녀동생의 남편인 한환제 류지(刘志)와 수화상극의 모순이 발생하였다. 한환제는 량황후가 죽은 후 자기 친신인 환관 단초(单超), 구원(具瑗), 당가(唐衔), 좌관(左悺), 서황(徐璜) 등과 모의하고 량기가 아무런 방비도 없는 기회를 빌어 황궁의 천여명의 호위병을 리용하여 대장군부를 물샐틈없이 포위하였다. 량기와 그의 부인은 핍박에 못 이겨 자결하고 그의 가족은 몰살되였다.

외척 량기가 전횡하던 시대는 끝났다. 단초, 구원, 단가, 좌관, 서황 등 다섯 환관은 한날한시에 제후로 봉받고 조정의 대권을 장악하였는데 이를 '5후 독재(五侯专政)'라고 한다. 이 때로부터 동한정권은 외척의 손에서 다시 환관의 손으로 넘어가 환관독재의 국면이 나타났다.

환관이 권력을 틀어쥔 후 이들의 행패는 외척들보다 오히려 더 심하였다. 그들은 황제를 자기들 손아귀에 틀어쥐고 중앙으로부터 지방에 이르는 중요한 관직에 자기들의 심복, 친척들로 채워넣었다. 그들은 국고의 돈을 마음대로 주물렀을 뿐만 아니라 조정의 수입도 대부분 그들의 주머니 속으로 흘러들어가 어마어마한 재부를 수탈하였다. 백성들은 빼앗길 대로 빼앗기고 국가는 밭이 비고 조정이 비고 국고가 비는 국면이 나타났다.

환관들의 암흑통치는 광범한 백성들의 반대를 받았을 뿐만 아니라 중소지주 출신인 태학생들의 반대도 받았다. 태학은 광무제 류수가 창설한 최고 학부로서 관리들을 배양하는 기구였다. 환관들이 정권을 장악한 후부터 관리질하는 데는 학문이 필요없이 뒤심이 든든하거나 아첨을 잘하면 되였다. 하여 태학에서 공부하던 중소지주들의 자제들은 더는 출로가 없게 되였다. 그들은 환관들을 증오하면서 태학에서 환관들을 반대하는 투쟁을 벌렸다. 그들은 경상적으로 태학에서 환관들의 죄행을 적발하고 단결하여 환관통치를 뒤엎자고 호소하였다.

외척을 포함한 사족들은 태학생들을 대표로 한 중소지주들이 일떠나 환관을 반대하니 당연히 좋아하였다. 그들은 인차 반환관투쟁의 성세에 호응해 나섰다. 사족 출신의 하남윤(河南尹, 동한시기의 행정구역) 리응(李膺), 태위 진번(陈蕃)은 태학생 수령 곽태(郭泰), 가표(贾彪) 등과 좋은 친구가 되였다. 그들은 서로 표방하고 서로 칭찬하면서 점차 한갈래의 반환관당파를 형성하였다. 태학에서는 "천하의 본보기는 리원례(李元礼, 리응)이고 강포를 두려워하지 않는 사람은 진중거(陈仲举, 진번)이다"라는 노래까지 류행되였다. 두 구절의 가사의 의미인즉 태학생들은 리응, 진번을 본보기로 그들을 따라 학습할 것을 호소하는 것이였다.

환관들은 사족들과 태학생들이 련합하여 당파를 무은 것을 보고 기회를 보아 당인들을 타격하였는데 선후하여 두차례나 당인들을 감금하는 폭력행동을 발동하였다.

한환제 연희(延熹) 9년(기원 166년)에 환관과 관계가 밀접한 방사(方士, 미신적 활동을 하는 사람) 장성(张成)이라는 사람은 황제가 이제 곧 특사령을 내릴 점괘를 보고 자기 아들을 부추겨 사람을 죽이게 하였다. 이 사건은 면바로 하남윤 리응의 손에 떨어졌다. 리응은 장성이 환관들과 내통한다는 것을 안 후 조금도 사정을 보지 않고 장성의 아들을 잡아들인 다음 죄상을 공포하고 즉시 목을 쳐 대중들에게 보여주었다. 장성은 아들이 죽음을 당하자 자연히 리응을 미워하였다. 그는 환관들의 부추김하에 환제에게 무함하는 편지를 올렸다. 그는 편지에서 "리응 등 사람들은 태학에서 각지에서 온 태학생들을 조직하여 비밀당파를 결성하여 조정을 비방하고 풍속을 어지럽히며 반란의 조짐이 보인다"고 무함하였다. 한환제는 무함편지를 본 후 조사도 하지 않고 리응 등 200여 명의 당인들을 체포하여 감옥에 가두라는 령을 내렸다. 어떤 당인들은 소식을 듣고 외지로 도망쳤지만 한환제는 사람들을 시켜 현상금까지 내 걸고 잡아들였다. 태위 진번은 상소하여 리응 등 사람들을 위하여 변호하다가 면직당하였다.

리응 등은 체포되였지만 투쟁은 결속되지 않았다. 심문을 받을 때 리응은 격앙된 소리로 환관들의 여러가지 죄악을 규탄하여 환관들로 하여금 피동에 처하게 하였다. 한환제 세번째 황후의 아버지 두무(窦武)는 리응 등 당인들을 리용하여 환관들을 타격함으로써 조정의 대권을 빼앗아 자기 수중에 넣으려고 하였다. 태학생 가표는 두무의 정치적 태도를 료해한 후 붙잡힐 위험도 무릅쓰고 변장한 후 비밀리에 락양에 가서 두무를 만나 환제 앞에서 리응 등 당인들의 억울함을 호소해 줄 것을 부탁하였다. 두무는 상서 곽서(霍谞)와 함께 환제에게 상주서를 올려 리응 등 당인들을 사면해줄 것을 요구하였다. 한환제는 한면으로는 장인 어른의 부탁이고 또 다른 한면으로는 환관들의 눈치도 봐야 하고 하니 절충적 방법을 취하였다. 그는 령을 내려 리응 등 200여명의 당인들을 사면은 하나 모두 고향에 돌아가야 하며 종신 금고(禁锢)되여 영원토록 등용되지 못하게 하였다. 이것이 바로 제1차 '당고의 화(党锢之祸)'이다.

리응 등은 비록 쫓기고 금고되였지만 환관들을 반대하여 이름이 났기에 사회적으로 광범한 대중들의 옹호를 받았다. 환제의 장인 두무도 정치적으로 한몫 챙겼고 정직하다는 명성을 얻어 당인들과 대중들의 옹호를 받았다. 태학생들을 대표로 한 중소지주들과 외척을 대표로 하는 사족들은 환관전횡을 반대한다는 구호 아래 의기투합되여 더욱 성세호대한 반환관투쟁을 벌리였다.

제1차 '당고의 화'가 있은 이듬해에 한환제가 죽었다. 그는 아들이 없었기에 두황후는 아버지 두무와 상의한 후 환제의 조카인 12살 나는 류굉(刘宏)을 황제로 세웠는데 그가 바로 한령제(汉灵帝)였다. 두무는 대장군으로 책봉되고 진번은 태부(太傅)로 추대되여 두 사람이 공동으로 조정의 사무를 담당하였다. 두무, 진번이 정권을 장악한 후 그들은 당인들에 대한 금고령을 해제하고 리응 등 당인들을 청하여 관리질을 시켰을 뿐만 아니라 뒤에서 환관들을 없앨 꿍꿍이를 꾸몄다.

리응 등 당인들이 도읍으로 돌아와 관직에 앉자 환관들도 긴장하여 즉시 활동하기 시작하였다. 그들은 두무, 진번, 리응 등이 밀모하여 환관들을 죽이려 한다는 것을 알고 환관 조절, 왕보 등은 선손을 써서 한령제를 핍박하여 두무 등을 잡아들이게 하였다. 두무는 굴복하지 않고 대장군의 직권를 리용하여 도읍을 지키는 북군(北军)을 조직하여 환관들을 토벌하게 하였다. 환관들도 궁을 지키는 무사들과 금위군을 지휘하여 방어하였다. 한차례 권력다툼의 무장투쟁이 시작되였다.

두무는 명의상에서 대장군이지만 실제 일처리에 들어가서는 결단성이 부족하고 박력이 없었다. 진번, 리응 등은 모두 연약한 서생출신이라 근본 싸움을 몰랐다. 전투결과 무사들과 금위군은 북군을 패배시켰다. 두무는 포위된 후 자결하고 진번은 환관들한테 살해당하였다.

환관들이 승리한 후 환관 두목 후람(侯览)은 도당인 주병(朱并)더러 상서하여 장검(张俭)과 그의 같은 고향 24명 당인들이 모반하였다고 고발하게 하였다. 령제는 환관들의 핍박하에 장검에 대한 체포령을 내렸다. 장검은 도읍을 도망쳐나온 후 어디를 가나 백성들의 비호를 받았다. 나중에 떠돌다가 장성 이북으로 도망쳤다. 환관 조절은 이 기회에 령제에게 상서를 올려 리응 등 100여명 당인들을 붙잡아 감옥에 집어넣은 후 며칠 안되여 모두 죽여버렸다.

환관들은 전국 각지에서 대량적으로 당인들을 체포하고 학살하였는데 며칠사이에 살해되고 류배가고 감금된 당인들이 륙칠백명이나 되였다. 뒤이어 그들은 천여명 되는 태학생들을 모두 감금하였다. 무릇 당인들을 대신하여 억울함을 호소한 사람들도 모두 체포되고 살해되였다. 당인들과 련관이 있는 사람들은 모두 관직을 떼우고 고향으로 추방되였으며 종신토록 금고되였다. 이것이 바로 제2차 '당고의 화'이다.

두차례의 '당고의 화'는 모두 동한통치계급내부의 권력다툼이였다. 환관들의 전권(擅权)과 잔혹한 만행은 사회모순을 날따라 격화시켰다. 일부 정직한 관료들과 태학생들이 발동한 반환관투쟁은 권력을 마음대로 휘두르는 환관들을 정치무대에서 몰아내고 품성이 좋고 능력이 있는 청렴한 사람들로 하여금 정치에 참여하게 하려고 한 이것은 당시로 말하면 일정한 진보적 의의가 있었고 대중들의 지지와 동정도 받았다. 이들의 투쟁이 환관들에 의해 격패를 당한 후 동한정권은 또 한번 완전히 환관들에게 통제되였다. 동한정치는 날따라 부패해져 동한 말년의 농민봉기와 동한정권의 최종 멸망을 위하여 복선을 깔아주었다.

119

최식이 《사민월령》을 쓰다

동한 후기 토지겸병현상이 엄중하였으며 대지주 장원이 날따라 많아졌다. 많은 장원주들은 흔히 상업도 겸업하였다. 그들은 장원에서 남아도는 생산품들을 시장에 내다 팔아 많은 수입을 얻은 후 그 돈으로 고리대를 놓아 농민들을 착취하였다. 일부 대장원에서는 량식은 물론 채소나 련못에서 나는 물고기, 새우, 마름, 련근 그리고 구릉지대나 산지에서 생산되는 목재나 생칠(生漆)도 시장에 내다 팔았다. 한 대지주는 가구를 만들려고 밭에서 일하는 농부더러 개오동나무(梓树)와 옻나무(漆树)를 심게 하였다. 당시에 많은 사람들은 대지주가 가구를 만들려고 나무를 심는다고 하니 어느 세월에 나무가 커서 재목으로 되여 가구를 만들수 있겠는가고 비웃었다. 하지만 얼마 지나지 않아서 대지주 밭에 심은 나무가 자라 재목으로 되여 많은 가구들을 만들었을 뿐만 아니라 그를 비웃던 사람들도 그의 장원에 가서 나무와 생칠을 사게 되였다.

동한 말년에 최식(崔寔)이 《사민월령(四民月令)》이라는 책을 썼는데 그는 책에다 동한 대지주장원의 정황을 상세하게 소개하였다.

최식은 탁군 안평(涿郡安平, 지금의 하북성 안평현)사람이다. 그는 세세대대로 관리질을 한 선비가정에서 태여나 비교적 높은 문학적 수양을 갖췄는데 정치평론을 잘 썼다. 그는 농업생산에 대해 많은 연구를 하였으며 백성들의 생활을 무척 관심하였다. 환제시기에 최식은 오원(五原, 지금의 내몽골 달한무명안련합기 서부)태수로 부임되였다. 그가 부임될 때는 바로 겨울철이라 오원거리에는 다니는 사람들이 별로 없었다. 그는 백성들의 집에 가서 정황을 료해하였다. 그는 많은 백성들이 얇은 옷차림에 추워서 벌벌 떠는 것을 매우 가련하게 여겼다. 어떤 사람들은 검불더미에 옹송그리고 있다가 최식이 오자 인차 검불더미에서 나와 그를 맞아주었는데 몸에는 군데군데 검불이 붙어있었다. 처음에는 단지 가난하여 옷을 살 수가 없어서 그러는 줄로만 알았다. 후에야 여기의 백성들은 삼(麻)을 심을 줄도 모르고 천을 짤 줄도 모르기에 옷이 없다는 것을 알았다. 최식은 조사를 거쳐 오원은 땅이 비옥하여 삼을 심기에 아주 적합한 것을 알았다. 그는 백성들에게 삼을 심게 하고 실을 뽑고 천을 짜는 것을 가르쳐주었다. 그 때로부터 오원사람들은 입을 옷이 있게 되였고 겨울이 되면 검불더미에 들어가지 않아도 되였다.

한환제 연희 6년(기원 163년)에 최식은 료동태수로 전근되였다. 부임되여 가던 도중에 어머니가 돌아가셨기에 고향으로 돌아가 3년 동안 부모상을 치르게 되였다. 이 3년 동안 최식은 횡포한 지주들은 대장원에 많은 토지를 갖고 있고 또 수천수만의 농민들을 강박하여 부리고 있었지만 빈곤한 농민들은 송곳 꽂을 땅도 없어 헐벗고 굶주림에 시달리는 것을 보았다. 최식은 이러한 빈부의 차이가 현저한 현실에 불만을 품고《정론(政论)》이란 한편의 문장을 써서 이러한 정황을 평론함으로써 사람들의 주의를 불러일으키려고 하였다.《사민월령》도 그가 이 시기에 쓴 한부의 농업생산에 관한 책이다.

《사민월령》에서 '사민'이란 사(士), 농(农), 공(工), 상(商) 네 부류의 사람들을 가리키고 "월령"이란 달수에 따라 해야 할 일들을 순서 대로 안배하는 것을 말한다. 당시에 농업생산은 근본이고 수공업과 상업은 농업생산에 의해 결정되였다. 사란 글 읽는 선비로서 그들도 농업생산활동이 제공하는 의식주를 떠나서는 살 수가 없었다. 때문에 '사민'이라 하지만 주요하게는 농업생산 상황을 서술하였다.

《사민월령》 원본은 이미 소실된 지 오래고 오늘날 우리가 볼 수 있는 것은 잔존하는 3,200자 좌우의 글 뿐이다. 3,200여자와 우에서 언급한《정론》, 그리고 기타 일부 서적들을 참고하여 우리는 동한 대지주 장원이 그 규모가 어마어마함을 알 수 있다. 제일 큰 장원에는 넓은 경작지가 있고 채마전도 있고 과수원도 있고 양어장도 있었으며 구릉과 산지도 있었다. 대량의 뽕나무잎은 누에를 키우는 데 공급되였고 양잠실(养蚕室), 제사방(缫丝房), 날염방(染房)과 방직방이 있었다. 장원은 땅이 넓어 많은 소나 말을 키워 경작이나 운수에 사용하였으며 또 많은 돼지, 양, 닭, 개와 같은 가축과 가금을 키워 식용으로 사용하였다. 당시에는 개고기를 먹는 풍기가 성행하였는데 집집마다 개고기를 먹기 위해 개를 키웠다. 장원에는 양조작업장이 있었는데 전문인원을 배치하여 술을 빚고 식초나 된장 그리고 여러가지 짠지들을 담갔으며 밀이나 수수 등 알곡으로 엿사탕도 만들었다. 장원에는 또 전문적으로 장원주를 위하여 옷, 신, 양말 같은 것들을 만드는 재봉사가 있었고 주인을 위해 밥과 반찬을 해주는 료리사가 있었으며 집을 짓거나 보수하고 다리를 놓

고 가구나 농기구 따위를 만드는 장인들이 있었으며 약방에서는 약초를 캐고 약을 달이고 병을 고치기까지 하였다. 총적으로 생산과 생활에서 쓰는 모든 물건들을 거의 모두 자기절로 생산하였기에 밖에 나가 살 필요가 없었다. 하나의 장원은 자급자족의 자연경제단위를 구성한 것이다.

장원에서 생산되는 많은 물건들은 모두 장원주가 소비하고 향수하였다. 장원에서 일하는 농민들은 일년 내내 등골이 휘도록 일하였지만 헐벗고 굶주림에 시달려야 했고 죽은 후에는 묻힐 자리조차 없어 “도부(徒附)”라고 불리웠다. 기실 정부로부터 호적을 떼우고 대지주에게 착취당하는 농노인 것이다. 도부는 늙어 죽을 때까지 장원에 매여 있어야 했을 뿐만 아니라 심지어 그들의 자식들도 도부가 될 운명에서 벗어나기 힘들었다.

장원에는 이러한 엄중한 압박과 착취가 존재하기에 계급모순이 매우 첨예하였다. 장원주는 도부들의 반항을 막기 위하여 장원에 성채(坞堡)를 수축하였다. 성채 주변에는 높고 견고한 성벽을 쌓아놓고 또 네 귀퉁이에는 보루까지 세워 도부들의 행동을 감시하였다. 장원주는 또 한무리의 가병(家兵)까지 훈련시켜 자기를 보호하고 도부들을 진압하는 도구로 사용하였다.

장원주는 성채 중심의 깊숙한 곳에 큰 저택을 지어놓고 가족은 비록 얼마 안되지만 수십칸 심지어 수백칸의 방을 사용하고 있었다. 금은보화를 두는 방이 있는가 하면 사계절 옷을 보관하는 방도 있었다. 주방에는 고기, 생선들이 넘쳐나서 어떤 것은 변질하여 먹을 수가 없어 버리기까지 하였다. 장원주는 일을 하지 않을 뿐더러 밥을 먹고 옷을 입고 머리를 빗고 발을 씻는 것까지 옆에서 노비들이 시중들었다. 여름이면 노비가 부채질해주고 겨울이면 또 노비가 옆에서 추위를 막아주었다. 장원주들은 한무리의 기생충들이였다.

최식이 쓴《사민월령》과《정론》은 우리들에게 대지주 장원의 생산상황을 알려주었을 뿐만 아니라 봉건사회 계급착취의 화폭을 전시해주었다. 동한시기는 봉건제도가 이미 완전히 확립되였고 자급자족의 자연경제는 남자가 경작하고 녀자가 길쌈하는 소농경제에서 표현되였을 뿐만 아니라 대지주 장원에서도 표현되였다. 자급자족의 자연경제는 봉건사회의 경제토대이며 지주가 농민을 압박하고 착취하는 것은 봉건사회의 주요한 계급관계였다. 봉건사회는 노예사회에 비해 많은 진보를 가져왔지만 지주가 농민을 착취하는 것은 노예주가 노예를 착취하는 것과 실질상에서는 크게 구별이 없었다. 봉건사회는 의연히 계급모순이 첨예한 사회였다.

120

황건대봉기

환관과 외척들의 권력쟁탈은 사회를 불안정하게 만들었으며 인민들의 고통은 더욱 심화되였다. 게다가 한화제 류조시기부터 전국 각지에는 련달아 수재, 가뭄과 누리재해까지 겹치여 농민들은 살길을 찾아 류리걸식하지 않으면 안되였다. 류랑민들은 떼를 지어 동냥다니고 풍찬로숙을 하였기에 굶어죽고 얼어죽는 자가 부지기수였다. 심지어 서울인 락양에서도 류랑민들의 시체를 늘 볼 수 있었다. 핍박에 의해 막다른 지경에 이른 농민들은 반란의 기치를 높이 들고 봉기를 일으키기 시작하였다. 동한정부가 농민봉기를 잔혹하게 탄압하였지만 농민들의 반항투쟁의 불길은 꺼질 줄 몰랐다. 당시 민간에서는 이런 노래가 류행되였다.

머리칼은 부추와 같아 잘라도 계속 자라나고
머리는 닭과 같아 베여도 울 수 있다네.
관리는 꼭 두려워 할 상대가 아니고
백성은 날 때부터 천한 존재가 아니네.
(发如韭，剪复生; 头如鸡，割复鸣。
吏不必可畏，小民从来不可轻。)

광대한 농민대중들은 이와 같은 반항정서의 노래를 부름으로써 통치계급을 멸시하고 일떠나 투쟁할 것을 호소하였다. 한안제 류고가 재위할 때부터 작은 규모의 농민봉기들이 수시로 발생하였다. 한령제 류굉시기에 마침내 한차례의 규모가 크고 기세가 드높은 황건(黄巾)대봉기가 폭발하였다.

황건대봉기의 령도자는 장각(张角)이였다. 장각은 거록(巨鹿, 지금의 하북성 평향현 서남쪽에 위치) 사람이며 태평도(太平道)의 수령이였다. 태평도는 도교의 일파로서 그들은 중황태일(中黄太一)신을 신봉하였으며 《태평청령서(太平清领书)》를 저들의 경전으로 삼아 '황천(黄天)태평'의 사상을 선전하면서 태평시대에 가야만 사람들이 먹고 입는 걱정을 하지 않고 편안하게 살아갈 수 있다고 인정하였다. 장각은 의술도 조금 알기에 늘 농민들의 병을 무상으로 치료해주면서 태평도에 가입할 것을 권고하였다. 가난한 농민들은 고통스러운 생활에서 벗어나기 위하여 장각을 저들의 구세주로 알고 분분히 태평도에 가입하였다. 태평도는 청(青), 서(徐), 유(幽), 기(冀), 형(荆), 양(扬), 연(兖), 예(豫) 등 8주(八州, 지금의 산동, 하북, 하남, 호남, 강서, 안휘, 강소 일대)에서 급속하게 발전하여 그 신도만 하여도 수십만명에 달하였다.

장각은 8주의 신도들을 36개 방(方)으로 편성하였다. 큰방은 만여명에 달하고 작은 방도 륙칠천명이나 되였으며 매 방에 수령 한명씩 파견하여 지휘하게 하였는데 거수(渠帅)라 불렀다. 36방의 거수들은 모두 장각의 통일적인 지휘를 받았다. 장각은 또 "창천은 망하고 황천이 설것이다. 갑자년이 되면 천하가 대길하리라(苍天已死，黄天当立，岁在甲子，天下大吉)."는 봉기구호를 제정하였다. '창천'이란 동한정권을 말하며 '황천'이란 봉기군이 세우려는 천하를 말한다. 갑자는 년호인데 바로 한령제 중평(中平) 원년 (기원 184년)이다. 그들은 이 해의 3월 5일에 8개 주에서 동시에 봉기를 일으키기로 하였다.

장각의 수하에서 제일 뛰여난 사람은 대방 거수 마원의(马元义)였다. 그는 늘 락양과 련계를 취하면서 장각의 명령을 전달하군 하였다. 장각은 그더러 먼저 형주와 양주 두 곳의 신도 수만명을 업성(邺城, 지금의 하남성 안양시 북쪽)에 집결시켜 봉기군의 주력이 되여 락양 부근의 각 주와 군의 봉기군과 함께 락양을 진공하게 하였다.

봉기 약정 한달 전에 제남 봉기군에서 당주(唐周)라고 부르는 반역자가 나타나 관가에 편지를 써서 고발하였다. 봉기의 소식이 루설된 것이다. 동한정부는 마원의를 붙잡아들인 후 락양에서 공개적으로 처형하였다. 락약성만 해도 련루되여 살해된 사람이 천여명이 넘었고 봉기자들의 선혈은 락양거리를 붉게 물들였다. 동한정부는 장각에 대한 체포령을 내렸다. 소식을 들은 장각은 밤도와 사람들을 각지에 파견하여 즉시 봉기를 일으킬 것을 명령하였다.

반역자의 밀고는 비록 봉기의 일정을 헝클어놓아 봉기군으로 하여금 중요한 장수와 천여명의 전사를 희생되게 했지만 봉기의 불길을 진압하지는 못하였다. 각지의 태평도 신도들은 사전에 이미 만단의 준비가 되여있었기에 장각의 명령이 떨어지자 36개 방이 일제히 봉기를 일으켰다. 봉기군은 머리에 누런 수건을 동여 '황천'의 표징으로 삼았기에 황건군이라 하였다. 장각은 자기를 천공장군(天公将军)으로 자칭하고 두 동생인 장보(张宝)와 장량(张梁)은 지공장군(地公将军)과 인공장군(人公将军)이라 칭하였다. 그들 세 사람은 공동으로 봉기군의 전투를 지휘하였다.

봉기군은 이르는 곳마다 당지의 관아를 태워버리고 횡포한 지주들의 성채를 진공하여 행패를 부린 관리와 지주들을 잡아죽인데서 지방의 관리와 대지주들은 무서워서 뿔뿔이 도망쳤다. 반달도 안되여 봉건통치의 질서는 엉망이 되였다.

경황실색한 동한정부는 대군을 파견하여 락양과 그 부근의 주요한 길목을 지키게 하는 한편 황보숭(皇甫嵩)을 좌중랑 장군으로, 주준(朱儁)을 우중랑 장군으로 임명하여 4만여명의 정예군사를 거느리고 황건봉기군을 진압하게 하였다. 영천(颍川)의 황건군 두령 파재(波才)는 황보숭을 패배시켜 장사(长社, 지금의 하남성 장갈시 동쪽)에 꽁꽁 묶어두었다. 관군은 황건군의 기세가 드높고 싸움에서 용맹무쌍한 것을 보고 모두 무서워 벌벌 떨었다. 교활하고 간사한 황보숭은 황건봉기군이 작전경험이 부족한 약점을 보아내고 자기의 부하들에게 "싸움은 책략으로 하는 것이지 사람의 많고 적음과 상관 없다. 황건군은 마른 풀로 군영을 지었기에 화공을 두려워할 것이다. 만약 우리가 바람이 강한 밤중에 기습을 하여 그들이 군영을 불태워버린다면 반드시 승리할 수 있을 것이다." 라고 말하였다. 바람이 크게 부는 밤중에 황보숭은 관군에게 명령을 내려 황건군을 습격하여 파재의 군영을 불살라버리게 하였다. 파재가 꿈속에서 정신을 차리고 이내 대오를 정돈하고 영용히 저항하였지만 때는 이미 늦었다. 황보숭, 주준과 조조(曹操)는 관군을 거느리고 그들을 포위하였으며 수천에 달하는 황건군전사들이 쓰러졌다. 여남(汝南), 진국(陈国) 두 곳의 황건군들이 소식을 듣고 지원을 왔지만 패배하였다. 파재는 손실이 막심하여 할 수 없이 나머지 군사들을 거느리고 양적(阳翟, 지금의 하남성 우현)으로 퇴각하였다.

북방에서 장각 형제가 이끄는 황건군은 관군의 북중랑 장군 로식(卢植)과 동중랑 장군 동탁(董卓)을 패배시켜 승리를 거두었다. 한령제는 황보숭에게 령을 내려 하남에서 북상하여 황건군을 협공하게 하였다. 장

각은 장량을 파견하여 황보숭을 맞받아 싸우게 하였다. 싸움은 광종(广宗, 지금의 하남성 위현 동쪽)에서 크게 벌어졌다. 장량은 싸움에서 아주 용감하였다. 그는 황건군을 거느리고 용감하게 출격하여 황보숭으로 하여금 군영문을 닫아걸고 숨어버리게 하였다. 하지만 긴요한 관두에 장각이 병으로 죽었다. 장량은 형님의 후사를 처리하느라 경각성을 늦추었다. 황보숭은 이 기회를 타서 황건군을 공격해왔다. 장량은 부하들을 거느리고 영용하게 싸웠지만 그와 3만여명의 황건군전사들은 영용히 희생되였다. 또 5만명에 달하는 황건군전사들은 패전한 후 굴하지 않고 모두 강에 몸을 던져 장렬히 희생되였다. 황보숭은 장각의 관을 열고 머리를 떼여서 서울에 올라가 공로를 청하였다. 뒤이어 황보숭은 장보가 이끄는 황건군을 치러 갔다. 장보는 고군분투하다가 하곡양(下曲阳, 지금의 하남성 진주시 서쪽)에서 전사하였다.

황건군의 주력이 진압되였다. 그러나 각지의 황건군은 의연히 전투를 견지하여 동한정권통치에 심중한 타격을 주었다. 황건봉기군의 영향하에 각지의 여러 민족들은 분분히 일떠나 지주계급과 투쟁을 벌이였다. 한령제의 아들 한헌제 때에 와서도 농민봉기의 불길은 꺼지지 않았다.

121

락양성이 략탈을 당하다

황건봉기를 진압하는 과정에서 각지의 대호족들은 기회를 엿보아 자기의 세력을 확충하였다. 동한조정은 농민봉기가 무서워 종실 대신들을 자사(刺史)로 각지에 파견하고 그들에게 지방의 군정대권을 주었다. 그들은 당지의 호족 지주들과 결탁하여 지방 할거세력을 형성하였는데 이것이 바로 군벌이다. 호족 지주와 대소군벌들 사이는 약육강식, 호상겸병으로 전쟁이 끊임없이 일어나 인민들에게 막대한 재난을 가져다주었다. 서울 락양은 량주(凉州)군벌 동탁(董卓)에 의하여 깡그리 략탈당하였다.

동탁은 롱서 림도(陇西临洮, 지금의 감숙성)사람으로서 젊어서 강(羌)족 지구를 유람하는 과정에 강족 호족귀족들과 친구로 사귀면서 자기의 세력을 키워갔다. 얼마 안가서 롱서 일대에서 이름 있는 세력으로 되였다. 후에 황건봉기군을 진압하는 과정에서 '공로'가 있어 점점 높이 오르고 세력이 커졌다.

동탁이 세력을 확충할 때 동한조정에서의 환관과 외척의 권력다툼 또한 고조에 달했다. 외척 하진(何进)이 대장군으로 임명되고 락양수비를 책임지게 되였는데 그는 한령제의 황후 하씨의 오빠이다. 그는 세력이 강대하여 환관들의 불만과 반대를 자아내였다. 당시 환관 건석(蹇硕)은 상군 교위(上军校尉)를 맡고 있었다. 즉 황궁의 금위군을 통솔하는 것이다. 그는 하진을 모살하려다가 소식이 루설되여 하진이 선손을 쓰는 바람에 죽었다. 한령제가 병으로 죽자 하진은 황자 류변(刘辩)을 등극시켰는데 그가 바로 한소제이며 년호를 광희(光熹) 원년(기원 189년)이라 하였다. 중군 교위(中军校尉)에 있던 원소(袁绍)는 하진에게 건의하여 이 기회에 전부의 환관들을 죽여버리라고 하였다. 하지만 하태후는 원소의 의견에 동의하지 않았다. 하여 하진은 량주의 군벌 동탁의 힘에 의거하여 하태후를 견제하려 하였으며 8월에 동탁을 락양에 불러들이려 하였다. 하지만 환관들이 이 소식을 알고 먼저 선손을 써 하진을 죽여버렸다. 원소도 사람들을 거느리고 황궁에 들어가 많은 환관들을 죽여버렸다. 조정 안팎은 혼란 속에 빠지였다. 이때 동탁이 왔다.

동탁은 3,000명 군사만 거느리고 락양에 들어왔다. 그는 허장성세를 부리기 위하여 밤중에 성을 몰래 빠져나갔다가 낮이면 또다시 기발을 들고 북을 치면서 호호탕탕하게 네개 성문으로 해서 들어왔다. 이렇게 련속 4~5일간 연출한 결과 내막을 모르는 많은 사람들은 동탁의 군사가 아주 많은 줄로 알았다. 락양과 그 주변 경위를 책임진 장관 정원(丁原)은 동탁의 야심을 보아내고 그의 행동에 대해 몹시 불만을 표하였다. 동탁도 정원을 제거하지 못한다면 자기가 독단할 수 없음을 알고 있었다. 그는 정원의 수하 장령 려포가 변덕이 심한 사람인 것을 알고 금전으로 매수하였다. 려포는 동탁에게 넘어온 후 최선을 다하면서 며칠이 안되여서 정원을 죽여버림으로써 동탁을 위하여 장애를 제거하여 주었다. 이해 9월에 동탁은 소제를 폐하고 진류왕 류협(刘协)을 황제자리에 앉혔다. 그가 바로 동한의 말대 황제 한헌제(汉献帝)이다. 이듬해에 년호를 초평(初平) 원년(기원 190년)으로 고치였다.

이 시기부터 동탁은 승상이라 자칭하면서 조정의 대권을 독점하고 락양에서 마음대로 하였다. 어느 날, 동탁은 군사들을 거느리고 락양 교외에 놀러 나갔다. 마침 묘회가 있어 길은 사람들로 북적이였다. 포악한 동탁은 군사들에게 명령하여 묘회로 가는 남자들을 모조리 죽여버리고 그들의 수레를 끌어가고 재물과 부녀들을 략탈하였다. 그는 이것도 모자라 잘라낸 수급들을 수레에 달고 락양으로 돌아왔다. 돌아오는 길에 동탁은 또 군사들에게 명하여 “싸움에서 이기고 돌아왔다.”고 소리를 지르게 하였다.

동탁이 락양에서의 전횡무도는 사회 각 계층 사람들의 강렬한 반감을 자아내였다. 관료지주들까지도 동탁에게 좋은 감정이 없었다. 원소는 동탁과 의견이 맞지 않아 발해군(渤海郡)으로 도망쳤다. 전군 교위(典军校尉) 조조(曹操)도 동탁의 마수가 무서워 락양을 벗어나 진류(陈留)로 돌아간 후 공개적으로 동탁을 반대하는 기치를 들었다. 이 시기 열몇개 주, 군에서도 선후하여 동탁을 반대하여 군사를 일으켰다. 그들은 집결하여 원소를 맹주로 추대하고 련합군을 조직하여 동탁을 토벌하였다. 력사에서 이 련합군을 ‘관동군(关东军)’이라 하였다.

관동군은 락양에 대하여 반원형의 포위진세를 갖추었으나 그들 모두 각 자의 타산이 있어 서로 관망할 뿐 앞으로 전진하지 않았기에 실제상 동탁에게 위협을 형성하지 못하였다. 동탁 또한 관동군을 안중에 두지 않았다. 이 시기 동탁이 근심하는 것은 황건봉기군의 잔여부대 곽태(郭太)였다. 곽태는 서하 백파골(西海白波谷, 지금의 산서성 낭분현 경내)에서 재기하여 여러번 동탁이 파견한 군사들을 패배시켰다. 동탁은 관동군이 락양을 포위한 기회를 리용하여 황하를 건너 자기의 퇴로를 차단할가봐 부랴부랴 한헌제를 랍치하여 락양에서 철거한 후 장안으로 도망치였다.

동탁은 락양에서 철거할 때 백성들이 그를 따라가려 하지 않자 락양과 그 부근의 200리 이내의 수백만에 달하는 백성들을 여러 개의 소분대로 나눈 후 매 소분대마다 군사들을 파견하여 압송하게 하였다. 동탁은 또 백성들이 도중에서 도망쳐 락양으로 돌아갈가봐 군사들에게 명령하여 락양 일대의 집, 절, 궁전 할 것 없이 모두 태워버리게 하였으며 모든 물자들도 몽땅 없애버리게 하였다. 동한의 정치경제문화중심인 락양에 오래동안 쌓아온 물질문화재부는 이렇게 동탁과 같은 잔인무도한 군벌에 의해 모조리 훼멸되였다.

락양이 재난을 당한 후 장안도 무사하지 못하였다. 동탁은 장안에 온 후 더욱 전횡을 일삼고 제멋대로 날뛰였으며 그 사치와 탐욕이 극도

에 이르렀다. 동탁은 자기를 서주시기 무왕을 보좌한 강상(姜尚)에 비하면서 한헌제한테 자기를 '상보'(尚父)로 존칭해 달라고 하였다. 동탁은 또 밖에서 황제의 의장대를 흉내내면서 기세가 등등하였다. 속담에 "한사람이 출세하면 개나 닭도 승천한다"고 하였듯이 대권을 장악한 동탁은 자신의 젖먹이 아들까지 제후로 봉하였으며 동생 동민(董旻)을 좌장군으로 봉하고 조카 동황(董璜)을 시중(侍中) 중군교위로 봉하여 금위군을 장악하게 하였다. 인민들의 고혈을 짜내고 재물을 끌어모으기 위하여 동탁은 진시황이 장안에 주조해놓았던 동상과 장안 황궁에 있던 동으로 된 종들을 모두 때려 부수고 또 원래의 오주전(五铢钱)을 모두 거두어들여 이것으로 새로운 작은 동전을 만들어 시장에 류통시켰다. 이렇게 큰 돈이 작은 돈으로 변한데서 물가가 폭등하여 벼 한섬 값이 수십만전으로 폭등하였다. 백성들은 괴롭다 못해 동탁이 하루빨리 죽기만을 고대하였다. 당시 장안에는 이런 노래가 불리웠다. "千里草, 何青青! 十日卜, 不得生。" '천리초(千里草)'란 '동(董)'자를 말하며 '십일복(十日卜)'이란 '탁(卓)'자를 말한다. 그 뜻은 "잔폭한 동탁아! 네 놈은 왜 아직도 살아있느냐, 10일내에 죽어버려라!"이다.

극악무도한 동탁은 백성들의 생사는 아랑곳하지 않고 25만명의 민부들을 징집하여 장안성에서 260리나 떨어진 작미(作郿, 지금의 섬서성 매현)에 방어시설인 보루를 구축하였다. 보루의 성벽 높이와 두께는 모두 장안성과 같았다. 동탁은 보루 안에 30년은 족히 먹을 수 있는 량식과 2만~3만근의 황금, 8만~9만근의 백은, 그 외에도 수많은 보물들을 쌓아놓았다. 그는 자객의 습격을 당할가봐 두려워 외출시에도 늘 옷 속에 두터운 갑옷을 입고 다녔다. 그는 이러한 방어조치는 아주 완벽하다고 생각하였다. 그는 정권탈취가 성공되면 천하를 제패할 수 있지만 만약 성공하지 못하더라도 이것들만 있으면 한평생을 살기에는 족하다고 생각하였다. 하지만 그의 보루 안에 있는 그를 따르던 관원들인 왕윤, 려포는 그의 잔폭한 전횡에 불만을 품고 있었다. 초평(初平) 3년(기원 192년) 4월에 왕윤과 려포는 밀모하여 온갖 나쁜 짓을 다한 동탁을 죽여버렸다. 동탁이 죽은 소식이 전해지자 장안성 사람들은 저마다 기뻐하면서 거리에 나가 경축하였다. 동탁의 시체를 지키던 병사는 시체가 비게덩어리인 것을 보고 배꼽에다 심지를 박아넣고 초불처럼 불을 달았는데 이틀 동안이나 탔다고 한다.

얼마후 동탁의 수하 장령들인 리각(李傕), 곽사(郭汜)가 장안에 쳐들어와 왕윤 등 만명에 달하는 사람들을 죽이고 대대적인 략탈을 감행하였다. 락양과 장안 이 두 번화한 대도시는 선후하여 량주(凉州)군벌들의 략탈을 당하여 황량한 페허로 되였다. 당시 저명한 시인 왕찬(王粲)은 장안에서 형주로 도피중에 〈칠애(七哀)〉라는 시를 써서 길에서 본 비참한 정경들을 묘사하였다. 그중 두 구절은 이러하다. "문을 나서니 보이는 것은 없고 온통 백골들이 들판을 뒤덮었구나(出门无所见, 白骨蔽平原)." 략탈을 당한 락양과 장안의 정경은 처량하기 그지없었다. 동탁은 비록 제거되였지만 군벌혼전으로 형성된 동란국면은 이제 갓 시작되였다. 동한은 이 때로부터 분렬되고 할거된 국면에로 진입하였다.

122

조조가 진류에서 군사를 일으키다

동탁을 토벌한 관동군 장령들 가운데서 일처리가 깔끔하고 용감하고 지략이 뛰여나며 제일 원견성이 있는 사람으로는 조조(曹操)를 꼽을 수 있다.

조조는 자가 맹덕이고 아명이 아만(阿瞞)이며 패국 초현(沛国谯县, 지금의 안휘성 박주시 초박)사람이다. 그는 어릴 때부터 기민하고 림기응변에 능란하였다. 스무살에 효렴(孝廉)에 뽑히여 황궁의 시종(侍从)으로 일하게 되였다. 얼마후 그는 락양 북부위(北部尉)로 전근되여 락양 북쪽의 치안을 맡게 되였다. 락양은 비록 동한의 도읍이지만 외척과 환관들이 권세를 믿고 온갖 나쁜 짓들을 저지르는 통에 엉망진창이 되였다. 조조는 도읍의 질서를 바로잡기로 결심하였다. 그는 부임하자마자 '야금령(夜禁令)'을 반포하여 깊은 밤에 술에 취해 란동을 부리거나 한가히 돌아다니지 못하게 하였다. 밤마다 병사들을 파견하여 성북 일대를 순라하게 하여 전문적으로 '야금령' 집행상황을 검사하게 하였다. 그는 또 장인을 시켜 20여개의 여러가지 색을 칠한 큰 곤장을 만들어 관아문 량쪽에 걸어놓고 법을 어기는 악당들을 엄하게 다스릴 준비를 하였다.

어느 날 밤, 조조가 직접 병사들을 이끌고 순라에 나섰다. 밤이 깊었기에 사방이 온통 잠잠하였는데 불현듯 먼 곳에서 개짖는 소리가 한바탕 났다. 그는 인츰 경각성을 높이면서 병사들에게 주위의 동태를 살피라고 명령하였다. 이윽고 골목 굽인돌이에서 대여섯명의 검은 그림자가 언뜰거리더니 한 민가의 문 앞에서 멈춰섰다. 하인인 듯한 사람이 말하였다. “건(骞)나으리, 바로 이 집입니다.”

‘건나으리’라 불리우는 이 사람이 바로 황제의 친신인 환관 건석(蹇硕)의 삼촌이였다. 일반적으로 사람들은 건숙(蹇叔)이라 불렀다. 그는 조카의 권세를 믿고 땅을 강점하고 백성들을 억압하면서 온갖 못된 짓을 일삼는 놈이였다. 그는 락양성북에서 이름있는 깡패로서 낮에 한 못된 짓도 성차지 않아 밤에까지도 늘 한무리의 수하들을 거느리고 민가를 침입하거나 녀성을 희롱하군 하였다. 이 날도 한무리를 거느리고 민가에 와서 행패를 부리려 할 때 면바로 조조한테 걸려든 것이다. “이봐라, 이 놈들을 포박하라!”는 조조의 한마디 호령에 순라대는 건숙 일당을 모조리 결박하였다. 건숙은 겉으로는 태연한 척하면서 “웬 놈들이냐? 감히 어른을 붙잡아!”라고 하였으나 순라대 병사들은 다짜고짜 관아로 압송하였다.

관아의 대청에 잡혀와서도 기세가 등등한 것을 본 조조는 더욱 분노하여 “너희들이 권세를 등에 업고 금지령을 무시하다니 내 기필코 법에 따라 엄하게 다스릴 것이다.”라고 소리쳤다. 이어 병사에게 “여봐라! 오색몽둥이를 가져오너라!”라고 분부하였다. 옆에 서있던 병사들은 잘코사니아를 부르면서 건숙을 엎어놓고 한바탕 곤장질을 해댔다. 이윽고 건숙이 사지를 늘어뜨려서야 조조는 매질을 그만두게 하였다. 곤장으로 건숙을 다스린 이야기는 조조가 강권에도 두려워하지 않는 사람임을 설명하였다.

동탁이 락양으로 진군할 때 마침 조조는 전군 교위 벼슬에 있을 때였다. 동탁은 그를 끌어들이려고 효군 교위(骁军校尉) 벼슬까지 주었다. 하지만 조조는 동탁의 폭행은 민심을 거스르는 것이기에 꼭 실패할 것임을 짐작하고 그가 어떤 조건을 내세우든 간에 그와 손 잡으려 하지 않고 갖은 방법을 대여 락양에서 도망쳐 진류(陈留, 지금 하남성 개봉현)로 돌아왔다. 조조의 아버지는 진류에 있으면서 일정한 재산을 모아놓고 그가 인마를 모으는데 쓰게 하였다. 진류태수는 조조가 이전부터 알고 지내던 친구로서 정치상에서 도움을 줄 수 있는 사람이였다. 조조는 진류를 자기의 지반으로 삼고 군사를 일으켜 동탁을 반대할 준비를 하였다.

조조가 군사를 일으킴에 있어서 첫번째 보조는 대사를 도모할 사람을 찾는 것이였다. 그는 위자(卫兹)를 찾았다. 위자는 진류의 효렴(孝廉)으로서 정직하고 일정한 재력이 있었으며 동탁이 조정을 쥐락펴락하는데 불만을 갖고 있는 사람이였다. 어느 날, 조조는 술상을 차려놓고 위자를 불렀다. "지금 조정은 동탁이 권력을 독점하고 우로는 황제를 기만하고 아래로는 백성들을 기만하니 우리 한조가 내리막 길을 걷지 않을 수 없소. 내가 이러한 국면을 개변하려 하는데 그대가 나를 도와줄 수 없겠소?" 라고 하자 위자는 이내 "조군이 이렇게 큰 뜻이 있다면 난 당연히 전부의 재산을 내놓고 따를 것이오. 조군이 당년에 건숙을 족치던 용기를 내여 군사를 일으켜 동탁을 처단히기를 바라오."라고 말하면서 흥분하여 술잔을 높이 들고 "자네의 성공을 미리 축하하네."라고 하였다. 조조와 위자는 아야기할수록 의기투합되여 밤늦게까지 담론하다가 헤여졌다.

조조는 진류에서 위자의 도움으로 군사들을 모으기 시작하였다. 이 소식이 전해지자 동탁한테 불만이 있던 많은 지주들은 자기의 자제들을 데리고 와 조조한테 의탁하였다. 얼마 안되여 조조의 고향 친구 하후순(夏侯惇), 사촌동생 조홍(曹洪)도 인마를 거느리고 찾아왔다. 조조의 군사는 날따라 장대해져 얼마 안가서 오륙천명으로 늘어났다. 한헌제 초평 원년(기원 190년) 정월, 조조는 원소(袁绍)를 맹주(盟主)로 하는 관동군에 참가하여 동탁을 토벌하는 데 나섰다.

새롭게 무어진 관동군의 장령들은 모두 한 지방을 할거할 야심을 갖고 있었다. 그들은 자기의 실력을 보존하기 위하여 누구도 동탁과 싸우기를 꺼려하였지만 유독 조조만은 수천의 군사를 이끌고 동탁의 부하 서영(徐荣)과 싸웠다. 조조는 중과부적이라 당해내지 못하고 실패하였다. 관동군도 와해되기 시작하였다. 조조는 병력을 보충하기 위하여 하후순과 함께 양주 등 지방으로 갔다. 원소도 선후하여 익주 등 지방을 탈취하고 북방에 군림하였다. 각지 호족 세력들의 혼전으로 백성들은 재난 속에 빠졌다. 농민봉기가 또다시 신속히 만연되기 시작하였다. 초평 3년(기원 192년), 청주(青州)에서 일어난 황건봉기는 연주(兖州)를 공략하고 차사(刺史) 류대(刘岱)를 처단하였다. 연주의 관리들은 조조를 청하여 연주차사를 맡아달라고 하였다. 조조가 병력을 집중하여 황건봉기를 진압하니 30여만명의 병사가 항복하였다. 그는 그들중에서 건장한 청년들로 자기의 군대를 확대시켜 이름있는 '청주병'으로 만들었다. 이때로부터 조조는 연주를 기반으로 강대한 근거지를 건립하였다. 조조가 진류에서 군사를 일으키고 연주에 들어가기까지 2년 밖에 걸리지 않았다. 이 2년사이에 조조의 세력은 부단히 장대하여 감히 원소와 맞설 수 있는 독립적인 력량으로 되였다.

123

허창에서 둔전을 하다

당시 북방에서 할거하여 있던 세력들로는 원소와 조조를 제외하고도 원술(袁术), 려포(吕布), 공손찬(公孙瓒), 도겸(陶谦), 마등(马腾) 등이 있었으며 장강 일대에는 또 류표(刘表), 류장(刘璋), 손책(孙策) 등이 있었다. 조조는 통일이라는 웅대한 목표를 실현하기 위해서는 이런 군벌들을 하나하나 제거하지 않으면 안되였다. 조조가 연주를 발판으로 세력을 장대시키자 그를 찾아와 의탁하는 사람들이 점점 많아졌다.

그 때 조조의 수하에는 두명의 모사가 있었는데 한 사람은 모개(毛玠)이고 다른 한사람은 순욱(荀彧)이였다. 그들이 조조에게 건의하기를 "각지의 호족 군벌을 소멸하여 천하를 통일하려면 반드시 두가지 정책을 실시하여야 합니다. 첫째는 황제의 명의를 리용하여 천하를 호령해야 하는데 이것을 '천자를 끼고 제후를 호령한다' 합니다. 둘째는 황무지를 개간하고 군량을 축적하여야 합니다."라고 하였다. 야심이 큰 조조는 이들의 건의를 접수한 후 고심 끝에 장안에 사람을 파견하여 한헌제에게 효심을 바치려다는 내용의 상주문을 올리게 하였다. 조조가 아직 한헌제와 련락이 채 닿기도 전에 남양 부근에 둥지를 틀고 있던 군벌 원술이 군사를 거느리고 북상하여 조조를 칠 줄을 누가 상상이나 했겠는가. 조조가 금방 원술을 물리치니 이번에는 려포와 서주목(徐州牧) 도겸이가 선후하여 진공하여 왔다. 조조는 3~4년간의 간고한 싸움을 거쳐 선후로 이들을 물리치고 연주를 지켜냈고 허창(许昌)을 얻었으며 자기의 지반을 확대하였다.

조조가 호족 군벌들과 싸우고 있을 때 량주(凉州)의 군벌 리각(李傕)과 곽사(郭汜)는 한헌제를 통제하기 위하여 장안 부근에서 결사적으로 싸웠다. 전쟁의 고통을 참을 수 없었던 한헌제는 자기를 랍치한 리각에게 락양에 돌려보내 달라고 애원하였다. 리각은 한헌제의 요구를 들어주었다. 한헌제는 외삼촌 동승(董承)의 호위하에 장안을 떠났다. 리각과 곽사는 한헌제가 락양으로 돌아가면 자기들에게 불리할 것이라는 생각이 들어 저들의 소행을 후회하면서 급히 추격에 나섰다. 한헌제는 관원들의 보호하에 간신히 추격에서 벗어나 간난신고 끝에 황망히 락양에 다달았다.

조조는 한헌제가 락양에 도착했다는 소식을 듣고 기회를 놓칠세라 친히 인마를 거느리고 락양으로 출발하였다. 인마가 신정(新郑, 지금의 하남성 신정시) 부근에 이르렀을 때 군량이 떨어졌다. 조조는 사람을 시켜 현령 양패(杨沛)를 불러오게 하였다. "우리가 지금 락양으로 황제폐하를 모시러 가는데 군량이 떨어져서 그러오. 우리에게 군량을 조금 줄 수 없겠소?" 하니 양패가 말하기를 "장군께서도 아시다 싶이 이 몇년간 싸움만 하다보니 많은 땅들이 황폐해졌습니다. 게다가 올해는 한재까지 겹치다보니 저희들도 쌀알을 구경한 지가 오래되였습니다. 마른 뽕나무열매로 허기를 달랬을 뿐입니다."라고 하였다. 조조는 놀라면서 "마른 뽕나무열매로 허기를 달랠 수 있는가?"고 하자 양패는 "있구말구요. 이 일대는 뽕나무가 많아 백성들은 열매를 따서 말렸다가 식량이 떨어졌을 때 허기를 달래지요. 관아에서 부세를 쌀로 거두어들이지 못하여 말린 뽕나무열매를 대신으로 받아들인 것이 창고에 얼마간 있으니 장군께서 마다하지 않으시면 조금 드릴 수 있습니다."라고 하였다. 그날 저녁 조조의 군사 모두가 양패가 가져다준 마른 뽕나무열매를 먹을 수 있었다.

8월에 락양에 도착한 조조는 사람을 시켜 한헌제의 행방을 찾았다. 이 시기의 락양성은 이미 동탁의 략탈을 당한 뒤라 사처에 무너진 담과

키높은 쑥대 뿐이였다. 그들은 여러모로 찾다가 마침내 어느 한 초막에서 한헌제를 찾아냈다. 원래 한헌제는 락양에 도착한 후 있을 데가 없어서 아래사람들이 환관 조충(赵忠)이네 낡은 집터에 초라한 초막을 짓고 '양안전(扬安殿)'이라 이름을 달아 한헌제를 들게 하였다. 조조도 잡초가 무성한 이 곳에서 황제를 배알할 수 밖에 없었다.

한헌제는 절망 속에서 조조를 만나자 몹시 기뻐하면서 그를 곧 사예 교위(司隶校尉)로 봉하고 군정대권을 장악하게 하였다. 조조는 기회를 놓칠세라 한헌제에게 락양을 떠나 도읍을 허창에 옮기고 년호를 건안(建安) 원년(기원 196년)으로 하자고 권고하였으며 이것은 안정된 한조의 건립을 표시한다고 설득하였다.

건안 원년 9월의 어느 날, 한헌제는 한무리의 황족, 명문세족들을 데리고 조조를 따라 허창에 왔다. 조조는 대장군으로 자처하고 '천자를 끼고 제후들을 호령'하는 식으로 황제의 명의로 각지 군벌들을 호령하기 시작하여 정치상에서 주동권을 장악하였다.

조조는 우선 량식문제 해결에 나섰다. 동아(东阿) 현령 조지(枣祗)는 조조에게 둔전(屯田)을 실시할 것을 건의하였다. 조조는 좋은 방법이라고 생각하고 여러 사람들에게 "자고로부터 나라를 안정시키려면 강대한 군사와 충족한 량식이 있어야 한다 하였다. 진나라에서 상앙을 등용하여 경작을 장려하고 부국강병하여 천하를 통일한 것도, 한무제가 둔전을 실행하여 변강을 지키고 국방력량을 강화하여 서역 각지를 평정한 것도 모두 선조들이 우리에게 남겨준 좋은 경험들이다."라고 말하자 모두들 조조의 의견에 동의하였다.

이해 10월 조조는 '둔전령'을 반포하고 조지를 둔전도위(屯田都尉)로 임명하고 임준(任峻)을 전농중랑장(典农中郎将)으로 임명하여 사람들을 모집하고 둔전을 실행하게 하였다. 동시에 각지의 군사들에게 황무지를 개간할 것을 명령하여 군둔(军屯)도 실시하였다.

조조는 병사들에게 자라는 곡식을 밟지 못하며 누구든 어기면 군법에 따라 엄하게 처벌한다고 하였다. 어느 한번, 조조가 군사를 이끌고 출전하게 되였는데 대오가 앞을 바라고 전진하고 있을 때 불시에 푸드득

소리와 함께 밀밭에서 산비둘기 한마리가 날아나오며 조조의 말머리 우로 휙하고 지나갔다. 그 바람에 말이 놀라 울부짖으면서 밀밭으로 뛰여들었다. 조조가 있는 힘껏 고삐를 당겨 말을 멈춰 세웠을 때는 이미 숱한 밀이 짓밟힌 뒤였다. 그는 급히 말에서 내려 문서를 관리하는 주부(主簿)에게 "내 말이 밀밭을 밟아 못쓰게 만들었으니 군법에 따라 처벌하라."고 하였다. 주부가 "장군은 우리 군의 통수인데 어찌 군법으로 묻겠습니까?"라고 하자 조조는 "내가 만든 법령을 나부터 지키지 않고서야 어떻게 설득력이 있겠는가?"라고 하였다. 이에 주부는 "법령은 일반 병사에 한한 것입니다. 고서《춘추》에 이르기를 존귀한 사람에 한해서는 형벌을 내릴 수 없다고 하였습니다. 장군은 우리 군의 통수인데다가 말이 놀라서 밀밭에 뛰여든 것이니 례외인 것입니다. 일부러 법령을 어긴 것도 아니니 죄를 묻지 않는 것이 좋을 듯합니다."라고 하였다. 조조는 들은 후 한참 동안 생각하다가 "주부가 내 죄를 묻지 못하겠다 하니 나절로

법령을 집행할 수 밖에 없구나." 하며 말을 끝내기 바쁘게 모자를 벗어버리고 검으로 자기 머리카락 한줌을 잘라 땅에 던지면서 "우선 머리카락을 자르는 것으로 머리 자르는 것을 대신하자."고 하였다. 고대 사람들은 몸은 부모님이 준 것으로서 머리카락 한오리라도 마음대로 망가뜨려서는 안된다고 여겼기 때문에 조조가 머리카락을 자른 것 역시 형벌을 받은 것과 마찬가지였다. 조조가 머리카락을 잘라 형벌을 대신한 이야기는 재빨리 전군 장병들에게 전해졌으며 이때로부터 전군 장병들 모두가 감히 군령을 어기지 못하였다.

조조가 농업생산을 중시하고 둔전제를 실시하고 경작을 장려하고 농작물을 보호하였기에 전쟁으로 파괴되였던 농업생산이 점차 회복되고 발전되였다. 둔전은 류리걸식하고 기아와 추위에 허덕이던 많은 백성들을 안치하였을 뿐만 아니라 대량의 황무지를 개간하여 경제의 발전을 촉진시켰다. 군량문제의 해결은 조조가 여러 번진들을 물리치고 북방을 통일하는 데 충분한 경제적 토대를 마련해주었다.

124

술을 마시면서 영웅을 론하다

조조가 농업생산을 적극적으로 발전시키고 인재를 등용하고 세력을 발전시킬 때 류비(刘备)의 세력도 '군웅(群雄)'들 속에서 두각을 나타내기 시작하였다.

류비는 탁군(涿郡, 오늘의 하북성 탁주시)사람이며 자가 현덕(玄德)이다. 전하는데 의하면 서한 황실 중산정왕 류승(中山靖王刘胜)의 후대로서 항렬로 따지면 한헌제보다 한 세대가 높아 황숙(皇叔)이라 불리웠다. 그러나 이 가족은 류비의 세대에 와서 가세가 몰락하여 어머니가 신발을 팔고 돗자리를 엮어 생활을 유지하는 수 밖에 없었다.

동한 령제 말년에 폭동이 일어났다. 류비는 중산(中山, 오늘날 하북성 정주시 일대)의 부호 장세평(张世平), 소쌍(苏双)의 도움을 받아 의병을 모집하여 지주 자위 (地主自卫) 무장을 조직하였다. 관우(关羽), 장비(张飞)도 와서 모집에 응하였다. 이렇게 류비는 관우와 장비 두 사람을 알게 되였다.

장비는 자가 익덕(翼德)이고 류비와 한 고향 사람이다. 그는 성격이 조급하고 사람 됨됨이가 솔직하며 불의를 보면 참지 못하고 자기가 옳다고 생각되는 일이면 무조건 해내고야 마는 사람이다. 어떤 사람이 그를 칭송하는 시구를 다음과 같이 썼다. "장익덕 같은 호탕한 사람을 얻어

이 세상 배신자들을 모두 죽일 수 없을가!"

관우는 자가 운장(云长)이고 하동 해량(河东解良, 오늘날 산서성 운성시)사람이다. 전하는데 의하면 그는 원래 관씨가 아니였다 한다. 젊었을 적에 불의를 보면 참지 못하기에 그는 늘 시비에 말려들기가 일쑤였다. 그의 부모는 그가 밖에서 일을 칠가 두려워 뒤마당에 있는 빈 집에 가두어놓군 하였다. 어느 하루, 무료한 나머지 관우는 가만히 창문으로 도망을 쳤는데 누군가 슬피 울고 있어 울음소리를 따라가보니 한 로인이였다. 알아보니 현령의 처남되는 자가 매형의 세력을 등에 업고 억지로 이집 딸을 첩으로 맞아들이려 한다는 것이였다. 불의를 보고 참지 못하는 관우는 이 상황을 듣고 화가 나서 그 길로 보검을 들고 관아에 달려가 현령과 그의 처남을 죽여버린 후 동관(潼关)으로 도망을 갔다. 그 때 동관 성문에 그의 초상화를 걸어놓고 그를 현상수배하였다. 그러거나 말거나 관우는 대담하게 성문 앞으로 성큼성큼 다가갔다. 성문을 지키던 병사가 검문을 하니 그는 동관을 가리키며 "내 성은 관씨요…"고 하였다. 그때부터 가짜가 진짜로 되여 그의 성이 관씨로 되였다.

관우는 동관을 지난 후 동쪽으로 탁군에 이르러 장비를 알게 되였다. 면바로 류비가 의병을 모집하는지라 관우와 장비는 함께 모집에 응하였다. 류비는 두 사람의 무예와 재질이 뛰여난 것을 보고 생사를 같이 할 수 있는 친구로 여겨 결의형제를 맺었다.

류비는 한조 황실의 후예라는 것을 내걸고 또 부호들의 자금지원에 의하여 무장대오를 조직하였다. 황건봉기가 일어난 후 그와 관우, 장비는 새로 조직된 무장대오를 거느리고 봉기를 진압하는 군사활동에 참가하였다. 얼마 지나지 않아 동한 조정은 류비가 황건봉기 진압에 공로가 있음을 치하하여 그를 안희현(安喜县, 오늘날 하북성 정주시) 현령으로 파견하였다.

하지만 얼마 지나지 않아 류비는 상급관아의 협박과 공갈에 못이겨 관직을 버리고 관우, 장비와 함께 호족 군벌에 의탁하였다. 그는 선후하여 료동속국(辽东属国)의 장사(长史)인 공손찬(公孙瓒), 서주차사 도겸(徐州刺史陶谦)에게 의탁하였다. 한헌제 흥평 원년(194년) 겨울, 도겸

이 병으로 죽자 류비가 도겸의 자리를 계승하여 서주목(徐州牧)이 되였다. 이 때로부터 류비의 정치적 지위가 올라가 사람들의 이목을 받게 되였으며 '군웅'의 행렬에 들어섰다. 하지만 그 시기 류비의 력량이 그리 크지 못하였다. 병사라 해야 만정도에 장군도 겨우 관우, 장비와 조운(赵云) 등이였다. 당연히 원소, 조조와 같은 사람들과 비할 바가 못되고 또 원소, 려포와 같은 사람들의 진공에 대적할 수도 없었다. 후에 류비는 려포에게 패하여 서주에서 도망하여 세력이 강대한 조조에게 의탁하였다.

류비는 몸은 비록 조조에게 와 있었지만 속으로는 자기 력량을 발전시킬 생각만 하였다. 조조는 류비의 심사를 꿰뚫어보고는 비밀리에 사람을 시켜 류비의 행동을 감시하게 하였다. 류비는 아주 범속한 척하면서 천하일에는 관심이 없고 오직 매일 채소밭에 물이나 주면서 조조의 눈을 피하려 하였다. 어느 하루, 조조는 장군 허저(许褚)를 시켜 밭에 물을 주고 있는 류비를 불렀다. 류비는 속으로 꿈쩍 놀라며 조조의 흉계에 빠질가봐 무서워하였다. 허저가 재촉해서야 물통을 놓고 마지못해 따라 갔다. 조조는 술상을 차려놓고 류비를 청하며 함께 술을 마시면서 천하의 영웅을 론하자고 하였다.

조금 지나니 갑자기 검은 구름이 몰려오면서 당금 비가 쏟아질 것 같았다. 조조는 하늘의 구름을 가리키면서 "자네는 룡의 변화를 아는가?"고 하였다. 류비가 "잘 모릅니다."고 하자 "룡은 크자면 크고 작자면 작아지는 변화무쌍한 재간이 있네. 룡은 시기를 잘 맞추어 변화를 하는데 똑 마치 사람이 뜻이 있으면 천하를 종횡하듯 하네. 룡은 세상의 영웅들과 같네."라고 말한 후 류비를 보면서 또 말하였다. "자네는 오래동안 밖으로 돌아다녔으니깐 아는 것도 많아 당연히 현시대의 영웅들을 알 것이니 좀 말해 보게." 류비가 "저는 잘 모릅니다."라고 하자 조조는 "내 앞에서 겸손을 떨지 말게."하였다. 류비는 하는 수 없이 "회남의 원술은 정예한 군사와 충족한 군량을 가지고 있으니 영웅이라 할 수 있습니다."라고 하였다. 조조는 웃으면서 "그는 무덤 속의 썩은 뼈다귀나 다름 없소. 아무 때건 내 손에서 작살날 건데."라고 하였다. 류비가 "하북의 원소는 익주를 차지하고 있고 수하에 일 잘하는 사람들을 많이 두고 있으므로 영웅이라 할 수 있습니다."라고 하자 조조가 하는 말이 "원소는 겉으로는 강한 것 같지만 실제로는 담이 작고 우유부단하며 큰 일을 할 때면 죽기를 두려워하네. 작은 리익도 탐내는 사람은 영웅이라 할 수 없지."라고 하였다. 류비가 "저는 정말 잘 모르겠습니다."라고 하니 조조는 "영웅이라면 가슴에 원대한 뜻과 우주의 지혜를 품고 천지를 드나들 지향을 가진 사람이여야 하네."라고 하였다. 류비는 조조가 이렇게 말하자 "그럼 누가 영웅이 될 수 있습니까?"하고 반문하였다. 조조가 류비를 가리키고 또 자기를 가리키면서 "현시대 영웅이라면 자네와 나 둘 뿐이네."하자 류비는 조조가 자기를 시탐하려는 것임을 알고 깜짝 놀란 나머지 저가락을 바닥에 떨어뜨렸다. 이때 마침 하늘에서 우뢰소리가 요란하고 비가 억수로 쏟아졌다. 류비는 하늘을 쳐다보면서 "요란한 우뢰소립니다. 깜짝 놀랐습니다."라고 말하며 자신의 경황한 모습을 감추면서 자연스레 떨어진 저가락을 주었다. 그 뒤 한참 더 조조의 말에 응부하다가 자기 처소로 돌아왔다.

조조가 자기에게 의심을 품고 있다는 것을 알아챈 류비는 기회를 봐서 조조를 떠나 다른 길을 모색하기로 하였다. 한헌제 건안 4년(기원 199년)의 어느 날, 공손찬이 원소에게 소멸되고 원술도 원소와 련합한다는 소식이 전해왔다. 류비는 이 기회에 조조에게 "원술이 원소에게 의탁하려면 반드시 서주를 지날 것이니 저에게 군사를 주신다면 길목에서 매복했다가 습격하겠습니다."고 하였다. 당시 조조는 원소와 원술의 련합을 두려워했기에 류비가 자진하여 원술을 치겠다 하니 류비의 의견 대로 그를 서주로 파견하였다. 류비는 서주에 도착하자 마자 원술의 부대와 맞다들었다. 결과 원술은 대패하여 수춘(寿春, 오늘날 안휘성 수현)에 퇴각하였다가 얼마 안가서 피를 토하고 죽었다. 류비는 승승장구하여 서주에 쳐들어가 서주차사 차주(车胄)를 죽여버렸다. 차주는 조조의 좋은 친구였다. 류비가 차주를 죽이고 서주까지 차지하고 있으니 조조가 어찌 이를 용납할 수 있겠는가? 조조가 곧 군사를 거느리고 토벌하니 류비는 대적할 수가 없어 원소한테로 도망을 가버렸다.

이 시기 북방의 광대한 지구를 차지하고 있는 원소는 경제력이나 군사력 방면에서 모두 충족하여 당시 세력이 제일 큰 군벌이라 할 수 있었다. 그러나 조조는 중원을 차지하고 '천자를 끼고 제후들에게 호령'하는지라 세력이 재빨리 발전하였다.

두 강자의 대치는 기필코 첨예한 충돌이 일어날 것을 예시하였다.

125

원소와 조조의 관도싸움

조조는 한헌제의 명의로 당시 강동(江东)을 차지하고 있던 손책을 오후(吴侯)로 책봉하였기에 강동은 안정되였다. 하지만 원소와는 분쟁이 빈번하더니 끝내는 력사에서 유명한 관도의 싸움이 일어나고 말았다.

한헌제 건안 5년(기원 200년) 2월, 원소는 저수(沮授)를 감군(监军)으로 임명하고 군사 10만을 거느리고 업성(邺城, 지금의 하남성 안양시 이북)에서 출발하여 허창을 진공하였다. 원소는 황하 이북의 려양(黎阳, 지금의 하남성 준현)에 이르러 곽도(郭图), 안량(颜良)을 파견하여 백마(白马, 지금의 하남성 활현)를 진공하게 하였다. 그는 조조를 유인하여 관도(官渡, 지금의 하남성 중무현 동북)에서 떠나게 한 후 일거에 소멸하려 하였던 것이다. 감군 저수는 안량이 비록 용맹은 하나 교만하고 지혜롭지 못하여 이처럼 중대한 임무를 감당할 수 없다고 하였다. 원소는 언제나 자기가 옳다고 여기기에 저수의 의견을 듣지 않고 원래의 결정을 고집하였다.

백마의 동군태수 류연은 원소의 군대가 진공해온다는 소식을 듣고 급히 사람을 파견하여 조조에게 전하였다. 조조는 문무대신들을 모아놓고 대책을 상론하였다. 그는 여러 대신들의 의견에 근거하여 원소와 죽기내기로 싸우지 않고 적의 주력을 피하고 허술한 곳을 치는 성동격서

(声东击西)의 전술을 쓰기로 하였다. 조조는 군사를 지휘하여 연진(延津)으로 황하를 건너 원소의 후방을 진공할 것 같은 거짓 태세를 보여줌으로써 원소의 주력을 려양에서 끌어내 백마를 진공하는 안량마저 마비시키려고 하였다. 조조의 예상 대로 원소는 조조가 연진으로 진군한다는 소식을 듣고 려양에 있던 군사들에게 조조군대가 도하하기 전에 연진나루터에 도착하여 조조의 군대와 결전할 준비를 하라는 엄령을 내렸다. 조조는 원소가 계략에 빠진 것을 보고 군사를 이끌고 조용히 백마로 줄달음쳤다. 백마에서 안량, 곽도는 자기들은 군사가 많고 또 려양에 주력부대가 뒤심이 되여주고 있다고 생각하고 득의양양하여 술을 마시고 있었다. 조조의 인마가 불시에 나타나자 안량은 황급히 응전하였다. 조조의 량면 협공을 막아내지 못한 안량은 죽고 곽도 또한 사태가 기운 것을 보고 걸음아 날 살려라 하고 도망을 쳤다.

원소는 안량이 죽고 백마를 진공하던 군사가 전멸되였다는 소식에 화가 치밀어 발만 굴러댔다. 그는 안량의 복수를 하기 위하여 대장군 문추(文丑)에게 기병 오륙천명을 주어 황하를 건너 조조를 추격하게 하였다.

조조는 이미 백마에서 철거하여 황하를 따라 서쪽으로 진군하고 있었다. 조조 군사가 연진 남쪽의 한 산밑에 이르렀을 때 원소가 파견한 군대가 추격해오고 있다는 보고를 받았다. 조조는 이곳은 지세가 험하고 량쪽에 큰 산이 대치하고 있고 골짜기 사이로 한갈래의 오솔길만이 유일한 통로인데다가 산비탈에는 나무들이 울창하고 수풀이 우거진 것을 보고 묘안이 떠올라서 명령을 내렸다. "후군(后军)이 전군(前军)이 되고 전군이 후군이 되여 차량과 물건들을 버리고 에돌아서 서쪽으로 전진하라." 그리고 서황(徐晃)에게 기병 600명을 주어 수림 속에 매복하게 하였다. 조금 지나서 문추의 대부대가 다가왔다. 그들은 길가에 버려진 차량과 물건들을 보고 조조의 군사가 도망치기 위해 던질 줄로 알고 앞다투어 말에서 뛰여내려 서로 물건을 차지하려고 싸웠다. 조조의 명령이 떨어지자 매복하여 있던 기병들이 돌진해나와 원소의 군사들을 보는 족족 베여버렸다. 불의의 습격을 받은 문추는 창졸하게 응전하였지만 나중에는 서황의 칼에 맞아죽었다. 그의 군사들은 도망치고 투항하는 바람

에 전부 뿔뿔이 흩어졌다. 싸움에서 이긴 조조의 군사들은 의기양양하여 전리품을 들고 관도로 돌아왔다.

원소의 군대는 련속 두번이나 패하여 사기가 저락되였다. 그러나 원소는 아직도 병사가 많음을 믿고 반드시 황하를 건너 조조의 주력과 결전을 벌이려고 하였다. 저수는 "목전 우리 군은 금방 싸움에서 패했기에 결전은 무리입니다. 조조는 비록 승리하였지만 병력과 군량이 부족하기에 우리가 그들과 장기전을 벌인다면 우리는 꼭 그들을 전승할 수 있습니다."고 권고하였다. 원소는 "군사는 신속성이 첫째라는 것을 자네는 모르는가?" 하면서 저수의 권고를 듣지 않고 대군을 이끌고 황하를 건너 무양에 진을 쳤다가 또 랑탕거(蒗荡渠)를 건너 곧바로 관도로 진격하였다.

관도는 허창에서 200리도 안되는 남북 교통의 중추에 놓여있는 곳이다. 만약 관도가 무너지면 허창은 보호막이 무너지는 것과 같았다. 조조가 필사적으로 관도를 지키는 바람에 싸움은 한동안 대치단계에 처하였다.

대치단계가 길어지자 군량 부족을 느낀 원소는 하루빨리 이 국면을 타파하려고 생각하였다. 어느 하루, 순찰도중에 원소는 언덕에 올라가서 조조 군영을 바라보게 되였다. 여기에서 계발을 받은 원소는 병사들에게 조조 군영을 따라 언덕을 쌓고 전망대를 축조하여 궁수들이 높은 곳에서 기회를 보아 조조 군영에 화살을 날릴 수 있도록 하였다. 조조의 군영은 이 불의의 습격에 많은 사상자를 내였다. 손해를 본 조조는 대책회의를 열었다. 어느 대신이 발석차(发石车)를 만들어 원소군을 제어하자는 건의를 내여놓았다. 이런 발석차는 십여근 되는 돌을 300보 밖에까지 발사할 수 있었다. 조조는 장인들에게 명하여 밤도와 설계 도면에 따라 만들게 하였다. 발석차가 만들어진 후 조조는 각 곳에 배치된 발석차들이 동시에 원소의 전망대를 향해 돌을 발사하라고 명하였다. 순식간에 천둥같은 소리를 내면서 돌들은 하늘을 날아가 원소의 군대 속에 떨어졌다. 돌에 맞은 군사들은 피터지고 상하고 거기에 울부짖는 소리까지 요란하여 아비규환이 따로 없었다.

조조는 비록 여러번 원소의 진공을 물리치고 진지를 지켜냈지만 쌍방의 대치시간이 너무 길어 군량공급이 골치거리가 되여 속수무책이였다. 바로 이때 보초병이 달려와서 원소진영에서 허유(许攸)라는 자가 건너와서 뵙기를 청한다고 보고하였다. 허유는 원래부터 조조와 알고 지내는 사이였다. 조조는 다급히 그를 맞아들였다. 허유는 조조에게 넘어온 경위를 설명하면서 군사를 파견하여 원소의 량식창고인 오소(乌巢)를 습격하라고 건의하였다. 허유는 "오소를 지키는 순우경(淳于琼)이란 자는 원래 거만하고 술먹기 좋아하며 경계심이 약한 사람입니다. 만약 날랜 병사들을 보내 기습한다면 그 곳의 군량은 물론이고 3일 안에 원소군은 싸우지 않아도 패할 것입니다."라고 하였다. 이튿날 조조와 그의 모사들은 밤중에 오소를 습격할 작전방안을 작성하였다.

10월의 어느 날 밤, 삼라만상이 모두 잠들어 있고 별빛만 가득하였다. 조조와 장료(张辽), 락진(乐进) 등 몇몇 장군들은 5,000명의 정예병에 원소군의 기발을 들고 몰래 관도에서 빠져나와 오소를 바라고 진군하였다. 오소 외곽을 지키던 원소 군대의 보초병은 한무리의 인마가 다가오자 인차 가로막고 검문하였다. 장료가 "우리는 장기(蒋奇)의 부하들이다. 원장군이 파견하여 오소를 지키라는 명을 받들고 왔다."고 거짓을 꾸며대면서 보초병이 다음 물음을 묻기도 전에 가까이에 다가가 낮은 소리로 "조조가 오소를 습격한다고 한다. 원장군께서 우리를 보내 지원하게 한 것이다."고 신비롭게 말하였다. 보초병은 기발에 큼직하게 '원'자가 쓰여있는 것을 보고 더는 의심하지 않고 통과시켰다. 조조의 군대는 오소에서 사전에 짜놓은 방안 대로 여러 요새들을 공략하고 불을 질렀다. 삽시간에 량식창고는 불바다가 되였다. 원소의 군사들이 혼비백산하여 순우경한테 보고하자 얼근히 취한 그는 량식창고에 불이 나고 조조 군사가 쳐들어 왔다고 하니 놀라서 부랴부랴 병사들을 모아 막아보려 하였다. 하지만 조조의 대장군 락진이 달려들어와 단칼에 요정을 내버렸다. 나머지 군사들은 뿔뿔이 흩어지고 싸움은 얼마 지나지 않아 결속되였다.

관도전선에 있던 원소는 오소가 습격을 당하고 군량이 모두 타버렸다는 소식에 놀라서 아연실색하였다. 그의 아들 원담(袁谭)은 "상황이 촉박합니다. 어떻게 하지요? 빨리 방법을 강구하여야 합니다."하고 독촉하였다. 원소는 잠시 생각에 잠겼다가 태연한 척하면서 "조조가 오소를 습격했다. 그러면 나는 너의 소굴을 습격하여 퇴로를 끊어놓겠다. 죽어서도 묻힐 곳이 없게 말이다."고 하였다. 원소는 다른 사람의 반대에도 불구하고 장합(张郃)과 고람(高览)에게 관도의 조조 진영을 진공하라고 명하였다. 원소군이 관도에 다달으니 앞으로는 조홍(曹洪)의 결사적인 저항과 뒤로는 오소에서 되돌아오는 조조의 맹렬한 습격을 당하였다. 장합은 앞뒤로 습격을 당해 지탱할 수가 없었다. 그는 원소의 감언리설과 허풍을 염오하면서 이제 원소는 큰 일을 해낼 수 없음을 판단하고 고람과 함께 조조에게 투항하였다. 원소는 련이은 패배와 군량의 소각, 게다가 모사의 배반과 장군들의 투항까지 겹치여오는 것을 보고 대세가 이미 기울었음을 판단하고 창황히 북쪽으로 도망쳤다. 황하를 건널 때 그의 옆에는 800명의 패전병들 뿐이였다.

적은 병력으로 많은 병력을 싸워 이긴 관도의 싸움은 끝났다. 조조는 승승장구하여 원소가 차지했던 지역들을 점령함으로써 북방의 통일에 박차를 가하였다.

126

손씨가 강동을 제패하다

조조와 원소가 북방에서 패권을 다툴 때 손씨 부자는 점차 장강하류를 차지하고 정권을 건립하여 그 세력을 나날이 확장하여 갔다. 손씨 정권은 손책(孙策)이 닦아놓은 기초에서 손권(孙权)에 의해 공고해졌다.

손책과 손권의 아버지 손견(孙坚)은 원래 원술의 부하였다. 어느 한번 손견은 원술을 대신하여 형주를 치러 갔다가 형주차사 류표의 부하장령 황조(黄祖)의 활을 맞고 견산(岘山, 지금의 호북성 형번시 교외)에서 죽었다. 당시 17살 밖에 안되였던 손책은 원술에게 의탁할 수 밖에 없었다. 원술은 손책이 나이는 어려도 아주 영준한 것을 보고 속으로 무척 기뻐하였다. 그는 늘 사람들에게 "만약 내 아들이 손책 만큼 뛰여나다면 나는 지금 죽어도 여한이 없겠다."고 말하였다.

손책이 원술한테 의탁한지 얼마 안되여 양주차사 류요(刘繇)가 우세한 병력으로 손책의 외삼촌 오경(吴景)이 장악하고 있는 단양(丹阳)을 침점하려 하였다. 손책은 원술에게 외삼촌을 곤경에서 구원해야겠으니 군사를 빌려줄 수 없겠는가고 청을 들었다. 원술은 류요가 자기의 리익도 건드렸으니 이 기회에 손책을 리용하여 류요를 타격하는 것도 좋겠다고 생각되여 손책에게 천명의 군사를 빌려주었다.

손책은 강동으로 진격하면서 연도에서 부단히 인마를 보충하였다.

중간에 친구인 주유(周瑜)의 원조를 받아 군량과 기타 물자가 보충되였으며 력량이 강화되였다. 그는 우저(牛渚, 지금의 안휘성 당도현)에서 류요의 수하 장령 장영(张英)을 패배시키고 말릉(秣陵, 지금의 강소성 남경)에서는 작륭(笮融)을 패배시켰으며 나중에는 류요를 몰아내여 외삼촌 오경을 위험에서 구원해주었다. 그리고 그 기세로 나아가 강동의 적지 않은 지역을 차지하였다. 그는 강동백성들의 지지를 얻기 위하여 병사들에게 백성들의 재물을 빼앗거나 포로를 학대해서는 안된다고 규정하였다. 열흘도 안되여 2만여명의 사람들이 손책을 찾아왔다. 그는 승승장구하여 오군(吴郡, 지금의 강소성 소주시)을 공략하고 회계(会稽, 지금의 절강성 소흥시)와 기타 4개 군을 점령하고 스스로 회계태수가 되였다. 이때로부터 그는 원술과의 관계를 단절하고 강동에서 제패하기 시작하였다.

손책은 강동 6개 군에 만족하지 않고 장강을 건너 조조와 세력을 겨루고 싶었다. 오군태수 허공(许贡)은 손책의 심사를 보아내고 비밀리에 편지를 띄워 조조에게 이 소식을 전하게 하였다. 하지만 편지를 전하는 사람이 강을 건느려다가 손책의 부하들에게 들통이 났다. 사건의 경유를 알게 된 손책은 허공을 제거해버렸다. 허공의 가족과 노비들은 황망히 도망을 치면서 이 원쑤를 꼭 갚겠다고 다졌다.

하루는 손책이 몇몇 부하들과 단도(丹徒, 지금의 강소성 진강시) 교외에서 사냥을 하고 있었다. 사슴 한마리가 그의 앞을 지나가자 말을 달려 사슴을 쫓아 수림 속 깊은 곳까지 갔을 때 거기에는 활을 메고 창을 든 세 사람이 기다리고 있었다. 손책이 무슨 일인가고 물으려 할 때 그 가운데의 한 사람이 이미 창을 찔러왔다. 손책은 재빨리 칼을 휘둘러 막으면서 그를 찍어버렸다. 또 한 사람이 그가 주의하지 않은 틈에 화살을 날려 그의 얼굴을 명중하였다. 그 사람은 큰 소리로 "우리는 주인 허공의 원쑤를 갚으러 왔다."고 하였다. 손책의 부하들이 당도하여 자객을 죽였을 때 손책은 얼굴이 온통 피투성이가 되고 중상을 입은 뒤였다. 부하들은 재빨리 응급처지를 한후 회계에 호송하여 상처를 치료하게 하였다.

자객의 화살에 독이 묻어 있었기에 손책의 상처는 날로 엄중해졌다. 그는 자기가 오래 살지 못하리라는 것을 알고 동생 손권과 장사(长史) 장소(张昭)를 불러 후사를 부탁하였다. 손책은 동생에게 "내가 죽은 다음 강동의 정세는 네가 책임져라. 너는 마땅히 우리가 어려웠던 시기를 생각하면서 장소와 주유에게 많이 의지해라. 그리고 재능이 있는 사람들을 등용하면서 폭행에 굴하지 말고 강동을 꼭 지켜야 한다."고 말한 후 손짓으로 도장을 손권의 목에 걸게 하였다. 손권은 슬픔을 억지로 참으면서 형님을 위로하였다. 손책은 장소의 손을 으스러지게 잡으면서 "지금 세상이 온통 뒤죽박죽이오. 우리 강동은 인재가 많고 또 장강 천험이 있으니 진공을 막아내고 나아가서 천하를 제패할수 있는 가능성이 크오. 그러니 최선을 다해 내 동생을 보좌해주기를 부탁하오."라고 말하였다. 말을 마친 손책은 얼마 안되여 죽었다. 죽을 때 그의 나이가 26살 밖에 안되였다.

손책이 죽은 후 19살 밖에 안된 손권이 장소의 보좌하에 군정대권을 장악하기 시작하였다. 며칠 후 주유도 오군에서 돌아와 손권을 보좌

하였다. 주유는 당시 중호군(中护军), 강하(江夏)태수의 직책을 맡고 있었으므로 병권을 쥐고 있는 실력파였다. 손권은 주유가 온 것을 보고 기뻐하면서 "당신이 오니 시름이 놓입니다. 형님이 림종에 저더러 당신과 장소의 가르침을 받으라고 부탁하였습니다. 두분께서 최선을 다해 저를 도와주십시오."고 하니 주유는 "장소는 아는 것이 많으니 이 중임을 떠멜 수 있을 것이오. 그런데 나는 아는 것도 별로 없어서 형님의 부탁을 저버릴가봐 두렵소. 자네를 도울 사람을 추천하겠소."라고 말하였다. "추천하려는 분이 누구십니까?" 손권이 다그쳐 묻자 주유는 "림회 동성(东城, 지금의 안휘성 정원현 동남)사람인데 성은 로(鲁)씨고 이름은 숙(肃)이오. 군사재질이 뛰여난 사람이오. 지금 곧 그 사람을 청해오시오." 이에 손권은 크게 기뻐하면서 주유더러 로숙을 청해오게 하였다. 손권의 옆에는 그를 도와 계책을 세워줄 모사 한 사람이 더 늘어났다.

당시 강동은 정국이 불안정하고 민심이 동요하고 있었는데 이는 손권한테 준엄한 시련이 아닐 수 없었다. 강동의 많은 사람들은 손권에 대해 지켜보자는 태도였다. 어떤 사람들은 통치가 언제까지 가나 의심하고 어떤 사람들은 심지어 공개적으로 배신하기까지 하였다. 려강(庐江)태수 리술(李术)은 공개적으로 배신한 사람 가운데 하나였다. 손권은 신속히 부대를 동원하여 일거에 리술을 제거하고 그의 부하 3만여명을 전부 자기 수하에 편입시켰다. 손권의 이러한 기백과 결단성에 모두들 탄복한 나머지 그의 지휘에 복종하였으며 이때로부터 강동의 정국은 안정되였다.

한헌제 건안 7년(기원 202년)에 조조는 강동에 사신을 파견하여 손권의 아들을 허창에 볼모로 보내 두 집안의 화목을 위한 성의를 표시하라고 하였다. 손권은 문무대신들을 불러놓고 대책을 상의하였다. 장소는 문관인지라 싸우는 것을 두려워하였다. 그는 "우리가 만약 사람을 보내지 않으면 조조는 아마 이를 구실로 강동을 칠 것입니다. 그러면 정세가 위험해집니다."고 하였다. 주유는 군사들의 사기를 꺾는 이러한 의견을 반대하였다. 그는 "만약 우리가 장소의 주장 대로 인질을 보내면 우리는 조조에게 예속되여 그의 통제와 지휘를 들어야 합니다. 그렇게 되면 우리가 제패한 강동 대업도 물거품이 되는 것입니다. 지금 우리는 강동 6개 군을 차지하고 있고 물산이 풍부하고 정예한 군사에 충족한 군량이 있으며 민심이 흩어지지 않았고 장병들이 지휘에 잘 복종하는데 우리가 무엇 때문에 조조에게 인질을 바쳐야 합니까?" 하고 말하였다. 손권은 주유의 의견에 동의하면서 조조의 위협에 굴복해서는 안된다고 생각하였다. 그는 단호히 조조의 요구를 거절하였다. 문신과 무관들이 한마음 한뜻으로 보좌한 결과 손권은 정사에 힘쓰면서 군사실력을 증강시키는데 몰두하게 되였다. 이때로부터 손책이 개척한 강동 제패의 대업은 손권한테서 점차 공고해졌다.

127

류비가 제갈량을 세번 청하다

관도의 싸움에서 원소가 패한 후 원소에게 의탁했던 류비는 부득불 장비와 조조한테서 도망쳐 온 관우와 함께 형주목 류표한테 가서 의탁하는 수 밖에 없었다. 류표는 류비를 아주 공손하게 대하면서 일부분의 군사를 떼여주었지만 시름이 놓이지 않아 그를 편벽한 작은 신야(新野, 지금의 하남성 신야현) 현성에 주둔하게 하였다.

류비가 군사를 일으킨 20여년래 비록 줄곧 다른 사람의 수하에 있었지만 명성만은 아주 높았다. 수하에 계책을 대주고 천군만마를 지휘할 맹장이 없었을 뿐이다. 류비가 신야에 주둔한 후 적지 않은 사람들이 찾아와서 의탁하였고 그도 사처로 사람을 보내여 인재를 수소문하였다. 서서(徐庶)란 모사가 있었는데 그는 신야로 와서 류비에게 말하기를 "제갈량(诸葛亮)이라는 사람이 있는데 '와룡'이라 불리우며 아주 대단한 인재입니다. 장군께서 만나보시겠습니까?"고 하였다. 류비는 듣자마자 아주 기뻐하면서 얼른 서서에게 말하였다. "당신이 모셔오도록 하시오." 서서는 손을 흔들면서 "제갈량은 드문 인재입니다. 허투로 오라가라 할 것이 아니라 친히 가서 공손히 모셔와야 마땅합니다."라고 하였다. 류비는 서서의 말에 일리가 있다고 여기고 직접 제갈량을 만나러 가기로 결정하였다.

제갈량은 자가 공명(孔明)이고 랑아 양도(琅琊阳都, 지금의 산동성 기수현 남쪽)사람이다. 그는 조실부모하고 숙부를 따라 형주로 피난을 왔었다. 17살 나던 해에 숙부가 죽자 그는 릉중(隆中, 지금의 호북성 낭번시)의 와룡강(卧龙岗)에 몇채의 초가집을 지어놓고 정착을 하였다. 그는 농사를 짓는 외에도 늘 친구들과 함께 서책도 읽고 학문도 닦으면서 천하의 대사를 담론하기도 하였다. 그는 큰 뜻을 품고 늘 자기를 춘추전국시기의 관중(管仲)이나 악의(乐毅)에 비기군 하였다. 관중은 일찍 제환공을 보좌하여 패업(霸业)을 이룩하였고 악의는 연소왕을 도와 강대한 제나라를 패배시켰다. 제갈량을 잘 아는 사람들은 모두들 그는 위대한 사람으로서 마치 땅에 엎드려 하늘로 치솟을 준비를 하는 룡과 같으며 또 그가 살고 있는 곳이 와룡강이고 하여 그를 '와룡선생'이라고 높이 불렀다.

류비는 관우, 장비와 함께 선물을 가지고 릉중으로 찾아갔다. 그 곳은 산봉우리들이 기복을 이루고 나무들이 울창하여 경치가 무척 아름다웠다. 그중 산 하나가 구불구불 기복을 이룬 것이 똑 마치 한마리의 청룡이 엎드려 있는 것 같았다. 류비네 일행은 계속 앞으로 가다가 어느 한 산밑에 와서 보니 몇채의 초가집이 푸르른 소나무와 대나무에 어울려 한층 돋보였다. 류비는 관우와 장비를 보고 "여기가 와룡강(卧龙岗)인가보다."고 말하면서 말에서 내렸다. 류비가 직접 가서 문을 두드리니 어린 동자가 문을 열고 나와서 "누굴 찾으십니까?"하고 물으니 류비는 겸손하게 "류비가 뵙기를 청한다고 와룡선생한테 전해주십시오."라고 하였다. 어린 동자는 잠간 머뭇거리더니 "선생께서는 계시지 않습니다. 아침에 외출하셨습니다."라고 하였다. 류비가 "어디로 가셨습니까?"하자 어린 동자는 "어디로 가셨는지 잘 모르겠습니다. 아마 친구들을 만나 독서하러 갔을 겁니다."라고 대답하였다. 류비가 다시 물으려 하자 귀찮아진 장비는 "집에 없다 하지 않았소. 우린 이만 돌아갑시다!"라고 하자 한쪽에 서 있던 관우도 "우선 돌아갑시다. 이후에 사람을 시켜 확인해보고 다시 옵시다."라고 하였다. 류비도 할 수 없이 어린 동자에게 "선생께서 돌아오시면 류비가 다녀갔다고 전해주시오."하고 아쉬워하면서 와룡강을 떠났다.

며칠후 류비는 제갈량이 집으로 돌아왔다는 소식을 듣고 관우와 장비를 데리고 모시러 떠났다. 이날은 몹시 추웠는데 도중에 큰 눈까지 펑펑 쏟아져 무척 힘들었다. 장비는 견디기 어려워 하며 신야로 되돌아가자고 하였다. 류비는 도리여 큰 눈을 맞으면서 모시러 가야 우리들의 성의를 보여줄 것이 아니냐면서 계속하여 가기를 재촉하였다. 겨우 와룡강에 도착하여 물어보니 제갈량은 전날에 이미 친구들과 나가서 없다고 하였다. 또 한번 헛물을 켠 것이였다.

얼마후 류비는 좋은 날을 택하여 세번째로 제갈량을 청하러 가려 하였다. 이번에는 관우도 썩 달가워하지 않았다. 류비는 관우와 장비가 모두 싫어하는 것을 보고 말하였다. "자네들은 주문왕이 강상을 만난 이야기를 아는가? 문왕이 그렇게 강상을 존경하였기에 강상은 전심전력으로 문왕과 무왕을 보좌하였으며 군신이 힘을 합쳐 은상을 멸하는 대업을 완성하지 않았던가. 우리들도 응당 선인들의 방법을 본받아야 하지 않겠는가." 류비는 말을 마친 후 관우와 장비를 데리고 길을 떠났다.

류비 일행은 와룡강에 도착하여 어린 동자한테 물어보니 제갈량이 초당에서 잠을 자고 있다고 하였다. 류비는 서뿔리 깨울 수가 없어서 관우와 장비를 보고 문밖에서 기다리라고 하고 자기는 공손하게 초당 계단 아래에 서서 기다렸다. 얼마 뒤 제갈량이 몸을 뒤척이면서 깨여났다. 동자가 얼른 다가가서 "류비가 와서 기다린지 오래되였습니다."고 하니 제갈량은 그제야 류비 세 사람을 방안에 영접하여 천하의 대사를 담론하기 시작하였다.

류비는 "지금 한왕실이 쇠약하여 간신들이 득세하고 있는데 저는 주제넘게 나서서 천하의 안정을 도모하려 합니다. 그러나 지략이 짧고 능력이 모자라 지금까지 이렇다 할 일을 못하였습니다. 제가 어찌 하여야 성공할 수 있는지 선생께서 가르쳐주시겠습니까?"하고 물었다. 제갈량은 류비가 허심하고 성실한 것을 보고 당시 시국에 대해 아주 날카롭게 분석하면서 류비에게 전국을 통일할 수 있는 일련의 전략적 방침을 제기하여 주었다. "동탁이 락양에 들어온 다음부터 세력을 주, 군에까

지 확장하는 영웅들이 부지기수입니다. 조조는 원소보다 성망이나 병력이 모자라지만 결과적으로 원소를 패배시키지 않았습니까. 그것은 조조가 지략이 있기 때문입니다. 지금 조조는 백만군사를 가지고 있고 천자를 끼고 제후들을 호령하니 그와 맞설 수는 없습니다. 손권을 보면 장강 천험이 있는 데다가 백성들이 모두 따르고 있고 재능이 있는 사람들이 그를 위해 힘을 내고 있으니 그와는 련합을 해야지 싸울 생각은 말아야 합니다. 형주는 지세가 험준하며 북쪽에는 한수(汉水)와 면수(沔水)가 있고 남쪽으로는 남해와 잇닿아 있으며 동쪽으로 오회(吴会)와 붙어있고 서쪽으로는 파촉(巴蜀)하고 통하고 있어 싸우기 좋은 곳입니다. 하지만 형주의 주장 류표는 이곳을 지켜낼 수 없습니다. 하느님이 일부러 이곳을 장군께 보낸 것처럼 되였으니 장군께서는 응당 형주를 손에 넣어야 합니다. 익주는 지키기는 쉽지만 공략하기는 힘든 천연요새이고 땅이 기름지고 물산이 풍부하여 예로부터 '천부지국(天府之国)'으로 불리웁니다. 한고조 류방은 바로 익주를 근거지로 삼아 천하를 통일하는 대업을 완수하였습니다. 장군께서 만약 먼저 형주를 차지하여 기초를 닦은 다음 익주를 얻고 힘을 다해 나라를 다스려 국력을 튼튼히 하여 손권과 련합하고 서남 각 소수민족들과 사이좋게 지내면서 기회를 기다렸다가 중원으로 발전한다면 천하를 통일하는 대업은 성공할 수 있다고 봅니다." 제갈량의 말에 류비는 련속하여 머리를 끄덕이면서 동감을 표하였다. 그는 제갈량에게 "선생의 말씀은 아주 투철합니다. 바라건대 선생께서 하산하시여 저를 도와 천하를 통일하는 대업을 진일보로 획책하여 주십시오."라고 하였다. 제갈량은 류비가 매우 성근한 것을 보고 격동되여 말하였다. "기왕 장군께서 이렇게 저를 봐주시니 저로서는 있는 힘껏 장군을 도울 수밖에 없습니다." 류비는 제갈량이 이미 자기의 부탁을 들어준 것에 매우 기뻐하면서 어서 빨리 하산하여 함께 대업을 도모할 것을 부탁하였다. 이튿날 제갈량은 친구들과 작별을 고하고 류비를 따라 신야로 갔다.

제갈량은 당시 27살 밖에 안되였다. 이때로부터 그는 전부의 지혜와 재능을 리용하여 류비가 천하를 얻는 대업을 보좌하여 주었다. 류비의 세력은 날따라 커졌다.

128

채문희가 한에 돌아오다

채문희(蔡文姬)는 이름이 염(琰)이고 진류어(陈留圉, 지금의 하남성 기현 남부)사람이다. 그의 아버지 채옹(蔡邕)은 동한 말년의 대문학가이며 대서법가이다. 채옹이 쓴 산문은 그 표현이 우아하고 필치가 선명하며 대구를 많이 사용하였기에 당시 사람들의 깊은 사랑을 받았다. 그는 또 사부(辞赋)에도 능숙하여 백성들의 질고를 반영하였을 뿐만 아니라 통치배들의 부화타락도 폭로하였다. 그가 쓴 전서(篆书)와 예서(隶书)는 짜임새가 빈틈이 없고 시원시원하여 생기가 넘치였다. 한령제 희평 4년(기원 175년)에 그는 당계전(堂谿典)과 함께 《희평석경(熹平石经)》을 쓰기도 하였다. 그는 또 음악 방면에도 뛰여났는데 늘 딸에게 서법, 글짓기와 악기를 다루는 법을 가르쳐주었다. 채문희는 어릴 적부터 아버지의 가르침을 받아 학문이 뛰여나고 기억력도 비상하였으며 음악 방면에서도 조예가 깊었다. 전하는데 의하면 어느 하루 그는 침대에 누워 아버지가 타는 거문고 소리를 듣다가 불현듯 거문고의 줄이 끊어지자 아버지에게 "두번째 줄이 끊어졌지요."라고 물었다. 채옹은 문희가 우연히 맞춘 것이라고 생각하였다. 딸에게 정말로 음조를 식별하는 능력이 있는지 없는지 시험하기 위하여 이번에는 고의로 줄을 끊어버렸다. 그러자 문희는 "네번째 줄이지요."라고 하였다. 채옹은 딸에게 음조를 식별하는 능력이 있는 것을 보고 기뻐하면서 더욱 열심히 음악을 가르쳤으며 시와 문장을 쓰는 것도 가르쳐주었다. 이것은 전설적인 이야기이다. 실제로 채문희의 일생은 매우 비참하였다.

한령제 광화 원년(기원 178년)에 채옹은 다른 사람의 모함을 받아 온 가족이 삭방(朔方, 지금의 내몽골자치구 이흐쥬맹)으로 류배를 가게 되였다. 채문희는 아직 포대기 속의 아기였지만 상투가 잘리고 죄인으로 전락되여 류배를 가는 아버지를 따라가게 되였다. 몇달이 지나 채옹은 사면을 받아 집으로 돌아오게 되였다. 그러나 돌아오는 도중에 지방관리의 눈 밖에 나 또 온 가족이 12년의 방랑생활을 하고서야 마침내 락양으로 돌아왔다. 채옹은 문희를 하동(河东)의 위중도(卫仲道)에게 시집보냈다. 후에 채옹은 장안에서 왕윤(王允)에게 체포되여 투옥되고 나중에 감옥에서 죽게 되였다. 잇달아 문희의 어머니와 남편마저 저세상으로 가버렸다. 채문희는 홀로 진류에 돌아와 외롭고 쓸쓸한 생활을 하였다. 흥평 2년(기원 195년) 한헌제가 장안으로부터 락양으로 도망온 그해에 한헌제는 사람을 남흉노에 파견하여 량주(凉州)군벌 리각(李傕)의 추격을 막아줄 것을 요청하였다. 흉노병은 리각을 물리친 후 기회를 엿보아 대대적인 략탈을 감행하였다. 채문희는 흉노기병에게 랍치되여 억지로 흉노 좌현왕(左贤王)의 첩으로 되였다. 그는 흉노에 있는 12년 동안에 아이 둘을 낳았다.

채문희가 흉노에 있는 기간 중원에는 거대한 변화가 일어났다. 조조는 이미 북방을 통일하였고 북방의 생산이 발전하여 백성들의 생활이 보다 안정되였다. 이 기초상에서 조조는 문화를 발전시키기에 노력하였다. 그는 각 방면의 인재들을 포섭하면서 자기의 절친이였던 채옹의 딸 문희가 흉노에서 류랑하고 있는 것을 알고 후한 선물과 함께 사신을 파견하여 채문희를 도로 찾아옴으로써 그더러 한조의 문화사업의 발전을 위하여 힘을 바치게 해야겠다고 결정하였다.

한헌제 건안 13년(기원 208년)에 조조는 사신을 흉노에 파견하였다. 사신은 좌현왕과 채문희를 찾아뵙고 조조가 채문희를 한조로 데려가련다는 요구를 진술하고 좌현왕한테 보내는 후한 선물을 내놓았다. 채문희는 기쁘면서도 슬펐다. 기쁜 것은 오매에도 그리던 고향으로 곧 돌아갈 수 있어서이고 슬픈 것은 남편과 자식을 두고 떠나야 하는 것이였다. 이 시각 그 녀의 마음은 모순 속에 빠졌다. 그 녀는 어쨌으면 좋을지 몰랐다. 채문희는 재삼 고려한 끝에 북방에서 조조가 이루어놓은 업적에 감동을 받아 친혈육과 헤여지고 흉노를 떠나 한조의 문화사업에 몸바칠 것을 결심하였다.

채문희는 한조에 돌아온 후 조조의 뜻에 따라 아버지의 유지를 계승하여 적극적으로《속한서(续汉书)》의 집필사업에 참가하였다.

어느 한번, 조조가 채문희를 불러 “원래 너희 집에는 많은 고서들이 소장되였다 들었는데 지금도 그 책들의 내용을 기억하고 있는가?”고 하자 채문희는 “이전에 부친께서 저에게 고서 4,000여권을 주었댔는데 떠돌아다니면서 분실되여 하나도 남아있지 않습니다. 지금 기억되는 것들은 400여편 밖에 없습니다.”고 하였다. 조조가 “좋다. 내가 열사람을 보낼테니 외워 쓰도록 하여라.”고 하자 채문희는 “그럴 필요가 없습니다.

제가 다 쓴 다음 보내드리겠습니다."고 하였다. 채문희는 과연 자기의 기억을 더듬어 400여편의 고대 진귀한 문헌들을 외워 써내 우리 나라 문화의 발전을 위하여 보귀한 공헌을 하였다.

문희는 한조에 돌아온 후 조조의 알선으로 동사(董祀)에게 시집을 갔다.《후한서·동사처전(后汉书·董祀妻传)》의 기재에 의하면 채문희는 오언체(五言体)와 리소체(离骚体)로《비분시(悲愤诗)》를 각각 한수씩 썼고《호가십팔박(胡笳十八拍)》한편을 썼는데 모두 자서전 작품으로서 '스스로의 파란만장한 인생을 회상하는' 피눈물 어린 작품들이였다. 이 시들은 송조시기 곽무천(郭茂倩)이 편집한《악부시집(乐府诗集)》에 수록되여 있었다. 하지만 더 이른 남북조시기 서릉(徐陵)이 편집한《옥대신영(玉台新咏)》에는 수록되여 있지 않았다. 하여 어떤 사람들은《악부시집》에 수록된 것이 채문희의 원작이 아니라 다른 사람이 사칭한 것으로 의심하고 있다. 저명한 력사학가이며 문학가인 곽말약(郭沫若)은 채문희의 원작임을 고집하면서 자신이 몸소 겪은 사실이 아니고서는 절대로 그러한 절절한 감수를 쓸 수 없다고 하였다. 그는 선후하여 6편의 론문을 써서 이 점을 론증하였다. 학술상의 론쟁은 법원의 판결과 달라서 근근히 곽말약 개인의 의견이지 최후의 결론은 아닌 것이다.《악부시집》에 수록된 것이 채문희의 원작인지 아닌지는 후세 사람들이 진일보로 연구해야 할 것이다.

129

명의 화타

동한 후기에 우리 나라의 의학은 아주 빠른 발전을 가져와 수많은 명의들을 배출하였다. 화타(华佗), 장중경(张仲景)과 같은 사람들이 바로 그 가운데의 걸출한 대표이다.

화타는 자가 원화(元化)이고 패국 초현(沛国谯县, 지금의 안휘성 호주시)사람으로서 젊어서 서주(徐州)에서 공부를 한 적이 있었다. 공부를 열심히 한 덕에 그는 학문이 아주 깊었고 또 의학을 정통하였다. 화타가 학문이 깊고 의술이 높다는 소문을 듣고 많은 지방 관리와 조정의 대신들은 그를 청해 벼슬을 하게 하였다. 하지만 병을 보는 일이 즐거운 화타는 관청에서의 비리를 염오하였기 때문에 가난한 백성들의 아픔을 덜어주려고 그들의 청구를 모두 거절하였다.

화타는 늘 오늘의 강소, 산동, 하남, 안휘 일대에서 병을 보면서 수많은 사람들의 질병을 고쳐주었다. 그 가운데는 고치기 어려운 병도 있었다. 그는 정말로 거의 죽어가는 사람도 되살리는 뛰여난 의술을 갖고 있어 도처에 화타가 병을 치료하여 사람을 구한 감동적인 이야기들이 전해지고 있었다.

광릉(广陵, 지금의 강소성 회안시 회음구)태수 진등(陈登)이 병에 걸렸는데 늘 가슴이 답답하고 배가 아프며 얼굴이 벌겋고 식욕이 없었다. 화타가 그의 병을 진단하고 “당신은 잘 익히지 않은 육류와 생선을 먹은 데서 몸 속에 많은 벌레가 생겼습니다.”고 말하면서 벌레를 죽이는 처방을 떼주었다. 진등은 약을 먹은 후 정말로 많은 벌레를 토하고 병이 나아졌다.

리장군의 안해는 병이 심하여 사람을 시켜 화타를 청해왔다. 화타가 진맥해보고나서 “이것은 임신기간에 락상이 있어서 태아가 아래로 내려오지 못하여 생긴 병입니다.” 라고 하자 옆에서 지켜보던 리장군은 “정말로 넘어져서 몸을 상한 적이 있습니다. 그러나 그때 넘어지는 바람에 류산이 되였는데 태아가 아직도 배속에 있다니요?” 하고 놀라면서 말하였다. 화타가 “저의 진맥으로는 태아가 배 속에 있습니다.”라고 하자 리장군은 믿기지 않았다. 얼마간 시일이 지난 후 환자의 상태가 더욱 나빠져 리장군은 하는 수 없이 또 화타를 청해왔다. 화타는 진맥을 해보더니 “지난번과 크게 달라진 것은 없습니다. 아마도 쌍둥이였던 것 같습니다. 첫번째 태아가 류산될 때 피를 많이 흘린 탓에 두번째 태아가 내려오지 못한 거지요. 지금으로서는 침구와 탕약으로 죽은 태아를 내려오게 하는 수 밖에 없습니다.”고 하였다. 화타가 침도 놓고 탕약도 먹여 환자의 복통이 심해져 해산에 림박한 것 같았지만 태아는 내려올 기미가 보이지 않았다. 화타는 죽은 태아가 배속에 너무 오래 있어서 내려오지 못하니 인공적으로 꺼내여야 한다고 판단하였다. 그는 리장군을 보고 산파를 데려오게 한 후 안마를 하고 손으로 더듬어 과연 죽은 태아를 꺼내였다.

한번은 화타가 머리가 아프다는 두명의 환자를 만났다. 두 환자의 증세는 똑같았다. 화타가 맥을 짚어보더니 예심(倪寻)이라고 부르는 환자한테는 설사약을 떼주고 리연(李延)이라고 부르는 환자한테는 땀을 내게 하는 약을 떼주었다. 두 사람은 약을 먹은 후 모두 병이 나았다. 사람들은 화타에게 무엇 때문에 동일한 병에 서로 다른 두가지 약으로써 치료하는가고 묻자 화타는 “예심이는 병 원인이 몸 속에 있기에 설사약을 떼준 것이고 리연이는 바람을 맞아 감기에 걸린 것이기에 땀을 내는 약을 떼주었습니다.”고 하였다.

또 한번은 염독(盐渎, 지금의 강소성 염성시)사람 몇명이 술집에서 술을 마시며 화타를 기다리고 있었다. 화타가 들어와 매 사람들의 얼굴색을 살펴보더니 이들 가운데서 엄흔(严昕)이라는 사람을 불러 "당신의 얼굴을 보니 급병에 걸린게 분명한데 이제 술을 그만하고 돌아가시오." 라고 하였다. 엄흔은 반신반의하면서도 대수롭지 않아 하였다. 그는 얼마후 마차에 앉아 집으로 돌아가다가 몇리 못가서 어지럼증이 나면서 마차에서 굴러떨어졌다. 다른 사람이 부축하여 그를 집까지 데려다 줬지만 얼마 못가서 죽고 말았다.

화타는 내과와 침구에 능하였을 뿐만 아니라 외과수술에 용했는데 우리 나라 외과수술분야에서 중대한 공헌을 하였다. 한 환자가 간헐적인 복통으로 10여일을 앓았는데 머리카락과 눈섭마저 다 빠져버렸다. 화타는 환자의 맥을 짚어본 뒤 배를 눌러보기도 하고 환자의 표정을 살피기도 한 뒤 비장이 썩는 병이라 확진하였다. 그는 '마비산(麻沸散)'이라는 약을 술에 타서 환자더러 마시게 하였다. 얼마 지나지 않아 환자가 깊은 잠에 빠지자 화타는 배를 가르고 썩기 시작한 비장 절반을 재빠르게 도려낸 뒤 남은 비장을 잘 봉합하고 다시 배가죽을 꿰맸다. 특제한 고약을 바르고 탕약을 먹은 환자는 얼마후 건강을 회복하였다.

화타는 외과수술을 할 때면 환자에게 마비산이라는 약을 먹이는데 이것이 바로 우리가 말하는 마취제이다. 환자가 이 마비산을 먹으면 전신의 감각을 잃기 때문에 수술시의 고통을 줄일 수 있다. 화타가 발명한 마비산은 후에 조선, 일본, 아랍 등지에 전해졌다. 화타의 발명은 세계의 학사상에서도 위대한 발명이며 유럽사람들보다 1,600여년 일찍 마취약을 발명한 셈이다.

화타는 체육단련은 질병예방에서 매우 중요하며 사람은 경상적으로 운동을 해야만 혈액순환을 촉진하고 소화를 돕고 질병을 예방할 수 있다고 생각하였다. 그것은 마치 "문지도리는 좀 먹지 않고 흐르는 물은 썩지 않는 것"과 같다고 인정하였다. 화타는 '오금희(五禽戏)'라 하는 건강운동법을 창조하였는데 지금의 체조와 같은 것이다. 그는 범, 사슴,

곰, 원숭이, 새 등 5가지 동물의 동작을 모방하여 사지와 허리를 돌리고 각 관절을 움직여 신체건강을 촉진시켰다. 화타의 제자 오보(吴普)는 스승의 말 대로 오금희를 견지하여 90여세까지 살았는데 귀와 눈이 밝고 치아도 단단하였다고 한다. 오금희의 창조는 화타가 선인들의 신체단련 경험을 총화한 것이다. 진한시기 이후 일부 신선이 되고저 하는 사람들은 새와 짐승의 동작을 모방하고 기공을 련마하여 이것으로써 장생불로하려 하였다. 화타는 그중에서 신선이 되겠다는 환상적인 부분들은 버리고 신체를 단련하는 합리한 부분을 발전시키고 승화시켜 사람들에게 유익한 건강체조를 만들었던 것이다.

조조는 이전부터 머리가 아픈 병이 있었는데 화타의 의술이 좋다는 말을 듣고 사람을 시켜 청해오게 하였다. 화타는 조조를 진맥한 후 침구료법을 택하고 침 몇대를 놓으니 이내 통증이 멎었다. 조조는 매우 기뻐하면서 화타더러 남아서 수시로 자기 병을 봐달라고 하였다. 화타는 명리도 추구하지 않는데 오직 조조 한 사람만 위하여 병을 보라 하니 허락할 리가 없었다. 그는 집에서 편지가 왔으니 집에 갔다와야 한다고 구실을 댄 후 집에 도착한 후에는 안해가 앓아 떠나지 못한다는 것을 구실로 조조한테 가려고 하지 않았다. 조조가 여러번 편지를 띄워 독촉했지만 들은 체도 하지 않았다. 조조는 군, 현의 관리들까지 동원하여 독촉하였지만 그 때마다 화타는 이 구실 저 구실을 대가며 응하지 않았다. 이에 화가 상투밑까지 치민 조조는 사람을 파견하여 상세한 정황을 알아오게 하였다. 정말로 안해가 앓는다면 40말(斛)의 팥을 줄 뿐만 아니라 시일을 미루어주고 만약 거짓이라면 잡아들여 문죄하라 하였다. 결국 화타는 잡혀 들어왔다.

감옥에 갇힌 화타는 얼마 지나지 않아 사형을 선고받았다. 화타는 사형 당하기 직전에 감옥에서 쓴 몇권의 의서들을 간수들에게 주면서 "여기에 병을 치료할 수 있는 약처방들이 있으니 가져다가 후손들에게 물려주시오!"라고 하였다. 그러나 간수들은 무서워서 누구도 가질 엄두를 내지 못하였다. 화타는 탄식하면서 불에 태워버렸다. 건안 13년(기원 208년)에 화타는 살해되였다. 이는 우리 나라 의약사업의 발전에서 헤아릴 수 없는 손실이였다. 이 또한 조조가 일생에서 범한 가장 큰 착오 중의 하나였다.

130

의성 장중경

화타는 의술에 정통하였는데 뛰여난 분야는 외과수술이였다. 화타와 동시대의 장중경은 내과에 능한 것으로 이름이 났으며 더우기는 상한병에 대해 연구가 깊었다.

장중경은 이름이 기(机)이고 자가 중경(仲景)이며 남양군(南阳郡) 날양현(涅阳县, 지금의 하남성 등주시 동북) 사람이다. 그는 어려서부터 글 읽기를 좋아하여 많은 책을 읽었기에 박식하다고 동네방네에 소문이 자자하였다. 당시 글 읽는 사람들이 모두 권세를 쫓는데만 급급하고 백성들의 질고는 헤아리지 않는 것에 대해 장중경은 아주 불만스러워하였으며 또 미신사상이 성행하여 사람들이 병이 나도 의사를 찾는 것이 아니라 맹목적으로 무당의 말을 믿는 것에 대해서도 매우 혐오하였다. 그는 의술을 배워 사람들의 고통을 해결해주기 위하여 힘다하겠다고 결심하였다. 그는 한 고향사람이며 이름 있는 의사인 장백조 (张伯祖)를 스승으로 모시고 꾸준히 의술을 배워서 고향사람들을 치료해주었다. 한령제 재위 기간에 장중경은 관리로 선발되였는데 줄곧 장사(长沙)태수로 지냈다. 그는 청렴하여 백성들의 깊은 애대를 받았다.

한헌제 건안 년간(기원 196—219년)에 전쟁이 빈번하고 온역이 크게 돌아 죽어나가는 사람이 많았다. 장중경의 가족은 원래 200여명이였

는데 10년도 안되는 사이에 3분의 2가 병으로 죽었다. 그중 절대다수가 상한이라는 류행병에 걸려 죽었다. 그 시기 상한병이란 콜레라, 리질, 페염, 류행성 감기와 같은 급성 전염병들이였다. 동한 말년에 대부분 의사들은 이러한 전염병에 대해 속수무책이였고 딱히 이렇다 할 치료방법도 없어 수천수만에 달하는 사람들이 이런 전염병에 목숨을 잃었다.

장중경은 가족들의 죽음에서 자극을 받아 전염병에서 사람들을 구원해주기로 결심하고 상한병을 치료하는 일련의 방법을 모색하기 시작하였다. 그는 자기의 치료경험에 결부하여 상한병의 각종 증세에 대해 상세한 기록을 하고 환자와 가족들에 대한 세심한 탐문을 거쳐 상한병의 발병 원인과 여러가지 약효들을 료해하였다. 장기간의 노력을 거쳐 장중경은 마침내 상한병에 대한 일련의 병리, 진단, 치료, 약을 쓰는 리론과 방법을 총결해내였다. 상한병은 걸려서부터 점차적으로 발전하는 과정을 거치며 각기 부동한 단계, 부동한 환자에 따라 응당 부동한 치료방법이 있어야 한다고 인정하였다. 어떤 환자는 땀을 내야 되고 어떤 환자는 또 땀을 내서는 안되고 어떤 환자는 응당 설사를 해야 되는데 또 어떤 환자는 설사를 하면 절대 안되며 어떤 환자는 뜸을 떠야 하고 또 어떤 환자는 절대로 뜸을 떠서는 안되는 것이였다. 장중경은 이렇게 말하였다. " 만약 땀을 내지 말아야 할 사람이 땀을 내면 진액이 고갈되여 생명을 잃을 수 있고 반대로 땀을 내야 하는 사람이 땀을 내지 못한다면 땀구멍이 막혀 질식하여 죽을 것이다. 또 설사를 해야 할 사람이 설사를 못하면 속이 더부룩하고 부종이 생겨 죽을 것이며 뜸을 뜨지 말아야 할 사람이 뜸을 뜨면 사악한 기가 배 속에 들어가 병세를 더욱 악화시켜 나중에 죽을 것이다. 또 뜸을 떠야 할 사람이 뜸을 뜨지 않으면 차가운 응어리가 뭉치고 풀리지 않아서 나중에 죽음에 이를 것이다." 총적으로 사람의 병을 치료하려면 환자의 발병 원인에서부터 병세의 발전 정도며 복용했던 약이며 이러한 것들을 충분히 료해한 기초상에서 병에 맞게 약을 써야 치료 효과가 있다는 것이다.

장중경은 당시 의사들이 병을 치료할 때 관례 대로 건성 치료하는 것을 반대하였다. 어떤 의사들은 간단하게 환자가 어디가 아픈가를 묻고 진맥할 때에도 세 손가락으로 맥의 경중을 알아내고는 맥상이 정상적인 사람들과 어디가 다른가를 판별하지 않고 총망히 처방전을 쓴다. 장중경은 의사들이 이렇게 책임을 지지 않고서야 어떻게 병을 잘 치료할 수 있겠는가고 말하였다. 장중경은 환자들의 병을 볼 때 춘추전국시기에 이미 발명한 시진, 청진, 문진, 맥진 (望、闻、问、切) 이 4진법(四诊法)을 잘 활용하였다. 시진은 환자의 기색을 살피는 것이고 청진은 환자의 말소리거나 호흡소리를 듣는 것이며 문진은 환자의 자아감각과 음식, 대소변 상황을 묻는 것이며 맥진은 환자의 두손의 맥박을 짚어보거나 심지어는 발 맥박까지 짚어보는 것을 말한다. 그는 4가지 진단료법을 잘 운용하고 또 4가지 진단료법을 통하여 얻은 각종 상황들을 종합적으로 분석해야만이 그에 따른 정확한 치료 방안과 정확한 처방을 내릴 수 있다고 하였다. 단일한 진단법으로 얻은 편면적인 현상에 의한 치료방안은 결코 정확하지 못하기에 처방전 역시 병세와 맞지 않을 것이며 환자가 복용한 후 병적인 고통을 감소하기는 어렵다고 하였다.

장중경은 장기간의 림상 실천과 자세한 연구를 거쳐 4가지 진단료법으로 환자의 병세가 음증인지 양증인지 또 병이 겉에 있는지 아니면 깊이 장부(脏腑) 속까지 들어갔는지, 또는 허증(虚症)인지 실증(实症)인지 한증(寒证)인지 열증(热症)인지를 구별할 수 있었다. 음, 양, 표, 리, 허, 실, 한, 열(阴、阳、表、里、虚、实、寒、热) 이 여덟가지는 중의진단학에서 8강(八钢)으로 불리운다. 4진8강(四诊八钢)의 변증법적인 방법으로 치료를 실시하는 리론원칙은 중의학의 핵심사상이다. 장중경은 이 리론원칙을 제정하여 우리 나라 중의학에 아주 중대한 공헌을 하였다.

상한병 이외에도 장중경은 난치병 치료방법을 모색하기 위하여 많은 심혈을 기울였다. 잡병(杂病)의 범위는 아주 넓은데 대체상에서 내과를 위주로 하고 그 외에 부인과, 소아과, 외과가 포괄된다. 장중경은 모든 환자의 병세에 대하여 대강 지나치지 않고 열심히 병근원과 병리에 대한 연구를 하였으며 이미 다 완쾌된 환자에 한해서도 경상적으로 방문하여 재발하지 않았는지를 료해하였다. 그는 환자들에게 먹는 약만 처방하는 것이 아니라 경상적으로 침구, 찜질, 안마, 발담그기, 귀불기, 재채기 등 다양한 치료방법을 썼다. 그는 어떤 병은 이런 방법으로 치료하는 것이 약을 먹기보다 더 효과적이라고 하였다.

장중경은 예방도 치료와 마찬가지로 중요하다고 주장하였다. 질병을 예방하는 방법은 음식을 잘 조절해야 할 뿐만 아니라 로동과 휴식이 적당해야 하는데 이 두가지를 잘하기만 하면 기본상에서 건강한 신체를 보존할 수 있다고 하였다.

장중경은 병을 보는 한편 자기의 림상경험을 총화하여 효과가 좋은 처방전들을 기록하였다. 다년간의 림상경험에 기초하여 그는《상한잡병론(伤寒杂病论)》이라는 책을 썼다. 후에 서진의 명의 왕숙화(王叔和)는 이 책을 상세히 연구한 후《상한론(伤寒论)》과《금궤요략(金匮要略)》으로 다시 편찬하였다.《상한론》은 전문적으로 상한병의 병리를 분석하고 치료 방법을 제기하였으며 효과 좋은 처방전까지 부록하였다.《금궤요략》은 각종 잡병에 대한 의약집서로서 대량의 처방전이 실려있다. 이 두 부의 의서는 중의학의 경전저작이다. 장중경은 그의 걸출한 공헌으로 하여 후세 사람들에게 "의성(医圣)" 으로 불리웠다.

131

적벽에서의 싸움

관도의 싸움이 있은 후 조조는 북방을 통일하고 생산을 발전시키고 군사력을 강화하였다. 그는 남방으로 진군하여 형주의 류표와 강동의 손권을 소멸하고 전국을 통일하려 하였다.

건안 13년(기원 208년) 조조는 남하하여 형주를 차지하였다. 이 시기 형주에 도사리고 있던 류표는 죽고 그의 둘째아들 류종(刘琮)이 그 직위를 계승하고 있었다. 류종은 조조의 군사가 남하한다는 소리에 간담이 서늘해져 암암리에 조조에게 투항을 하였다. 류표의 파견을 받고 신야, 번성 일대를 지키던 류비는 조조의 대군이 림박하자 저항하여도 소용없음을 알고 총망히 강릉(江陵, 지금의 호북성 강릉현)으로 퇴각하였다. 강릉은 군사요충지일 뿐만 아니라 병력과 물자의 중요한 공급지이기도 하였다. 조조는 류비가 강릉을 차지할가봐 친히 5,000명의 기병을 거느리고 불철주야로 쫓아왔다. 며칠 안되여 조조는 장판(长坂, 지금의 호북성 당양시 동북)까지 쫓아와서 류비를 대패시키고 강릉을 빼앗아갔다. 류비는 오솔길로 하구(下口, 지금의 호북성 무한시)까지 도망쳐가 류표의 큰아들 류기(刘琦)와 합류하여 보니 군사가 2만 밖에 안되였다.

조조의 남하에 대하여 강동의 손권도 무척 불안해하였다. 로숙은 손권의 동의하에 류비한테로 가서 동태를 살피는 한편 류비를 설복하여 련합해서 조조를 대적하자고 하였다. 류비는 로숙의 말에 동감을 표하면서 군대를 장강 남안의 번구(樊口, 지금의 호북성 악주시 악성구)에 철퇴하여 주둔시켰다. 조조는 류종의 군대 8만을 항복시켜 병력을 20만으로 늘이고 강동을 따라 남하하여 하구까지 곧장 다가갔다. 제갈량이 형세의 긴박성을 보아내고 류비한테 "사정이 급합니다. 제가 손권한테 가서 구원을 요청하겠습니다."고 하니 류비는 제갈량을 파견하여 로숙과 함께 시상(柴桑, 지금의 강서성 구강시)으로 가 손권을 만나게 하였다.

제갈량이 손권을 만나보니 손권은 조조에 저항할 것인가를 두고 우유부단하고 있었다. 제갈량이 "조조가 형주를 함락하고 온 천하에 위세를 떨치면서 장강을 따라 강동으로 곧장 다가오고 있습니다. 손장군께서 만약 조조와 싸울 생각이라면 응당 그와 관계를 단절해야 합니다. 만약 그럴 용기가 없으시다면 왜서 일찌감치 투항하여 조조의 신하가 되지 않았는지요?"라고 하자 손권은 제갈량에게 "류예주(豫州, 류비가 예주차사로 지낸 적이 있었기에 고대 사람들은 이름을 부르지 않고 관직을 부르는 것으로 존경을 표시)는 왜서 조조한테 투항하지 않는지요?"라고 반문하였다. 그러자 제갈량은 "류예주께서는 한조 왕실의 후예이고 선비들의 선망의 대상인데 이만한 곤난 앞에서 어찌 굴복한단 말입니까?"라고 하였다. 손권은 제갈량이 이렇게 말하자 매우 격동되여 자리에서 벌떡 일어나면서 "강동과 10만 병사들이 다른 사람의 지배를 받게 해서는 안되지요. 저는 이미 결심을 내렸습니다. 그런데 류예주는 금방 싸움에서 패했는데 어찌 조조와 대적할 수 있겠습니까?"고 하자 제갈량은 "류예주는 아직 정예군사 2만이 있습니다. 조조는 비록 군사가 많다 하지만 먼 길을 달려왔기에 이미 기진맥진한 상태입니다. 또 조조 군사는 태반이 북방사람들이여서 남방의 수토에 맞지 않고 수전에 익숙하지 않습니다. 그들은 금방 형주를 점령하였기에 민심을 얻지 못하고 있습니다. 이러한 상황에서 우리가 련합하여 협동작전을 벌인다면 기필코 조조를 패배시킬 겁니다."라고 하였다. 제갈량의 이와 같은 분석은 손권으로 하여금 조조와 맞서 싸우려는 결심을 더욱 굳히게 하였다. 그는 즉시 문무백관들을 모아놓고 조조를 항격할 방법을 토론하였다. 마침 이 때 조조가 편지를 보내 자기가 친히 80만 대군을 거느고 강동을 토벌하겠다고 손권을 위협하였다.

회의에서 손권이 조조의 편지를 보여주자 여러 사람은 경황실색하였다. 장사(长史) 장소(张昭)는 "우리가 조조와 맞설 수 있었던 것은 장강 천험 때문이였습니다. 그런데 지금 조조가 형주를 점령하고 류표의 수군과 수천척의 배로 강을 따라 수륙 량로로 압박해오고 있습니다. 그는 이미 장강 북안의 요새들을 점령하고 있는데 우리가 무슨 방법으로 저항한단 말입니까? 제가 보건대는 그와 화해하고 환영을 표시하는 것이 나을 듯 싶습니다."라고 하였다. 손권은 투항을 하자는 여론을 듣자 불쾌하여 토론 장소를 떠나버렸다. 로숙이 뒤쫓아 와서 "금방 장소가 김빠지는 말들을 하였는데 절대로 들으시면 안됩니다. 주유가 오면 같이 결정합시다."고 말하였다. 손권은 로숙의 말대로 잠시 휴회를 선포하고 주유가 오기를 기다렸다.

주유는 그때 파양호(鄱阳湖)에서 수군을 훈련시키고 있었다. 손권이 부른다는 소리에 이내 시상으로 돌아왔다. 그는 문무관원들의 의견을 듣고 손권에게 "장군은 수천리 강동에 할거하면서 정예한 군사에 충족한 군량까지 있어 응당 천하를 제패해야 마땅한데 조조에게 굴복하다니요?" 하면서 계속 분석하였다. "기실 조조의 군사는 많아야 20만 밖에 안됩니다. 지금은 제일 추운 계절이라 그들은 마초가 부족할 것입니다. 북방군사들이 남방에 오면 수토가 맞지 않아 필연코 병에 걸릴 겁니다. 이러한 것들은 모두 조조 군대의 치명적인 약점입니다. 제가 보기에는 이때가 바로 우리가 조조를 패배시킬 절호의 기회입니다. 주공께서 저에게 정예군사 몇만을 주신다면 하구로 달려가 조조를 격패시키겠습니다." 주유의 말에 손권은 정신이 번쩍 들었다. 그는 칼을 뽑아 단칼에 책상모서리를 베면서 "누가 만약 또다시 조조에게 투항해야 한다는 말을 하면 이 책상과 같이 될 것이다."고 말하였다. 손권은 주유를 대도독으로, 정보(程普)를 부도독으로, 로숙을 찬군교위로 임명하고 군사 3만에 류비의 수군과 회합하여 협동작전할 것을 명령하였다. 손, 류 련합군은 장강 남안의 적벽(赤壁, 지금의 호북성 포기시 경내)에 주둔하면서 북안의 조조 군대와 강을 사이 두고 대치하고 있었다. 한차례 큰 싸움이 바야흐로 일어날 것이였다.

과연 이때 조조의 군사들 속에는 수토에 맞지 않아 환자들이 속출하였다. 게다가 련일 흔들리는 배에 습관이 되지 않아 많은 사람들이 구토를 하는 바람에 작전능력마저 상실하였다. 조조는 속이 바짝 타들어갔다. 이때 한 사람이 철사로 배를 한데 묶어놓고 널판자를 펴놓는다면 '련환선(连环船)'이 되여 한결 평온할 것이라고 건의하였다. 조조는 급히 령을 내려 밤도와 '련환선'을 만들게 하였다. 사람이 배 우에서 걸어다닐 수 있어 마치 륙지에서나 마찬가지로 평온하였다.

손, 류 련합군을 통솔하는 주유는 조조가 '련환선'을 만들었다는 보고를 받고 여러 사람들과 대책을 연구하였다. 부하 장령 황개(黄盖)가 "련환선은 비록 평온한 것은 사실이지만 약점이 있습니다. 화공(火攻)에 약하지요."라고 하자 주유는 "화공! 참 좋은 방법이구나! 그런데 어떻게 불을 놓겠는가? 누군가가 거짓으로 투항하는 척하면서 그들한테 접근했다가 기회를 보아 불을 놓을 수 밖에. 그런데 이것은 매우 위험한 일이다."라고 하였다. 그러자 황개는 "제가 가겠습니다. 분신쇄골이 되더라도 꼭 방법을 대여 조조 진영에 불을 놓고야 말겠습니다."라고 하며 자진해 나섰다.

며칠후 조조는 황개에게서 투항하련다는 편지를 받았다. 이 시기 조조는 자기가 절대적인 우세에 처해 있고 손권의 처지가 아주 곤난하여 강동정권의 종말은 인젠 돌려세울 수 없기에 손권정권 내부의 분화는 불가피하다고 생각하였다. 하여 조조는 황개의 거짓투항편지에 추호의 의심도 하지 않고 오히려 날자와 암호까지 정하였다.

약정한 날자가 다가왔다. 날이 막 어두워질 때 조조는 병사의 보고를 받았다. "10척의 배가 황룡기를 꽂고 북안으로 오고 있습니다." 조조는 기쁜 나머지 "이것은 황개가 투항하러 오는 것이다. 황개가 오면 나의 큰 일이 성사된 것이다."라고 하였다. 하지만 황개의 10척의 배에는 기름을 듬뿍 친 마른풀들이 가득 실려져 있었고 겉에다는 풍막을 쳐 가리워놓은 줄을 누가 알았겠는가. 조조의 진영에서 멀지 않은 곳에 이르자 황개는 배에 불을 붙이라고 령을 내렸다. 마침 동남풍이 불어 불길은 바람을 타고 세차게 타올랐다. 10척의 배 또한 10마리의 불룡마냥 바람따라 쏜살같이 돌진하여 조조 진영을 몽땅 태워버렸다. 조조 진영의 배들은 철사로 련환선을 만들어놓았기에 불이 닿자 이내 불바다가 되였다. 화염이 충천하고 화광이 량안의 석벽을 환히 비추었다. 조조의 군대는 놀라서 허둥대면서 서로 살겠다고 도망치기에 바빴다. 불에 타 죽고 물에 빠져 죽고 하여 죽은 자가 부지기수였다. 주유는 이 기회를 타서 련합군의 주력을 지휘하여 조조군에 향하여 맹렬한 공격을 퍼부었다. 조조군은 크게 패하였다. 손, 류 련합군은 수륙 량로로 나누어 승승장구로 추격하였다. 조조는 패전병들을 거느리고 륙로로 황망히 도망쳐 나중에 허창에 돌아갔다. 조조는 그후로 다시는 남하하지 못하였다.

적벽에서의 싸움은 손, 류 련합군의 승리와 조조군의 패배로 끝났다. 이것은 우리 나라 력사에서 적은 병력으로 많은 병력을 싸워 이긴 또 한차례의 유명한 싸움이였다.

132

조위가 한을 대체하다

적벽싸움후 조조는 패하여 북방으로 돌아갔다. 손권과 류비 련합군은 력량이 부족한 데다가 동상이몽이여서 승리후 이내 군사들을 거두어 들였다. 이렇게 되여 조조, 손권, 류비 세 력량은 잠시 평형을 이루면서 상대적으로 완화상태에 들어갔다. 세 력량은 모두 자기 내부의 정돈에 바빴으며 힘을 축적하여 앞으로를 대비하려 하였다.

북방에 돌아간 조조는 실패한 교훈을 총화하여 우선 군대를 정돈하고 생산을 발전시키며 인재를 포섭하고 력량을 강화하려 하였다. 그는 사람을 파견하여 회하, 비수 등 강에서 수군을 훈련시켰으며 또 사람을 시켜 수리건설을 대대적으로 진행하고 둔전을 실시하여 량식을 축적하게 하였으며 '재능에 따라 사람을 쓰는' 령을 반포하여 재능과 학식을 갖춘 많은 인재들이 조조 밑으로 들어오게 되였다.

동시에 조조는 한헌제 류협(刘协)을 핍박하여 더욱 많은 권력을 자기 수중에 장악함으로써 한조의 천하를 빼앗으려고 하였다. 건안 18년(기원 213년) 한헌제는 핍박에 의해 조조를 위공(魏公)으로 봉하고 익주(益州, 지금 하북성의 대부분과 산서성, 산동성의 일부) 10개 군을 봉지로 정하고 조조가 봉지내에서 상서(尚书), 시중(侍中), 6경(六卿) 등 관속을 두는 것을 허락하였다. 3년후 한헌제는 또 핍박에 못 이겨 조조를 위왕으로 봉하고 천자만이 쓸 수 있는 기발의 사용을 허락하여 드나들 때 천자와 같은 격식을 과시하게 하였다. 이 시기 조조는 명의상에서 비록 한조의 승상과 위왕이였지만 실제상에서는 한헌제에게 황제자리를 내놓으란 말을 하지 않았을 따름이였다. 그때 조조 나이가 이미 60을 넘었다. 세월이 무정하다고 그는 황제로 되는 일은 아들에게 남겨주어야 되겠다고 생각하였다. 건안 25년(기원 220년) 정월에 조조는 죽었다. 그의 아들 조비(曹丕)가 위왕과 승상직을 계승하고 아버지가 이루지 못한 사업을 완성하려고 준비하기 시작하였다.

조비의 수단은 조조보다 더 고명하여 한헌제를 핍박하지 않고 먼저 군사를 거느리고 남쪽을 정벌하는 척한 후 군권을 손에 쥐고 한헌제를 겁주고 더욱 많은 사람들을 자기 켠에 끌어들이려고 하였다. 조비는 군대를 거느리고 고향 초현에 돌아가 크게 연회를 차려 6군 장병들과 고향의 백성을 청하였다. 그는 비록 아직 황제는 되지 못했지만 당년에 한고조 류방이 금의환향하던 때와 똑같았다. 이 시기 강동의 손권은 력량을 축적하느라 바빴다. 그는 류비와의 모순이 이미 아주 첨예해져 조비와 대항할 겨를이 없었다. 조비가 군대를 거느리고 남하한다는 소리에 인차 사람을 파견하여 조비가 위왕이 된 것을 축하하고 화해하려는 의도가 있음을 표시하였다. 조비는 싸우지도 않고 손권과 서로 평화롭게 된 것에 만족을 느끼면서 군사를 거느리고 허창으로 돌아갔다.

조비는 자기의 부하들을 시켜 여론조성을 하게 하였다. 부하들은 조비의 생각 대로 부단히 좋은 징조가 나타난다는 헛소문들을 만들어냈다. 그들은 조비의 고향 초현에 황룡이 나타났다 하다가 또 한참 지나서는 석읍(石邑, 지금의 하북성 석가장시 서남)에 많은 봉황이 날아들었다 하다가 또 조금 지나서는 요안(饶安, 지금의 하북성 염산현 서남)에서 흰 꿩을 보았다고 하였다. 룡이나 봉황은 모두 현실생활에서 존재하는 동물이 아니고 다만 사람들의 상상 속에 있는 신과 같은 짐승과 새이기에 봉건사회에서는 황제나 황후의 상징으로 되였다. 흰꿩은 비록 현실생활에 존재하는 동물이지만 흔치가 않아서 그 때 사람들은 상서로운 동물로 여겨왔다. 조비의 고향에서 황룡이 나타났다고 하는 것은 조비가 황제로 될 "진룡천자(真龙天子)"임을 말하려는 것이고 봉황이나 흰꿩은 모두 황룡을 돋보이게 하여 조대가 바뀔 때가 정말로 왔음을 증명하려는 것이였다.

상서로운 여론을 조성함과 동시에 조비의 친신들은 당시 류행되던 참위(谶纬) 미신을 리용하였다. 태사승(太史丞) 허지(许芝)는 능청스럽게 말하였다. "내가《이운기(易云期)》라는 참위책을 봤는데 책에서는 '言居东，西有午，两日并光日居下。其为主，反为辅。五八四十，黄气受，真人出。'고 하였습니다. 곰곰이 생각해보니 '言'자에 '午'자를 더하면 '许'가 되고 '日'자가 두개면'昌'가 되니 합치면 허창 즉 위왕의 발상지가 아닙니까! '其为主,反为辅'라 함은 위왕이 응당 군주여야 하는데 승상이 되였으니 뒤바뀌여졌음을 말하는 것이고 '五八四十，黄气受,真人出'라 함은 한조가 서경과 동경에 도읍을 정하고 나라를 통치한 시간을 합치면 400년이 된다는 것입니다. 천운이 다 되였으니 응당 새로운 진명천자한테 양도하라는 뜻입니다." 허지는 계속하여 말하였다. "이 책에서는 또 '鬼在山，禾女连，王天下。'라고 하였는데 '鬼'자에 옆에 '禾女'자 를 붙이면 '魏'자가 아닙니까? 참위는 이미 전부터 예견이 있어 위왕이 응당 천하의 주인이 되여야 한다는 것입니다." 허지가 이렇게 말하니 다른 사람들은 얼른 그의 뜻에 따라 동을 달았다. 어떤 사람은 "참위책은 제일 신통한 신선의 예언이다. 당년에 광무제가 재위할 때에도 참위에서 말한 대로 했다고 한다. 때문에 믿지 않으면 안된다. "고 말하고 또 어떤 사람은 "책에 그렇게 씌여져 있음은 한조는 이미 천명을 다 하였음을 말하기에 한조의 황제는 응당 자리를 위왕에게 양도하여야 한다."고 하였다. 또 많은 사람들이 엉터리로 지어낸 이런 말들을 한헌제에게 보고하였다. 그 뜻인즉 빨리 황제의 자리를 내놓으라는 것이였다.

한헌제는 황제의 자리를 내놓으라고 하니 아주 불쾌해하였다. 그는 "당년에 고조황제가 항우와 중원에서 천하를 다투면서 얼마나 힘들게 나라를 세웠는데. 광무제도 한조의 중흥을 위하여 생사를 넘나들면서 분투하지 않았는가! 선조들이 이룩해놓은 나라를 내 손으로 다른 사람에게 넘겨줘야 한다니 죽어서 어떻게 조상을 대하겠는가?"고 하면서 눈물을 흘렸다. 하지만 그는 황제자리를 양위하지 않을 수가 없었다. 조정의 대신들은 모두 위왕의 사람들이고 자기는 진작에 빈 허울 뿐인 괴뢰였다. 보아하니 양위는 이미 기성사실로 되였다. 양위를 안하다가는 목숨도 위태로울 것 같았다. 그럴 바엔 주동적으로 양위를 하면 조비가 사정을 봐주어 목숨은 보존할 수 있을 것 같았다. 여기까지 생각한 한헌제는 눈물을 머금고 양위조서를 내려 황제자리를 위왕 조비에게 선양한다고 선포하였다.

조비는 한헌제의 조서를 받아보고 속으로 무척 기뻤지만 겉으로는 사람을 시켜 조서를 되돌려 보냈다. 한헌제는 재차 조서를 내렸으나 조비는 의연히 돌려보냈다. 한헌제가 어찌할 바를 몰라할 때 한 대신이 나서서 "황위의 선양은 허투루 하면 안됩니다. 응당 성대한 의식을 거행하여야 한다고 봅니다."고 하자 그제야 조비의 의사를 알아차린 한헌제는 사람을 파견하여 밤도와 영음(颍阴)의 번양(繁阳, 지금의 하남성 림영현 서북)에다 선양단(禅让坛)을 만들게 하였다. 선양의식에서 먼저 한헌제가 제단에 올라가 천지신명과 조상들에게 제를 올렸다. 한헌제가 우에 서고 조비가 아래에 선 다음 한헌제가 선양조서를 읽어 공개적으로 한조는 이미 천명을 다하였음을 승인하고 황제의 자리를 하늘이 점지한 위왕 조비한데 양도한다고 선포하였다. 그 다음 쌍방은 자리를 바꾸어 서서 조비는 황제가 되였음을 선포하였으며 국호를 위(魏)라 하고 년호를 황초(黄初)라 바꾸었으며 한헌제를 산양공(山阳公)으로 봉하고 하내군(河内郡)내의 산양현에 거주하게 하였다. 얼마후 조비는 락양으로의 천도를 선포하고 번양을 번창(繁昌)으로 고쳐 그가 건립한 위나라는 여기로부터 번창하기 시작함을 표시하였다. 한위(汉魏)지간의 이른바 선대(禅代)가 비로소 완성되였다. 조조가 오래동안 계획하였지만 실현 못했던 일을 조비가 해냈다. 실제상 이것은 한차례 류혈이 없는 정변이였다.

이 기간에 남방의 류비는 적벽싸움의 승리의 기세를 몰아 형주를 점령하고 익주로 발전하려 하였다. 당시 익주를 차지하고 있던 류장은 담이 작고 무능하여 수하의 일부 사람들마저 그가 익주를 관리하고 조조에 대항하기에는 힘이 부친다고 하였다. 장송(张松)이라는 관원은 그에게 류비를 청하여 익주를 관리하면 좋을 것 같다고 권고하였다. 류장은 장송의 말대로 법정(法正)을 파견하여 류비를 청해오게 하였다. 기실 장송과 법정은 류비를 청하여 류장을 대체하려고 이미 모의를 한 뒤였다. 류비가 이 소식을 알고 사람들을 거느리고 익주로 왔다. 얼마 지나지 않아서 그는 류장을 따르는 장령들과 마찰이 생겼다. 류비는 련이어 승리하였지만 그도 군사 방통(军师庞统)을 잃었다. 이 소식을 들은 제갈량은 관우한테 형주를 지키라 하고 장비, 조운과 함께 류비를 지원하러 밤도와 달려갔다. 무능한 류장이 어찌 류비의 상대가 되겠는가? 나중에는 성도까지 포위되였다. 류비는 또 서량의 명장 마초(马超)와 손잡고 류장에게 투항을 권고하였다. 류장은 할 수 없이 투항을 접수하고 익주를 류비한테 넘겨주었다. 류비는 소원성취하고 스스로 익주의 차사가 되였다. 이때로부터 진정으로 그한테 속하는 근거지를 얻게 되였다.

그 후 류비는 또 한중(汉中)에 눈독을 들였다. 한중은 익주 북쪽의 문호이기 때문에 한중을 얻는다면 익주의 안전은 문제가 되지 않았다. 한중은 당시 조조의 수중에 있었기에 조, 류 사이의 싸움이 한중에서 일어났다. 류비가 친히 출병하자 조조도 장안까지 와서 독전(督战)하였다. 처음에는 조조군이 승리하였다. 그러나 장군 하후연(夏侯渊)이 자기의 상대이며 오랜 장령인 황충(黄忠)을 깔보면서 "황충은 수염까지 하얀데 싸울 수 있겠는가?"고 하자 조조는 그래도 방심해서는 안된다고 권고했지만 듣지를 않았다. 후에 정군산(定军山) 싸움에서 황충은 힘을 비축하였다가 피로한 적군을 돌연 습격하여 하후연을 죽여버렸다. 이어 조운은 '공영계(空营计)'로써 조조의 장군 장합(张郃)을 제거해버렸다. 전쟁의 형세는 류비에게 유리하게 되였다. 몇달이 지난 후 날씨가 무더워져 전염병이 돌자 조조군은 철퇴하는 수 밖에 없었다. 류비는 한중을 점령하고 한중왕(汉中王)이라 자처하였다. 그는 오로지 조조를 소멸하고 한조를 다시 회복하려고 애를 썼다.

조비가 한조를 대체하였다는 소식이 익주에 전해지자 류비는 한없이 슬퍼하였다. 그는 군민들을 거느리고 하늘에 대고 3일 동안 대성통곡을 하였다. 그후 성도에서 황제로 되여 한조의 법통을 계승한다고 선포하였다. 류비가 건립한 한조의 세력범위가 파촉지구에만 국한되였기에 력사에서는 촉국(蜀国)이라고 하였다. 류비가 황제로 된 후 8년만인 기원 229년에 손권도 금릉(金陵, 지금의 강소성 남경시)에서 황제가 되고 국호를 오(吴)라 하였는데 력사에서는 동오(东吴) 혹은 손오(孙吴)라고 하였다. 이렇게 천하는 위(魏), 촉(蜀), 오(吴) 삼국 정립의 국면이 형성되였다.

삼국

동한 말년에 군벌 혼전으로 형성된 할거세력들은 나중에 조조, 류비, 손권에 의해 삼국 정립의 국면이 형성되였다. 동한의 황제는 핍박에 의해 '선양'의 방식으로 정권을 조조의 아들 조비에게 넘겨주었다. 력사는 이때로 부터 '삼국'시기에 들어섰다. 동한의 멸망은 기원 220년이다. 하지만 삼국의 형성은 동한 말년의 군벌할거로부터 시작되며 또 소설《삼국연의》의 영향으로 사람들은 왕왕 황건봉기 이후의 력사를 '삼국'시대라고 생각하고 있다. 이 책은 엄격하게 력사적 시기를 획분한데 근거하여 조비가 황제가 되여서부터 서진이 건립되기까지의 력사를 '삼국'시대로 정하였다.

위나라는 조비가 건립하였고 도읍은 락양에 정하였으며 기원 220년부터 기원 265년까지인데 서진에 의해 멸망되였다. 촉한은 류비에 의해 건립되고 도읍은 성도에 정하였으며 기원 221년부터 기원 263년까지로서 위나라에 의해 멸망되였다. 오나라는 손권에 의해 건립되고 건업을 도읍으로 정하였으며 기원 222년(손권이 황제로 칭한 것부터 계산하면 기원 229년부터이다)부터 기원 280년까지로 서진에 의해 멸망되였다.

삼국시기는 국가가 분렬되고 전쟁이 빈번하였다. 동시에 각국 내부에는 권력분쟁이 끊임없었고 모순이 첨예하여 정권은 매우 불안정하였는데 그 가운데서 위, 오 두 나라가 가장 엄중하였다. 이러한 분쟁은 경제문화의 발전을 엄중히 저애하였다. 그러나 삼국은 모두 대방을 소멸하고 전국통일을 목표로 각자의 통치구역에서 개발과 건설을 다그치고 기반을 확대하고 실력을 증강시켰는데 이러한 것들은 객관상에서 일부 편벽한 지구의 사회경제발전에 커다란 추동적 작용을 하였다.

삼국 가운데서 위나라의 경제문화성과가 제일 현저하였다. 위나라는 중원지구에 많은 수리시설을 건설하여 전란으로 파괴되였던 북방의 농업생산을 복구하고 발전시켰으며 따라서 국력도 강대해졌다. 제철업과 방직업을 위주로 한 수공업수준이 현저한 제고를 가져왔다. 장인 마균(马钧)이 제작한 지남차(指南车)는 치륜의 원리를 리용하여 만든 것으로서 기계제조업에 중대한 의의를 부여하였다. 사상상에서 유학(儒学)의 작용을 떨어뜨리고 현학(玄学)을 공리공담하는 풍기가 형성되였는데 이것은 그후 수백년 동안이나 사회에 영향을 주었다. 문학은 의연히 오언시(五言诗)를 주체로 하여 '죽림칠현(竹林七贤)' 등 저명한 시인들을 배출하였다.

촉한은 승상 제갈량의 주관하에 한 방면으로는 공격을 최선의 방어로 삼아 여러번 중원을 북벌하였지만 모두 성과가 없었다. 다른 한 방면으로는 농업생산을 중시하고 수리공사를 하고 소금과 촉지(蜀地)의 채색비단 등 수공업생산을 발전시켰으며 동시에 서남 변강지구의 개발과 당지 소수민족과의 관계를 잘 처리하여 서남지구의 개발과 건설에 커다란 공헌을 하였다.

오나라는 장강중하류지구에 대한 개발을 중시하였다. 황무지를 개간하고 벼를 심고 견직업을 발전시켜 락후하던 원시상태를 개변시킴으로써 인구도 많이 늘어나게 되였다. 수공업은 조선(造船)업이 제일 발달하고 제철, 도자기제조, 제염 등도 모두 발전을 가져왔다. 오나라는 지리적 우세를 리용하여 항해업과 대외교류를 전개하여 남해 여러 섬들과 해남도와의 밀접한 래왕을 가졌으며 관리를 대만에 파견하여 내지와 대만지역과의 련계를 강화하였으며 대만의 사회발전을 촉진시켰다. 이러한 것들은 동남 연해지구와 남해의 개발에 아주 유리하였다.

삼국시대는 비록 수십년 밖에 존재하지 못하였지만 력사에 아주 깊은 흔적을 남기였고 대중들에게 준 영향도 다른 조대들보다 훨씬 컸다. 그 주요 원인은 '삼국'은 통일로부터 분렬, 분렬로부터 다시 통일에로 이르는 시대였던 만큼 각 방면에서 전환적인 의의를 갖고 있었다. 사람들은 삼국의 력사를 담론할 때면 모두 동한 말년의 군벌혼전부터 말하게 된다. 이 백여년기간에 정치적인 대항, 조대의 교체, 크고 작은 전쟁들이 빈번이 발생하였는데 이 모두가 발생 원인이 복잡하고 서로 물고 뜯고 하면서 격렬한 대항을 진행하였는바 사람들의 심금을 울리지 않은 것이 없었다. 여기에는 또 엄청난 계략과 거대한 용기가 함축되여 있어 사람들에게 잊지 못할 여운을 남겨주었다. "란세에 영웅이 배출한다"고 국력이 빈약하고 질서가 엉망인 삼국시대는 오히려 여러 방면의 인재들에게 기회를 가져다주었다. 많은 중하층의 유지인사들은 대부분 출신이 비천한 민간 호걸들이였지만 정치적인 투쟁이나 전쟁터에 뛰여들어 모두 자신의 재능을 과시하였기에 삼국시기는 인재가 배출되는 시대였다. 그 가운데서도 대권을 장악한 정치가, 계책을 꾸미는 모사, 싸움에 능한 장군이 제일 뛰여났다. 례를 든다면 조조, 제갈량, 류비, 손권, 사마의, 순욱 (荀彧), 주유, 로숙, 관우, 장비, 조운, 장료, 강유, 등애 (邓艾) 등이다. 삼국시기가 결속된 후 '삼국'의 력사와 인물에 대한 이야기는 문학예술적 가공이 가첨되여 누구나 다 아는 이야기로 되였다.

133

재고팔두(才高八斗)

위, 촉, 오 삼국정립의 국면이 형성된 후 위나라는 이미 오래전에 개발한 황하류역을 차지하고 있었기에 삼국가운데서 경제가 제일 발달하고 문화교육사업이 제일 번성하였다. 조조는 생전에 비록 황제자리에 앉지는 못했지만 위나라에 준 영향은 아주 컸다. 조조는 단순히 용맹한 무사가 아니였다. 그는 싸움을 잘할 뿐만 아니라 아주 재능있는 문학가였다. 그는 늘 싸움 전후의 여가를 타 말잔등에서 시를 지어 읊조렸는데 그 가운데는 기백이 넘치고 포부가 웅대하고 철리가 담긴 시편들이 많았다. 그의 글은 잔잔하면서 대범하였으며 당시 사회의 악습관을 개변시키려는 깊은 뜻이 담겨져 있었다. 로신선생은 조조는 중국 고대의 "문장을 개조한 시조이다"고 높이 칭찬하였다.

조조의 영향하에 그의 아들들인 조비(曹丕), 조식(曹植)도 문학창작에서 아주 뛰여났다. 조비는 황제가 되기 전에 주로 시가 창작에 종사하여 사람들을 감동시키는 시편들을 써내였다. 황제가 된 후 대신들이 올리는 문장들을 보면서 문학리론을 연구하기 시작하였다. 장기간의 연구를 거쳐 그는 우리 나라 력사에서 유명한 문학리론저서《전론·론문(典论·论文)》을 써냈다. 그는 이렇게 썼다.

무릇 문장이라 함은 나라를 다스리는 대업이고 불후의 대사이다. 수명은 때가 되면 다 하고 영화와 쾌락도 그 육신과 함께 사라지니 이들은 모두 정해진 시간이 있어 문장처럼 무궁하지 못하다. 때문에 옛날의 작가들은 문필에 몸을 맡기고 저서에 그 뜻을 표현하니 훌륭한 력사학가의 말을 빌리지 않고 대단한 세력가에 기대지 않아도 그 명성은 저절로 후세에 전해진다.

(盖文章，经国之大业，不朽之盛事。年寿有时而尽，荣乐止乎其身，二者必至之常期，未若文章之无穷。是以古之作者，寄身于翰墨，见意于篇籍，不假良史之辞，不托飞驰之势，而声名自传于后。)

조비의 론단은 그야말로 문학리론사상에서 전범으로 되는 말로서 문학창작에 종사하는 후세 사람들이 본받을 바이다.

조식의 문학성과는 형보다 더 컸다. 조식은 자가 자건(子建)이며 조조의 넷째아들이다. 그는 열몇살 때 쓴 시와 문장이 이미 수십만자에 달하였다. 남조의 저명한 문학가 사령운(谢灵运)은 그를 칭찬하여 “천하 재능이 모두 한섬(一石)인데 조자건이 혼자서 여덟말(斗)을 얻었네.”라고 말하였다. 그리하여 후세에 ‘재고팔두(才高八斗)’ 혹은 ‘팔두지재(八斗之才)’란 성구가 생겨 조식과 같이 문학재질이 뛰여난 사람들을 비유하였다.

조식은 19살 나던 해에 갓 락성된 동작대(铜雀台)를 참관하게 되였다. 화려하고 웅장한 건축을 본 조식은 즉석에서 붓을 날려《동작대부(铜雀台赋)》를 지어 조조의 칭찬을 받았다. 조식은 재능이 뛰여나 대신들 가운데서도 위망이 높았다. 조조는 한동안 그를 태자로 봉하여 위나라의 기반을 물려주려고 하였으나 후에는 ‘적장자 계승’의 규범을 어길 수가 없어서 장자인 조비를 태자로 봉하여 위나라 황제로 되게 하였다.

조조가 생전에 조식을 편애하고 태자로 봉하려 했기에 조조가 죽고 조비가 황제가 된 다음 조식은 편안할 수가 없었다. 조비는 조식과 기타 동생들인 조장(曹彰), 조표(曹彪)를 타격하기 위하여 도처에서 그들을 난

감하게 하였는데 주요 원인은 그들이 자기와 황제자리를 다툴가봐서였다. 조식, 조장, 조표 등은 모두 자기의 봉지 안에 숨어 살면서 무슨 일이라도 잘못되여 화가 자기들한테 미칠가봐 우려하였다.

하지만 조비는 그들을 가만두려 하지 않았다. 조비는 동생들의 봉지로 사람을 파견하여 상론할 일이 있으니 도읍으로 오라고 명령하였다. 조식 등은 형님이 마음이 바뀌여 자기들과 화목하게 지내려는 줄로 알고 기뻐하면서 봉지를 떠나 락양으로 향하였다. 하지만 락양에 도착하자마자 그들은 모두 연금되였다. 조비는 조장이 대추를 즐겨먹는 것을 알고 독이 묻은 대추를 보내 조장을 독살하였다. 조식은 조장이 독살되였다는 소식을 듣고 눈물을 흘리고 있었는데 황궁에 들라는 련락을 받고 불길한 생각이 들었지만 울며 겨자먹기로 황궁으로 갔다. 조비는 조식을 보고 " 너는 봉지에서 할 일이 없어서 매일 늦게까지 시를 쓴다고 들었다. 사람들은 네가 시를 잘 짓는다고 허풍을 떠는데 지금 당장에서 시험해봐야겠다. '형제'라는 제목으로 일곱 발자국 걸어가는 동안에 시를 짓되 형제라는 글자는 단 한자도 들어가서는 안된다. 만약 알맞는 시를 지으면 네가 확실히 실력이 있음을 설명하니 목숨은 살려주겠지만 그렇지 못하면 세상을 릉멸한 죄를 물을 것이다."고 명령하였다. 조비의 명령은 참으로 야박하고 느닷없었다. 일곱 발자국을 걸으면서 시를 짓다니 얼마나 어려운 일인가! 조식은 놀라는가 싶더니 이내 진정하였다. 그는 이런 장소에서 어떤 변명도 통하지 않을 뿐더러 오히려 형님의 화를 더욱 야기시킨다는 것을 잘 알고 있었다. 유일한 방법은 시를 잘 지어 시구(词句)로써 동복(同胞)형님의 마음을 움직이면 부모님의 얼굴을 봐서라도 목숨만은 살려줄 것이라고 생각하였다. 조식이 이렇게 속궁리를 하고 있을 때 조비가 "빨리 걸음을 떼라. 일곱 발자국을 걸으면서 시가 완성되여야 한다."고 재촉을 하였다. 조식은 할 수 없이 발걸음을 떼였다. 한걸음, 두걸음, 세걸음, 네걸음, 다섯걸음, 여섯걸음, 드디여 일곱 걸음을 걸어간 조식은 눈물을 흘리면서 시를 읊었다.

콩 닦는데 콩깍지를 때노니 콩은 가마 속에서 울고 있네.

원래 한뿌리의 태생이건만 어찌 이리도 들볶는거냐?
(煮豆燃豆萁，豆在釜中泣。
本是同根生，相煎何太急?)

시의 뜻은 콩과 콩깍지를 형제에 비유하고 가마솥에 콩을 볶을 때 아궁이에 콩깍지를 태우면 콩이 열을 받아 가마 속에서 탁탁 튀는데 이것을 콩이 운다고 비유하였는데 콩이 울면서 하는 말이 우리는 원래 한뿌리에서 생겨났는데 너는 왜서 나를 이처럼 힘들게 하는가? 이 비유는 정말로 적절하고 사람을 감동시키는 비유였다. 조식은 민첩한 사유와 사람을 감동시키는 간언(讽谏)으로 황제인 형님을 감동시켜 자기 목숨 뿐만 아니라 동생 조표의 목숨도 구하였다.

칠보시(七步诗)이후 조식과 조표는 원래 봉지로 보내졌다. 그들은 나란히 말을 타고 락양을 벗어나 한동안 달리다가 그들을 감시하는 관리가 헤여져 가라고 명령하는 바람에 갈라져 각자 봉지로 돌아갔다. 조식은 이번 락양 걸음이 조장과는 사별의 슬픔이였고 조표와는 생리별의 고통이여서 내심으로 몹시 슬프고 고통스러웠지만 더 큰 화를 당할가봐 할 수 없이 명령에 복종하면서 〈증백마왕표(赠白马王彪)〉라는 시 한편을 써서 조표에게 기념으로 주었다. 그는 시에서 슬픔으로 인해 건강에 해가 없어야 하며 사사로운 정에 매이지 말고 대장부의 기개와 큰 뜻을 품어야 한다고 조표를 격려하였다. 동시에 조비가 파견한 관리들에 대해 무자비하게 풍자하면서 그들은 박쥐마냥 굴러가는 수레바퀴 우에서 마구 울어대고 이리떼처럼 다른 사람의 가는 길을 막으며 파리마냥 시비를 전도하고 혈육을 갈라놓는다고 풍자하였다.

칠보시와 〈증백마왕표〉는 모두 조식의 작품 가운데서의 명작이다. 이외 그의 〈태산량보음(泰山粱甫吟)〉 등 시는 백성들의 질고에 대해 깊은 동정을 표현하였으며 〈백마편(白马篇)〉 등은 나라를 위하여 충성을 바치려는 웅대한 포부를 표달하였다. 또 〈락신부(洛神赋)〉는 아름다운 상상으로 충만되고 열정에 넘치는 애증을 토로한데서 문장이 아름다워 천고의 절창임이 틀림없다.

제왕의 가문에서 태여난 조식은 행운스러우면서도 불행하였다. 행운스러운 것은 그가 청소년시절에 생활이 부유하여 좋은 교육을 받을 수 있었기에 '팔두지재'로 양성되였고 불행한 것은 그가 권력다툼과 골육상잔의 제왕의 가문에서 생활하였기 때문이다. 형인 조비가 황제로 된 후 계속되는 배척과 타격에 줄곧 근심걱정에 싸여 살았기에 더욱 많은 좋은 시를 쓰는 데 영향을 주었다. 하지만 조식이 남긴 80여편의 아름다운 시와 40여편의 청신한 산문과 사부(辞赋)는 이미 그가 3국시기의 걸출한 문학가임을 충분히 증명해주고 있다.

134

동오와 촉한이 효정에서 싸우다

삼국이 시작된 후 한차례의 전쟁이 일어났는데 이것은 삼국정립의 국면을 더욱 공고히 시켰다. 이 전쟁은 동오(东吴)와 촉한(蜀汉) 지간에 일어난 것으로서 력사에서 '이릉에서의 싸움(夷陵之战)' 또는 '효정에서의 싸움(猇亭之战)'이라고 한다.

적벽대전 이후 손권과 류비에 대한 조조의 위협이 해제되자 손권과 류비 사이의 모순이 오히려 격화되였다. 손권은 형주는 응당 동오 것이 되여야 하는데 류비가 차지하고 내여놓지 않는다고 생각하였다. 익주로 간 류비는 대장군 관우더러 형주를 지키게 하였다. 관우가 군사를 거느리고 북상하여 조조의 군대를 치는 사이 손권은 사람을 파견하여 배후에서 습격하여 익주를 차지하였을 뿐만 아니라 관우도 죽여버렸다.

류비와 관우는 친형제처럼 정이 깊은 사이인지라 관우가 죽었다는 소식을 듣고 가만히 있을 류비가 아니였다. 그는 맹세코 동오를 멸망시켜 관우를 위해 복수를 하겠다고 다짐하였다. 류비는 즉위하여 황제가 되던 해(기원 221년)의 7월 제갈량의 반대에도 불구하고 촉한의 대부분 인마를 거느리고 동오에 대한 대규모 전쟁을 발동하였다.

이 소식을 들은 손권은 여러번 사람을 파견하여 화해를 요구하였으나 번마다 거절당하였다. 이 시기 동오의 대장군 주유, 로숙, 려몽 등은 이미 선후하여 세상을 떠났다. 손권은 할 수 없이 젊은 진서(镇西)장군 륙손(陆逊)을 대도독으로 임명하고 주란(朱然), 서성(徐盛), 한당(韩当), 손환(孙桓) 등이 5만의 군사들을 거느리고 류비를 대적하게 하였다. 오나라 문무대신들은 륙손이 대도독으로 임명된 데 대해 덕망이 높지 못하다, 재능이 모자라다 하면서 의론이 분분하였다. 손권은 륙손의 됨됨이가 믿음직하고 재능이 뛰여남을 알고 있기에 여론들을 무시하고 견결히 통수의 중임을 맡겼다.

륙손의 위신을 높여주기 위하여 손권은 여러 대신들 앞에서 "조정의 일은 내가 맡고 밖에서 싸우는 일은 자네가 책임지게."라고 말한 다음 자기가 지니고 있던 보검을 륙손한테 주면서 "누가 만약 명령을 거역한다면 이 검으로 먼저 베고 후에 보고해도 된다."고 하였다. 륙손은 손권에게 작별을 고하고 수륙량로군을 거느리고 전선으로 갔다.

이 시기 류비는 이미 군사를 거느리고 자귀(秭归)로부터 효정(猇亭, 지금의 호북성 의도시 서북)에 박근하여 오나라 경내로 500~600리나 깊이 들어왔다. 촉군은 건평(建平, 지금의 중경시 무산현)에서 효정까지 연도의 수백리에 주둔하면서 이도(夷道, 지금의 호북성 의도시 서북)에서 오나라의 선봉인 손환 부대를 포위하였다. 오나라 장령들을 륙손이 증원부대를 파견하여 손환을 구원할 것을 요구하였다. 륙손은 전방의 자세한 상황을 료해한 후 신심가득히 말하였다. "손환장군은 줄곧 병사들의 애대를 받아왔기에 반드시 성을 지켜낼 것이다. 지금 구원병을 보낼 필요가 없다. 내가 촉나라 군사들을 격패시키면 그에 대한 포위도 자연 해제될 것이다." 장령들은 또 륙손더러 출병하여 류비와 응전할 것을 요구하였다. 륙손은 "류비는 군사를 거느리고 동쪽으로 진격하면서 련이어 승리하여 지금 기세가 한창 올라있고 또 높은 곳을 차지하고 있기에 만약 우리가 출격한다면 실패하기가 쉽다. 그렇게 되면 우리 병사들의 사기가 저락되는데 이것은 전체 국면에 관계되는 큰 일이다. 우리는 응당 사병들을 격려하여 방어시설을 구축하고 시기를 노리고 있다가 일거에 상대를 제압하여야 한다."고 하였다. 장병들은 겉으로는 말을 하지 않았지만 속으로는 모두 륙손이 담이 작아 류비를 무서워서 이런다고 생각하고 얼굴에 경멸하고 조소하는 기색까지 내비치였다. 륙손은 보검을 뽑아들고 "나는 비록 한낱 서생에 불과하지만 주군께서 나에게 이처럼 중대한 사명을 맡겼을 때에는 그래도 나한테 굴욕을 참고 중책을 짊어지고 임무를 완성할 수 있는 뭔가가 있다고 생각해서였겠지. 나의 명령이 있기 전에는 그 누구도 출전을 하지 못한다. 명령을 거역하는 자는 일률로 군법으로 그 죄를 다스리겠다."고 엄숙하게 말하였다.

촉군이 여러번 도전하였지만 륙손은 의연히 거들떠보지 않았다. 이렇게 동오와 촉한 두 나라 군사는 이듬해 2월까지 6개월 동안이나 대치해 있었다. 류비는 당분간 이길 수가 없는 것을 보고 묘안이 떠올라 오반(吴班)더러 만여명에 달한는 로약자들을 거느리고 오나라군의 주둔지에서 멀지 않는 곳에 주둔하라고 명을 내리고 자기는 8,000 정예병을 거느리고 산골짜기에 매복하였다. 오반이 로약자들을 거느리고 허세를 부리면서 부단히 오나라 군사들을 욕하였다. 많은 병사들은 옷을 벗어버리고 맨몸으로 땅에 앉거나 누워가지고 오나라 군사들이 진공하기를 유인하였다. 오나라 장령들은 매우 분개하면서 촉군과 결사전을 벌일 것을 분분히 요구하였다. 륙손은 "여기에는 꼭 꿍꿍이가 있을 것이다. 우리가 맹목적으로 진공한다면 그들의 속임수에 넘어갈 것이다."고 하면서 진지를 고수하고 여전히 촉군의 도발을 거들떠보지도 않았다. 며칠이 지난 후 류비는 자기의 유인계책이 륙손한테 먹히지 않자 할 수 없이 골짜기로부터 군사를 철수시켰다. 륙손은 장병들에게 "내가 오반을 진공하지 말라고 한 것은 바로 류비가 매복을 설치하였을가봐였네."고 하였다.

때는 바로 무더운 여름철이였다. 날씨가 어찌나 더운지 촉나라 군사들은 찜통더위를 견디지 못하여 아우성이였다. 류비는 하는 수 없이 수군더러 배에서 떠나 뭍에 올라와 륙군과 함께 계곡이거나 수림이 울창한 곳을 선택한 다음 서로 련결된 40여개의 군영을 지어 혹서를 피하고 군대를 정돈하면서 서늘한 가을이 되기를 기다려 오나라 군대를 대거 진공하려 하였다. 륙손은 촉나라 군사들이 전선이 길고 병력이 분산되였으며 병사들이 피로하여 사기가 저락되여 있는 것을 보고 반공격의 시기가 성숙되였다고 생각하였다. 그는 세밀하게 촉나라 군사를 격파할 작전방안을 짜서 손권한테 청시하였다. 손권은 적전방안을 보고 "우리 동오에 이런 장군이 있다니 내가 마음을 놓지 못할 리유가 없구나!"고 기뻐하였다.

하루는 륙손이 대소 장령들을 모아놓고 촉나라 군사를 격파할 계획을 선포하였다. 장령들은 의아해하면서도 불안해하였다. 장병들의 심사를 보아낸 륙손은 "류비는 아주 교활하면서도 능력이 있는 사람이오. 갓 여기에 왔을 때에는 수륙량군이 병진하였고 군기가 엄하고 사기가 왕성하였소. 내가 그와 싸우지 않은 것은 바로 이런 예봉을 피하기 위해서였소. 현재 류비는 수군더러 배를 떠나 뭍에다 군영을 짓게 하였으니 병력이 분산되였을 뿐만 아니라 군심이 해이해지고 사기가 떨어져 촉군의 원래의 예기가 없어졌소. 우리가 반공격을 가하여 승리를 거둘 수 있는 절호의 기회가 온 것이오."라고 말하였다. 장령들은 이와 같은 분석을 듣고 난 후에야 모두들 륙손이 원견성이 있다고 탄복하였다.

반공격의 승리를 위하여 륙손은 소분대 병력을 파견하여 시탐조로 촉군의 한개 군영을 진공하였다. 전투 결과 오나라 군대는 손해를 보았지만 륙손은 이미 촉군을 격파할 방법을 찾았다. 그것은 바로 화공(火攻)이였다. 륙손은 수군에게 명하여 배에 마른 풀을 실어 지정된 곳에 운반하게 하였다. 륙군은 사병들마다 손에 한단의 풀을 들고 풀 속에 류황이나 초석 따위의 인화물질을 숨겼다가 촉군 군영에 다달으면 바람 따라 불을 놓으라 하였다.

오나라 군사들은 화공으로 돌연 습격하였다. 촉군은 아무런 방비도 없던 차라 삽시에 란장판이 되였다. 오나라 군대는 이 기회를 리용하여 여러 갈래의 군사들이 동시에 진공을 발동하여 촉군의 진영 40여개를 련이어 격파하였다. 촉군 장수 장남(张南), 풍습(冯习)은 류비를 호위하여 황망히 도망치다가 오나라 장군 서성, 한당에게 저지를 당하였다. 장남과 풍습은 오나라 군사들을 막아내지 못하고 결국 전장에서 죽고 말았다. 류비는 혼란한 틈을 타서 말머리를 돌려 이릉의 마안산(马鞍山)으로 도망갔다. 오나라 군사들은 승승장구하여 대량의 촉군을 무찌르고 많은 군용물자들을 로획하였다.

륙손은 대부대를 거느리고 마안산을 겹겹이 포위하고 사면으로부터 불을 놓아 산을 태웠다. 류비는 패잔병들을 거느리고 죽기내기로 포위망을 뚫고 간신히 서쪽을 바라고 도망을 쳤다. 오나라 군사들은 바싹 뒤쫓았다. 류비는 황급히 연도의 역전(驿站)사람들을 시켜 군용물자와 사병들의 갑옷들을 길목에 무져놓고 불을 놓으므로써 길목을 막아 추격해오는 오나라 군사들을 저지하려 하였다. 철퇴 엄호를 맡은 촉군 장수 부융(傅肜)은 여러 곳에 중상을 입었지만 부하들을 거느리고 앞뒤로 오가면서 결사적으로 싸워 겨우 류비로 하여금 추격에서 벗어나 백제성(白帝城, 지금의 중경시 봉절현)으로 도망가게 하였다.

135

격식에 매이지 않고 인재를 등용하다

효정의 싸움에서 패한 류비는 백제성까지 퇴각하여 잠시 주둔하여 있었다. 얼마후 그는 울분과 회한을 참지 못하고 쓰러졌다. 병세가 엄중해지자 사람을 성도에 파견하여 승상 제갈량을 불러와 후사문제를 상의하였다.

류비는 제갈량을 침대 가까이로 불러 "승상이 있었기에 오늘날의 내가 있었습니다. 내가 무지하여 승상의 말을 듣지 않고 스스로 실패를 자초하였으니 생각하고 또 생각하여도 분하고 후회스럽습니다. 나는 오래 살 것 같지 못합니다. 태자인 류선(刘禅)이 저렇게 연약하고 무능하니 나라의 대업을 승상에게 맡기겠습니다."고 하였다. 그는 이미 써놓은 유서를 제갈량에게 주면서 전심전력으로 태자 류선을 보좌해줄 것을 당부하였다. 제갈량은 있는 힘껏 류선을 보좌하여 류비의 부탁을 저버리지 않겠다고 표시하였다. 촉한 장무(章武) 3년(기원 223년) 4월에 류비가 죽었는데 그 때 그의 나이는 63세였다.

17살인 류선은 성도에서 황위를 계승하고 년호를 건흥(建兴)이라 하고 제갈량을 무향후(武乡侯)로 봉하였다. 이때로부터 촉한의 모든 크고 작은 일들은 제갈량이 결단을 내렸다. 제갈량은 인재등용을 중시하였을 뿐만 아니라 격식에 매이지 않고 인재를 등용하였다. 그는 국가를 집

건물에 비교할 때 인재는 대들보를 받쳐주는 기둥과 같다고 하였다. 기둥이 만약 가늘고 취약하면 집이 오래가지 못할 것이다. 대들보는 재목을 잘 골라야 하듯이 정부의 관리들도 정직하고 재능이 있는 사람으로 선발하여야 한다. 굵고 든든한 재목은 선별의 과정을 거쳐야만 얻을 수 있듯이 정직하고 유능한 인재 역시 선발의 과정을 거쳐야만 얻을 수 있는 것이다. 제갈량은 바로 이렇게 하였다.

오나라와 련합하여 위나라에 대항하는 것은 원래 제갈량이 세워놓은 중요한 전략적 계책이였다. 제갈량은 손권이 류비가 죽은 기회를 타서 불의의 습격을 해올가봐 근심하여 동오와 사이좋게 지내려고 사람을 파견하려 하는데 마땅한 사람을 찾을 수가 없었다. 하루는 등지(邓芝)가 제갈량을 찾아와서 하는 말이 "목전 주군께서 나이가 어리시고 또 갓 등극하셨는지라 민심이 안정되지 않았습니다. 통일의 대업을 완성하려면 응당 지나간 미움은 버리고 동오와 손을 잡아야 한다고 봅니다. 동쪽이 근심 없어야 우리가 시름놓고 북상하여 중원을 취할 것이 아닙니까? 승상께서는 어떻게 생각하시는지요?"라고 하자 제갈량은 등지의 말을 듣고 무척 기뻐하면서 등지라면 오나라와 손을 잡는 위대한 사명을 완수할 수 있을 것 같았다. 그는 등지를 보고 웃으면서 "나는 이 일을 생각한지 오래되였네. 그런데 동오와 손을 잡는 사명을 맡을 사람을 찾지 못해서 안타까웠는데 오늘에야 그 사람을 찾았네!"라고 하였다. 등지는 인차 그 사람이 누구냐고 물었다. 제갈량은 웃으면서 "바로 자네일세! 자네는 동오와 손을 잡으면 좋은 점이 있다는 것을 알고 있기에 반드시 이 사명을 훌륭히 완성할 수 있다고 보네." 하면서 즉시 등지를 동오로 파견하는 사신으로 임명하였다.

동오에 간 등지는 손권을 만나기를 요청하였다. 위나라에서도 사신을 파견하여 손권과 련합하여 함께 촉한을 치자고 하였다. 손권이 결단을 내리지 못하고 있었기에 등지의 요청을 거절하였다. 등지는 편지를 써서 손권에게 "제가 이번에 온 것은 촉나라만을 위한 것이 아닙니다. 오나라 리익도 고려한 것입니다."고 하자 손권은 그제야 등지와의 만남을 허락하였다. 등지는 손권에게 당시의 정세를 분석해주면서 "오나라는 장강을 천험으로 두고 있고 촉나라는 산과 강을 병풍으로 두고 있어 두 나라가 화해하면 그 힘은 커질 것입니다. 전진하면 천하를 겸병할 수 있고 후퇴한다 해도 각자 정립할 수 있습니다. 만약 동오가 위나라와 동맹을 맺는다면 오나라는 위나라에 굴복하여 신하로 되여야 할 것입니다. 위나라의 말을 듣지 않는다면 그들은 구실를 대여 동오를 토벌하려 들 것입니다. 그러면 촉나라도 위나라를 따라 오나라를 칠거구요. 강남의 광대한 지구는 더는 대왕의 것이 아닐 것입니다."고 하였다. 손권은 등지의 말에 일리가 있다고 생각하고 "나는 촉나라와 화해할 용의가 있는데 촉나라 주군께서 나이가 어리고 연약하니 위나라의 압력에 견디지 못하고 중도에서 마음이 바뀔가봐 근심이 됩니다. 선생께서 이렇게 말씀을 하시니 인제야 마음이 놓입니다."고 하였다. 그때로부터 오나라와 촉한은 조위(曹魏)에 저항하며 반격하는 련맹을 맺고 여러번 사신들이 오고 가면서 부단히 우호적인 련맹의 관계를 발전시켰다. 하여 삼국정립의 국면은 진일보로 공고히 되였다.

등지는 동오를 떠날 때 제갈량의 분부 대로 장예(张裔)를 돌려보내줄 것을 손권에게 요구하였다. 장예는 원래 성도사람인데 학문이 깊고 일처리가 결단성이 있으며 정무에 능하였다. 류장이 사천을 통치할 때 그는 사마(司马, 군사와 운수의 일을 맡아보던 관직) 직에 있었다. 류비가 사천으로 진군한 후 장예를 파군(巴郡)태수로 임명하였다. 얼마후 익주의 지방 호족인 옹개(雍闿)와 손권이 결탁하여 장예를 동오로 랍치하여 왔다. 제갈량은 장예의 재능을 아끼여 등지더러 손권과 교섭하여 장예를 데려오라고 하였다. 장예가 떠날 때 손권은 그와 한차례의 담화를 나누면서 그의 재능을 발견하였다. 후에 장예를 돌려보낸 데에 대해 몹시 후회를 하면서 이내 사람을 파견하여 뒤쫓게 하였다. 그러나 장예가 밤에 낮을 이어 걸음을 재촉한데서 이미 촉한 경내에 도착한 뒤였다.

장예가 성도에 도착한 후 제갈량은 그가 원래 류장의 부하였던 것을 다르게 생각지 않고 장예의 학문과 재능에 근거하여 그로 하여금 참군 (参军, 고대의 관직)에 종사하게 하였다. 후에 제갈량이 군사를 거느리고 북상하여 조위를 진공하게 되자 장예와 장완(蒋琬)더러 승상부에

서 장사(长史, 관직)를 지내면서 자기를 대신하여 촉한의 정무를 처리하게 하였다. 인재 선발이 잘되였기에 제갈량이 장기간 밖에서 전쟁을 하였지만 촉한 내부는 의연히 질서가 잘 잡혀있었다.

장완을 말할라치면 여기에도 재미있는 이야기가 있다.

장완은 류비를 따라 촉한에 들어오기 전에는 한낱 주(州) 아문에서 문서를 필사하는 작은 관리였다. 촉한에 들어온 후 장완은 광도현령을 지냈다. 어느 한번, 류비가 일이 있어 광도에 왔는데 장완은 아무런 반응이 없었다. 그를 환영도 하지 않고 자기 혼자 술에 취해있었다. 몹시 화가 난 류비는 장완을 사형에 처하려고 하였다. 제갈량은 그의 재능과 일처리에서의 공정함 그리고 아주 부지런한 것을 알고 있기 때문에 류비에게 장완은 나라를 다스리는 재능이 있으며 백성들의 생활을 안정시키는 것을 근본으로 착실하게 백성들을 위하여 일한다고 하면서 우연한 실수를 죽일 죄로 판결하면 안된다고 하였다. 류비는 제갈량의 의견을 존중하여 장완의 죽음을 면하게 하였지만 관직에서는 제명시켰다.

장완은 류비에게 면직당했지만 제갈량은 의연히 그가 인재임을 알아보고 제발하여 중용하려고 결정하였다. 그는 장완을 상서랑과 동조연(东曹掾)으로 임명하였으며 후에는 장예와 함께 승상의 직무를 대리하게 하였다. 제갈량의 몇차례 북벌은 모두 장완이 군대의 공급을 책임진데서 뒤근심없이 진행되였다. 제갈량은 또 류선에게 편지를 써서 자기가 죽은 후에 장완이가 자기의 직무를 대신하게 해달라고 건의하였다. 후에 장완은 점차 촉한정권의 출중한 인물이 되였다.

제갈량은 부하들의 재능과 지혜를 몹시 중시하였다. 그는 늘 "개인의 견해는 제한되여있다", "여러 사람들의 지혜를 모으면 훨씬 좋은 효과를 거둘 수 있다(集众思, 广忠益)"고 하였는데 '집사광익(集思广益)'이란 성구도 이렇게 생겨난 것이다. 제갈량은 간언을 잘하는 관리들을 좋아하였다. 그는 특별히 서서(徐庶), 동화(董和) 두 사람을 찬양하였는데 이 두 사람은 아래사람들의 본보기로 되였다. 그는 "사람들은 자기 마음속의 말을 잘하지 않는데 유독 서서는 알면 다 말하고 말을 꺼냈으면 끝까지 다 하였다. 동화는 나와 7년을 같이 일을 하였는데 내가 일을 처리함에 있어서 세심하지 못한 데가 있으면 반복적으로 제기하여 다시 고려하게 하였다. 만약 자네들이 서서의 10분의 1만 배워도 또 동화와 같이 근면하고 성실하다면 나의 실수는 많이 감소될 것이다."고 하였다.

제갈량이 부동한 의견들에 귀를 기울이고 인재선발을 중시하고 격식에 매이지 않고 과감하게 인재를 등용하였기에 촉한의 정치는 새로운 기상이 나타날 수 있었다.

136

맹획을 일곱번 붙잡다

촉한을 질서 정연하게 다스려놓은 제갈량은 또 오나라와의 련맹도 회복시켜 놓았다. 그는 군사를 파견하여 남중지구(南中地区, 지금의 운남성과 귀주성의 부분 지구와 사천성의 서남부 일대)의 반란을 평정하였다. 〈맹획(孟获)을 일곱번 붙잡다〉는 제갈량이 반란을 평정하는 과정에서 있은 이야기이다.

맹획은 남중지구 소수민족 두령으로서 당지에서 아주 영향력이 있는 인물이였다. 그는 촉나라가 오나라와의 작전에서 실패하여 원기가 크게 상하고 또 류비가 죽은 기회를 리용하여 주포(朱褒), 옹개(雍闿), 고정(高定) 등 사람들과 련합하여 옹개를 통수로 천거하고 백성들을 선동하여 촉나라에서 파견한 관리를 죽여버리면서 공개적으로 무장반란을 일으켰다.

남중은 자고로 여러 민족들이 집거한 지구였다. 삼국시기에 그 곳에는 수(叟), 료(僚), 복(濮) 등 민족들이 살고 있었는데 지금의 이족, 쫭족, 따이족, 더앙족의 선조들이다. 한조시기에 그들을 '서남이(西南夷)'라고 불렀다. 그들은 한족인민들과 함께 땀과 지혜로써 변강지구를 개발하고 조국의 경제와 문화발전을 위하여 거대한 공헌을 하였다. 맹획 등은 남중 일대에서 반란을 일으켜 각 민족인민들의 화목을 파괴하였을 뿐만 아니라 촉한정권을 엄중히 위협하였으며 제갈량의 중원북벌과 더 나아가서 전국통일의 계획을 방해하였다. 국가통일을 수호하기 위하여 제갈량은 충분한 준비를 마친 후 촉한 건흥 3년(기원 225년) 3월에 세길로 나누어 남중을 향해 진격하였다. 마충(马忠)은 촉군을 거느리고 장가군(牂牁郡, 지금의 귀주성 귀양시)에 있는 주포를 공격하고 리회(李恢)는 익주의 부호인 옹개와 맹획을, 제갈량은 친히 월수(越嶲, 지금의 운남성 리강, 초웅, 수강과 사천성 량산 일대)의 이왕(夷王) 고정(高定)을 공격하였다.

출발할 때 제갈량은 참군(参军) 마속(马谡)의 건의를 채납하여 이번 출정의 목적을 반란 두목들의 목을 베고 그들의 령지를 점령하는 것에 두지 않고 그들의 마음을 얻어 그들로 하여금 내심으로 깊이 탄복하여 촉한의 통치에 복종하고 이후에 다시는 반란을 일으키지 않게 하려는 데 두었다. 이것을 두고 마음을 얻는 것이 상책이고 성을 얻는 것이 하책(攻心为上, 攻城为下)이라고 한다.

제갈량이 출병한 지 얼마 안되여 남중지구 반란군 내부에는 변화가 일어났다. 고정의 부하가 옹개를 죽이고 맹획이 옹개를 대신하여 통수가 되였다. 잇달아 제갈량이 고정을 죽여버리고 마충도 장가를 공략하였다. 이해 5월에 제갈량은 군사들을 거느리고 로수(泸水, 금사강)를 건너 맹획을 추격하였다.

제갈량은 맹획이 당지에서 위망이 있어 많은 소수민족들과 한족들까지도 그의 지휘에 복종하는지라 죽이지 말고 생포하라고 령을 내렸다. 맹획은 촉군이 진공해오자 군사를 일으켜 응전하였다. 촉군 장수 왕평이 그와 대적하였다. 몇회 못가서 왕평이 말머리를 돌려 퇴각하자 맹획은 산길을 따라 바짝 추격하였다. 문득 함성이 일어나더니 촉군 병사들이 량켠에서 뛰쳐나왔다. 맹획은 촉군의 매복에 걸려들었던 것이다. 그는 군사들을 되돌려 퇴각하는 수 밖에 없었다. 촉군 병사들은 바짝 추격하여 맹획을 사로잡았다.

군사들은 맹획을 결박하여 군영으로 압송하여 왔다. 제갈량은 큰소리로 "우리가 당신한테 섭섭치 않게 대해줬거늘 어찌 조정을 배반한단 말이요? 이제 이렇게 잡혀왔으니 무슨 할 말이 있소!"라고 하자 맹획은 곁눈으로 촉군 진영의 정숙함과 군기가 엄명하고 사기가 충천한 것을 보고 속으로는 못내 탄복했지만 "나는 패한 것이 아니오. 실속을 몰라 당신들의 매복에 걸려 잡힌 것이지. 보아하니 당신들 군사들도 그저 그렇구만. 진짜로 싸운다면 반드시 이길 것이오."고 하면서 패배를 인정하려 하지 않았다. 제갈량은 웃으면서 "그렇다면 당신을 놓아주겠소. 부대를 잘 정돈한 다음 다시 붙어봅시다."고 하면서 술상을 차려 접대를 잘한 후 돌려보냈다.

그후 맹획은 제갈량과 련속 일곱번이나 싸웠지만 번마다 패하여 모두 생포당하였다. 마지막에 제갈량은 맹획의 군사들을 산골짜기에 유인한 후 퇴로를 차단하고 산에 불을 놓았다. 산골짜기가 온통 불길에 휩싸이고 맹획의 군사들도 불길에 휩싸여버렸다. 맹획은 일곱번째로 생포되였다.

맹획은 또다시 촉군 진영에 압송되여 왔다. 사병이 맹획이 도착하였음을 알리자 제갈량의 장령이 "승상께서는 창피스러워 당신을 볼 생각

이 없다고 하십니다. 돌아가서 인마를 정돈하고 다시 붙어보시지요."고 하자 머리를 숙이고 가만히 생각하던 맹획은 "일곱번 붙잡았다가 일곱번 풀어주다니 이것은 자고이래 없었던 일이오. 제가 비록 배우지 못했지만 사람의 도리는 알고 있소. 어찌 수치스러움을 모르겠소?"라고 하면서 한쪽 어깨를 드러내고 꿇어앉아 눈물을 흘리면서 "승상을 높이 모시겠습니다. 다시는 반란을 일으키지 않겠습니다!"고 하였다. 제갈량은 얼른 나와서 그를 부축하여 일으키면서 "이만하면 됐습니다!"고 하였다. 제갈량은 맹획을 장막에 청해들여 연회상을 차려 초대한 다음 그와 많은 도리들을 이야기하다가 군영 밖까지 배웅하여 돌려보냈다. 이것이 바로 "맹획을 일곱번 붙잡다"라는 이야기이다.

이 해 가을에 출전했던 세갈래 촉군이 전지(滇池, 지금의 운남성 곤명시)에서 합류함으로써 남중(南中)에 대한 정벌을 끝냈다. 정벌의 승리를 공고히 하고 또 촉한 중앙정권이 남중지구에 대한 통치를 강화하기 위하여 제갈량은 소수민족 수령들을 중앙과 지방관리로 임명하였다. 맹획은 후에 촉한 중앙정권에서 감찰을 책임진 어사중승(御史中丞)을 담임하였다. 제갈량은 남중지구의 4개 군을 7개 군으로 늘려 군수의 세력을 약화시킴으로써 지방할거의 위험을 방지하였다.

남중지구에서 제갈량은 정치개혁을 진행하는 동시에 한족지구의 선진적인 경작기술을 적극적으로 도입하고 사람들을 파견하여 소로 밭갈이를 하고 철제농기구를 사용하여 경작하는 기술을 전수하게 하였다. 지금까지도 운남 성덕홍지구의 따이족(傣族)과 와족(佤族)인민들 속에서는 제갈량이 어떻게 소로 밭갈이 하고 집을 짓고 대나무로 광주리를 겯는 방법을 알려 주었는가 하는 이야기가 전해지고 있다. 제갈량은 또 당지 인민들에게 수리시설과 관개농업을 하는 방법도 알려주었다. 지금의 운남성 보산시에는 아직도 제갈량이 수축했다는 수천무의 토지를 관개할 수 있는 '제갈언(诸葛堰)'이 남아있다.

제갈량은 소수민족 노예주들의 염정, 광산을 징수하여 정부 소유로 만든 다음 염철관(盐铁官)을 설치하여 소금을 달이고 철을 제련하는 것을 관리하게 하여 국가의 경제력량과 재정수입을 증가시켰다. 그는 또 사람들을 파견하여 당지 인민들에게 견직방법을 가르쳐주었으며 각종 수공업기술을 전파하였다. 그는 또 명령을 내려 오래동안 막혔던 야크(牦牛)길과 연도의 역참들을 수복하게 하여 래왕하는 상인들과 유람객들에게 편리를 도모해주어 서남 각지의 경제문화교류를 촉진시켰다.

　제갈량의 남중지구에서의 이러한 정책과 조치들은 서남지구의 통일을 촉진하였으며 당지의 경제를 발전시키고 서남 각 민족간의 우호적인 관계를 수호하는 면에서 적극적인 작용을 하였다.

137

제갈량의 북벌

제갈량은 맹획을 일곱번 붙잡았다 놓아주면서 서남지구에서의 통치를 공고히 하였다. 그는 전국 통일을 실현하기 위하여 건흥(建兴) 6년(기원 228년)에 조위(曹魏)를 토벌하는 북벌전쟁을 발동하였다.

제갈량의 이번 북벌의 로정을 보면 양평관(阳平关, 지금의 섬서성 면현)으로 진격하여 미(郿)현, 장안 나중에 락양을 진공하는 것이였다. 그는 조운과 등지더러 부분적인 부대를 거느리고 허장성세하면서 사곡도(斜谷道, 지금의 섬서성 한중시 경풍현으로부터 미현까지의 도로)를 따라 미현을 공략하여 적들을 미혹시켜 위나라의 주력을 끌어내게 하였다. 위나라 군대는 과연 촉군의 계략에 빠져 대장군 조진(曹真)이 군사를 이끌고 조운과 응전하였다. 이 시기 제갈량은 마속(马谡)을 선봉으로 삼고 친히 촉군 주력을 이끌고 기산(祁山, 지금의 감숙성 서하현 서북쪽)을 불의에 습격하였다. 남안(南安), 천수(天水), 안정(安定) 세개 군의 위나라 군사들은 저항도 못해보고 촉군에 투항하여 관중지구를 놀래웠다. 당시 위문제 조비는 이미 죽고 조예(曹叡)가 즉위하였는데 그가 바로 위명제이다. 제갈량이 기산(祁山)에서 촉군을 지휘하여 련속 승전고를 울리자 조예는 무서워서 친히 장안에까지 와서 독전(督战)을 하였다.

전쟁의 형세가 촉군에 아주 유리할 때 선봉인 마속은 참군 왕평의 말을 듣지 않고 교오자만하면서 마음대로 독단하여 제갈량의 전략적 포치를 위반하면서까지 가정(街亭, 지금의 감숙성 진안현 동북쪽)에서 수원을 버리고 산에 올라 진영을 쳤다. 위나라 장군 장합(张郃)은 가정을 포위하고 산우로 통하는 물길을 끊어버리고 산에 불을 놓았다. 촉군 병사들은 심한 갈증을 이기지 못하여 진세가 뒤죽박죽이 되자 마속은 할 수 없이 가정을 버리고 도망가는 수 밖에 없었다.

가정을 잃은 것은 촉군으로 하여금 아주 불리한 피동의 위치에 처하게 하였다. 실패국면을 만회하기 위하여 제갈량은 쌍방의 형세를 파악하고 군사를 철거하기로 결정하였다.

상벌을 엄격하고 공정하게 하기 위하여 제갈량은 작전포치를 위반하고 전략적 요충지인 가정을 잃은 마속에 대하여 군법에 따라 사형에 처한다고 판결하였다. 제갈량과 마속은 원래 관계가 아주 좋은 사이로서 그들 두 사람은 늘 같이 군사를 담론하군 하였다. 마속도 좋은 건의들을 많히 제기하였었다. 지금 마속이 군법을 어겼으니 제갈량도 매우 괴로웠지만 그래도 군법으로 다스릴 것을 결정하였다.

제갈량은 가정을 잃은 것은 자신이 사람을 잘못 등용하고

군령이 엄하지 못한 것과 관계가 있기에 통수인 자기도 응당 책임을 져야 한다고 인정하였다. 그는 예전에 류비가 마속은 행동보다 말이 앞서는 사람이니 큰 일을 못할 사람이라고 한 말이 생각났다. 그런데 자신은 줄곧 그를 중용하였으니 이제 와서 후회한들 무슨 소용이 있겠는가. 그는 류선에게 올리는 편지에서 자신의 착오를 여러 사람들에게 공포하고 3급 아래로 강직시켜 달라고 하였다. 가정의 싸움에서 정확한 의견을 견지한 부하 장령 왕평은 전투가 실패했을 때에도 병력을 보존하고 또 전투가 결속된 후에는 흩어진 병력들을 집중하여 철퇴할 수 있게 하였다. 이러한 우수한 장령에 한해서 제갈량은 대대적으로 장려하고 파격적으로 토구(讨寇) 장군으로 제발시켰다. 왕평은 사병출신으로서 까막눈이 돼서 아는 글자가 도합 열자도 안된다고 한다.

제갈량의 제1차 조위 토벌전쟁은 이렇게 실패하였다. 후에 그는 부대를 거느리고 다섯차례 북벌을 진행하였는데 그중에서 두번은 기산을 넘어갔었다. 촉군은 비록 일부 승리를 거두었지만 후속이 부족하고 병력과 군량 모두가 제대로 공급이 되지 않아 몇차례의 북벌은 모두 큰 성과가 없었다. 제갈량은 북벌과정에서 밤에 낮을 이어가며 모든 일을 직접 처리하여 장병들의 존경을 받았지만 몸은 형편없이 축해갔다. 위나라 통수 사마의(司马懿)도 이 점을 보아내고 아래 부하들에게 "제갈량이 이렇게 고생하는데 오래 살 수 있겠느냐?"고 하였다. 건흥 12년(기원 234년) 마지막 북벌전쟁중에서 제갈량은 지나친 과로로 오장원(五丈原, 지금의 섬서성 기산현)의 군영에서 54세를 일기로 병사하였다.

제갈량은 류비에 의해 륭중(隆中)에서 나온 후 일심전력으로 류비부자를 보좌하여 통일의 대업을 완성하려 하였다. 그는 이 념원을 실현하기 위하여 자신의 20여년의 정치활동중에서 전부의 지혜와 힘 그리고 생명까지 바쳐 진정으로 자신이 말했듯이 "나라를 위하여 몸과 마음을 다하였다". 촉한은 경제, 정치, 군사 등 방면에서 모두 전국을 통일할 수 있는 력량이 구비되지 못했기에 제갈량의 념원은 실현될 수 없었다. 이것은 력사발전의 객관법칙이기에 어느 개인의 주관능력에 의해 개변되는 것이 아니다.

138

천하의 이름난 재간둥이 마균

제갈량이 죽은 그 해에 위나라 서울 락양성에서는 한차례의 치렬한 변론대회가 있었다.

변론은 주요하게 우리 나라 고대에 지남차가 있었는가 하는 문제를 둘러싸고 진행되였다. 어떤 사람은 상고시기에 황제(黄帝)와 치우(蚩尤)가 싸울 때 안개가 껴서 군사들이 방향을 잃자 황제가 지남차를 만들어 방향을 가리켰기에 치우를 전승할 수 있었다고 말하고 어떤 사람은 주조(周朝) 초년에 남방의 월상씨(越裳氏)가 파견한 사신이 돌아가는 길을 잃었을 때 주공(周公)이 지남차를 만들어 그들을 돌려보냈다고 하였다. 자리에 있던 산기상시(散骑常侍, 관직 이름) 고당륭(高堂隆)은 "지남차에 관한 문헌자료가 부족하고 이러한 설들은 충족한 근거가 없는 빈말에 불과합니다."고 하였다. 효기장군(骁骑将军, 무관) 진랑(秦朗)은 "도리가 있는 말씀입니다. 전설은 원래 믿기가 어려운데 하물며 황제(黄帝)시기 일이니까 더욱 그러하지요."고 하였다. 급사중(给事中) 관직에 있던 마균(马钧)은 고대에 지남차가 발명되였다고 확신하면서 "지남차는 옛날부터 있었댔습니다. 단지 우리 후세 사람들이 그것을 연구하지 않았을 뿐입니다."고 하자 고당륭과 진랑은 마균을 비웃으면서 이렇게 말하였다. "그런가? 마선생은 이름이 균이고 자가 덕형(德衡)이지요. 참 좋은 이름입니다. '균'은 도구의 모형이고 '형'은 물체의 무게를 단다는 뜻이니 모형도 되고 무게도 달 수 있습니다. 만약 무게를 잘못 달면 모형도 정확하지 못하겠군요!" 마균은 이러한 비웃는 말에도 화를 내지 않고 "빈말만 하면 무슨 소용이 있겠습니까! 오직 착실하게 실행해보아야 지남차가 있었는지를 알 수 있지요." 하면서 엄숙하게 말하였다. 하여 그들은 함께 위명제 조예를 찾아갔다. 명제는 마균이 재간둥이라는 것을 알고 그에게 지남차를 만들 것을 명령하였다.

마균은 어린 시절에 집이 몹시 가난하여 서당에 갈 수 없었기에 많이 보고 묻고 유심히 사물을 관찰하면서 각고의 노력을 하였다. 그는 백성들의 질고에 대해 매우 관심하였다. 지남차에 관한 변론이 있기 전에 그는 직릉기(织绫机)가 아주 둔중하여 조작하기도 불편하고 효률도 낮은 것을 보고 머리를 써서 개진한 결과 작업효률을 제고하였다.

위명제의 명령을 접수한 후 마균은 밤에 낮을 이어가면서 고심하게 연구하여 설계를 하는 한편 제작에 들어감으로써 실천과정에서 부단히 설계방안을 수개하고 보충하였다. 한동안의 모색과 부단한 경험 총화를 통하여 끝내 지남차제작에 성공하였다. 지남차제작의 성공은 고당륭, 진랑과 같은 공담가들의 입을 막았을 뿐만 아니라 조정의 문무백관들도 마균의 재능과 끈질긴 정신에 모두 탄복해하였다.

마균은 수리전문가이기도 하였다. 그가 사는 집 옆에는 언덕이 있었는데 마균은 여기에다 채소를 심을 수 있는 밭을 일구려고 생각하였다. 그런데 언덕이다 보니 관개가 문제였다. 그는 이 난제를 해결하기 위하여 부근의 수원지와 언덕을 고찰하고 선인들의 경험을 토대로 새로운 양수기구 '번차(翻车)'를 설계해내였다. 바로 후세의 룡골수차(龙骨水车)이다. 번차는 가볍고 쓰기 편리하여 크게 힘을 들이지 않고도 높은 효률을 낼 수 있었다. 가뭄 때에는 번차를 리용하여 낮은 곳에 있는 하천이나 늪의 물을 높은 언덕에 끌어올려 밭에 댈 수 있었고 장마가 졌을 때에는 번차를 리용하여 밭의 물을 뽑아낼 수 있었다. 번차의 발명과 보급은 당시 농업생산발전에 매우 큰 작용을 하였다. 번차는 당시 세계적으로도 선진적인 농업생산도구라 할 수 있었다.

위명제는 의문 나는 점이 있으면 늘 재능이 있고 연박하고 경험이 풍부한 마균에게서 해답을 찾군 하였다. 한번은 위명제에게 인형잡기(木偶百戏)가 진상품으로 들어왔다. 이 인형잡기는 조형이 아름답고 아주 정교하게 만들어진 수공예품이였다. 그러나 위명제는 자기절로 움직이지 못하기에 어딘가 부족하다고 느끼면서 마균을 불러다가 "자네라면 이 인형잡기가 자기절로 움직이게 할 수 있지 않겠는가?"고 물어보았다. 마균은 자세히 보면서 생각하더니 "될 수 있나이다."고 하였다. 위명제는 매우 기뻐하면서 집에 가지고 가서 연구하라고 하였다.

집에 돌아온 후 마균은 반복적으로 연구하고 열심히 설계도를 그렸다. 그는 나무로 무대를 만들고 무대 우에는 여러가지 차림새의 인형들을 배렬해놓고 또 인형들 신분에 맞는 경물을 배치하였으며 무대 아래에는 역시 나무로 원동륜(原动轮)을 만들어 무대 우의 인형들과 련결시켜놓았다. 공연할 때면 물의 힘을 리용하여 원동륜을 돌려주면 무대 우의 인형들이 음악에 맞춰 여러가지 동작을 하게 된다. 북을 치고 피리를 부는 인형, 음악에 맞춰 빙글빙글 돌아가며 춤을 추는 인형, 개울에서 폴짝폴짝 뛰고 풀밭에서 투계(斗鸡)를 하는가 하면 매돌을 돌리고 검술을 하며 벽에 붙어서 물구나무서기를 하고 있는 인형도 있었다. 무대 우의 인형들이 들락날락하는 것이 매우 북적거렸다. 위명제는 보고 난 뒤 매우 기뻐하면서 문무백관들을 소집하여 모두 관람하게 하였다. 사람들은 이 움직이는 인형극에 '수전백희(水转百戏)'라는 이름을 달아주었다. 이것은 우리 나라 고대 인형희곡예술에서의 뛰여난 창조이다.

당시 사람들은 모두 마균의 지혜와 실천정신에 탄복을 금치 못하였다. 늘 그의 절세의 교묘한 구상을 칭찬하면서 '천하의 이름난 재간둥이'라고 불러주었다. 마균은 극히 소박하며 절대로 사람들 앞에서 뽐내지 않고 아주 겸손하였다. 배수(裴秀)라는 젊은 지리학자가 있었는데 그는 마균의 발명창조를 아주 하찮게 보면서 기회만 있으면 마균 앞에서 자기재능을 과시하려고 하였다. 그는 사람들 앞에서 마균을 만나면 변론하여 승부를 가리겠다고 큰소리를 쳤다. 마균은 이 말을 들은 후 늘 배수를 피해 다녔다. 이렇게 되자 배수는 오히려 더욱 의기양양해 하였다. 배

수의 이러한 태도를 알게 된 문학가 부현(傅玄)은 마균을 대신하여 배수에게 말하였다. "당신의 장기는 말을 잘하는 것이고 마균의 장기는 기교인데 당신은 자신의 장기를 가지고 남의 단점을 공격하니 자연히 우세를 차지하게 되겠지. 하지만 자네의 단점을 가지고 남의 장기와 겨룬다면 우세를 차지할 수 없을 것이요! 마균은 매우 겸손하기에 자네를 피한 것이지 재능이 없어서 피한 것이 아니오!" 배수는 부현의 말을 듣고서야 자신의 잘못을 인식하고 아무 말도 못하였다. 배수는 지도학(地图学)상에서 공헌이 아주 컸다. 뒤에서 그에 대한 이야기를 계속하게 된다.

3국시기에 마균처럼 과학기술을 연찬하여 발명창조를 한 사람이 또 있었는데 위나라의 한기(韩暨)와 촉나라의 제갈량, 포원(蒲元)이였다. 한기는 락릉태수(乐陵太守)를 담임한 적이 있었다. 그는 당시 철을 제련할 때 용광로의 풀무는 대부분 축력이 아니면 인력을 사용하는 것을 보고 풀무를 개진해야겠다고 결심하였다. 반복적인 연구 끝에 동한의 두시가 발명한 수배(水排)의 기초상에서 바람의 세기가 더 큰 수배를 성공적으로 제작하여 용광로의 온도를 높일 수 있었고 축력과 인력을 대대적으로 절약할 수 있었다.

제갈량은 조위에 대한 북벌과정에서 련노(连弩)와 목우류마(木牛流马)를 발명하였다. 련노는 쇠로 만든 화살을 동시에 열발이나 쏠 수 있었고 목우류마는 나무로 만든 소와 말의 모형에 기관을 장착하여 군량을 운반하는 도구였다.

포원은 칼을 만드는 능수였다. 그는 72번 단련한 좋은 강철로 칼을 만들었는데 이 칼로는 철도 아주 쉽게 벨 수 있었다고 한다. 그는 일찍 류비에게 5,000자루의 좋은 보검을 만들어주어 촉한의 군대를 무장시켰다.

오나라에도 과학기술방면에서 성과가 있은 사람이 있었는데 그도 보검을 잘 만드는 장인이였다. 전하는데 의하면 손권에게는 3자루의 서슬푸른 보검이 있었는데 백련(百炼), 청독(青犊), 루영(漏影)이라 불렀다. 하지만 아쉽게도 칼을 만든 사람의 이름은 전해지지 않았다고 한다.

139

이주를 개발하다

오나라 황룡(黄龙) 2년(기원 230년)에 손권은 장군 위온(卫温)과 제갈직(诸葛直)더러 군사 만명을 거느리고 바다를 건너 이주(夷洲)에 가게 함으로써 대만과 대륙 간의 경제, 문화 련계를 강화하였다. 이것은 대륙인들이 대규모로 대만에 이른 가장 일찍한 기록이며 또한 한족인민들이 선진적인 문화를 리용하여 이주를 개발한 시작이기도 하다. 이주가 바로 조국의 보배섬 대만이다.

원래 오나라는 위, 촉 두 나라에 비해 더욱 유리한 자연조건을 가지고 있었다. 동오는 비옥한 토지에 강수가 충족하고 바다를 끼고 있어 어류와 소금이 나기에 경제가 비교적 번영하였다. 그러나 동오도 위나라나 촉나라보다 못한 부분이 있었다. 그것은 령토면적이 작은 데다가 하천과 호수들이 많아 륙로교통이 저애를 받는 것이였다. 작은 령토는 동오의 통치자들로 하여금 밖으로 확장을 하여 경제문화교류를 하게끔 하였으며 하천과 호수가 륙로교통을 저애한 것은 동오로 하여금 조선업과 항운업을 건설하여 수로교통을 발전시키게 하였다.

그렇다면 동오는 어디로 확장할 것인가? 북으로 확장하자니 조위(曹魏)의 세력이 비교적 강대하여 좋은 결과가 있을 것 같지 못하고 서쪽으로 확장하자니 비록 촉한을 패배시킨 적은 있어도 병탄할 수 있는 힘까지는 없고 또 조위가 기회를 타서 덮치는 것을 방비하여야 하였다. 북쪽과 서쪽으로 확장할 수 없게 되자 동오의 통치자들은 자연히 동쪽으로 바다를 넘어 살길을 찾기로 하였다. 진시황이 사람들을 파견하여 장생불로약을 구하러 보낸 이야기중에서 손권은 망망한 바다너머에도 자고로 대륙과 련계가 있는 섬들이 있을 것이니 거기로 발전하면 되겠다고 생각하였다. 이주가 바로 그가 고서에서 알게 된 또 찾아보고 싶은 섬의 하나였다.

당시 동오의 조선업은 이미 상당한 수준에 이르러 큰 배를 만들 수 있었다. 전하는데 의하면 제일 큰 배는 5층으로 되였으며 3,000여명을 태울 수 있다고 하였다. 이런 배는 큰강에서 항행할 수 있으며 바다에서도 항행할 수 있었다 한다. 그것은 멀리 이주까지 갈 수 있는 중요한 조건을 마련해 준 것이다.

한동안의 준비 끝에 손권의 이주에로의 장거가 마침내 시작되였다. 그는 위온과 제갈직 두 장군을 파견하여 만명에 달하는 군사들과 많은 물자들을 싣고 호호탕탕하게 출발하도록 하였다.

위온과 제갈직은 선대를 거느리고 벽파만경의 바다에서 풍랑을 헤가르며 이주를 바라고 떠났다. 이 선대는 크고 작은 배가 모두 30여척에 달하였는데 제일 큰 것은 길이가 50메터나 되고 600~700명을 실을 수 있었다. 위온은 이주에 관한 문헌자료들을 다시 확인하기 위하여 제갈직에게 물었다. "최초의 이주에 관한 기록을 한 책은 무슨 책이였던가?" 제갈직이 대답하였다. "일찍 고대의 중요한 지리문헌《우공(禹贡)》이라는 책에서 이주에 대해 서술한 적이 있습니다. 후에 이 방면의 전설이 더욱 많아졌는데 그중에서 재미나는 것은 서복(徐福)이가 바다를 건너 이주에 갔다는 전설입니다. 전하는데 의하면 진시황이 장생불로하기 위하여 서복을 파견하여 동남동녀 수천명을 거느리고 바다로 나가 장생불로약을 찾게 하였다고 합니다. 서복은 일찍 이주에 갔다왔는데 거기에는 서리나 눈도 없이 일년 사계절 초목이 죽지 않는다고 합니다. 제 생각에는 그 곳은 아주 아름다운 섬인 것 같습니다." "나중에는 어떻게 되였는가?" 위온이 다그쳐 묻자 제갈직은 "후에 이 사람들은 또 단주(亶洲,

어떤 사람들은 단주를 일본이라고 인정)까지 가서 장생불로약을 찾았지만 끝내는 찾지 못했다고 합니다. 그들은 진시황을 볼 면목이 없어서 그곳에 남았다고 합니다."하고 대답하였다.

위온과 제갈직의 선대는 바다에서 여러날을 항행하다가 마침내 이주에 도착하였다. 그들이 뭍에 오르자 해안가에서 살고 있던 고산족들은 그들이 략탈하러 온 줄로 알고 큰 북을 두드려 경보를 보냈다. 그러자 고산족 남녀로소가 모두 여러가지 무기를 들고 달려나왔다. 위온과 제갈직은 고산족 사람들이 자기네하고 싸움을 하려는 줄로 알고 군사들을 집합시켜 싸울 준비를 하였다. 이윽고 고산족 부락성원들이 진을 치고 오나라 군사들 앞으로 다가왔다. 위온은 그들이 미처 멈춰서기 전에 병사들에게 진격명령을 내렸다. 고산족 사람들은 조금도 두려움이 없이 오나라 병사들과 엉켜 싸웠다. 고산족 사람들은 무기가 비교적 락후했기에 오나라 군사들의 공세를 당해내지 못하고 분분히 퇴각하였다. 위온은 뒤쫓지 않고 군사를 거두고 숙영하라고 명령을 내렸다.

위온이 장막에서 어떻게 하면 고산족 사람들과의 오해를 풀고 우호적인 관계를 건립하겠는가를 고민하고 있을 때 한 병사가 달려와 보고하기를 "고산족 대표가 와서 뵙기를 청합니다."고 하였다. 위온은 그들을 청해 들였다. 고산족 사람들의 습관에는 싸움에서 지면 사람을 파견하여 사과하고 례물을 드리면 화해가 된 것으로 알고 있다. 그들이 돌아간 다음 위온도 대표를 파견하여 례물을 가지고 찾아가게 하였다. 오나라 대표가 고산족 추장네 집에 가보니 성벽이나 보루와 같은 건축물은 없고 집 주위에 나무로 만든 울바자 밖에 없었다. 추장네 집에는 사람 두개골이 여러개가 진렬되여있었는데 알고 보니 이것은 고산족의 풍속이라 한다. 진렬한 두개골이 많을수록 죽인 적의 수가 많음을 표시하고 또 군공이 큼을 표시한다. 고산족 추장은 오나라 군사들에게 우의를 표시하는 동시에 오나라 대표를 위하여 성대한 환영식을 치러주었다. 고산족 사람들은 알록달록한 민족복장을 입고 머리는 얹어서 뼈로 만든 비녀로 고정하였으며 목에는 구슬을 꿰여 걸고 손목에는 옥으로 된 팔찌를 끼고 무리를 지어서 환호하며 춤을 추었다.

삼국시기 고산족 사람들은 아직도 씨족사회단계에 처하여있었다. 그들은 허다한 부락으로 구성되였고 사유재산이라는 개념이 없었으며 부락의 성원들을 '미린(弥鳞)'이라고 불렀다. 그들은 성별과 나이에 따라 일을 분공하였다. 건장하고 힘이 센 남자들은 수렵이나 물고기잡이 임무를 담당하는데 그들은 무리를 지어 몽둥이나 날창, 돌멩이를 가지고 홰불을 높이 들고 수림 속을 질주하면서 야생동물을 사냥하였으며 하천이나 소택지 같은데서 물고기나 조개를 잡았다. 그들은 또 부락의 재산이나 집체 성원들의 안전을 보위하는 임무도 맡았다. 부녀들의 주요 임무는 부락내에서 열매나 씨앗을 채집하고 식물의 줄기나 뿌리를 캐여 전체 부락성원들의 음식을 준비하는 것이였다. 고기류, 물고기류, 식물류의 음식을 만들어 전체 성원들에게 골고루 나누어주었다. 그들은 곡식을 경작하고 돼지나 닭을 키우며 옷을 짓는 일도 하였다. 고산족 부락에서는 모든 것이 집체적인 의지와 전통적인 습관에 따라야 하였다. 누가 죄를 지으면 부락성원들이 공동으로 처벌방안을 의결하였다. 감금은 족쇄를 채우지 않고 바줄로 묶어만 놓았으며 경한 죄는 몽둥이로 다스리고 중한 죄라야 사형에 처하였다.

오나라 군사들은 수토가 맞지 않고 생활습관이 적응되지 않아서 많은 사람들이 병에 걸렸다. 고산족 사람들이 열정적으로 치료를 도와줬지만 효과를 보지 못하고 열에 아홉은 죽었다. 위온과 제갈직은 하는 수 없어 군사들을 이끌고 고산족 성원 수천명과 함께 이주를 떠나 대륙으로 돌아왔다. 이때로부터 이주와 대륙간의 경제문화련계가 진일보 발전하였다.

기실 이주와 대륙 간의 련계는 일찍 신석기시대부터 있었다. 근대에 대만에서 백여 곳의 신석기시대유적이 발견되였다. 례를 들면 대북시 원산패총(贝冢)에서 출토된 돌도끼, 돌자귀, 고웅시 도자원(桃子园)에서 출토된 채색도기, 대남(台南)현 우두산(乌头山)과 신죽(新竹)현에서 출토된 흑도(黑陶)는 자질이나 모양이 모두 대륙 동남연해에서 발견된 것들과 아주 흡사하였는데 그중에서 기하무늬모양의 도기는 복건 일대 원시문화의 중요한 특징을 갖고 있었다. 이런 유적과 문물들은 대만의 신석기시대 문화가 대륙의 연해지구 신석기시대 문화와 밀접한 련계가 있으며 대륙의 동남연해에서 직접 전파되여간 것이라는 것을 충분히 증명하였다. 대만은 자고로 우리 나라의 신성한 령토이며 조국과 갈라놓을 수 없는 일부분이다.

140

사마씨가 정권을 독점하다

조위(曹魏)에서 군정대권을 장악한 사마의(司马懿)는 세세대대로 벼슬을 지낸 사족가정에서 태여났다. 전하는데 의하면 그의 선조는 초패왕 항우에 의해 은왕에 책봉받은 사마앙(司马卬)이였다 한다. 그의 증조부, 조부, 아버지는 모두 한조에서 큰 벼슬을 지냈었다. 사마의도 재질이 뛰여나 학문이면 학문 무예면 무예 못하는 것이 없었다. 조조가 생전일 때 그는 조조를 도와 둔전제를 실행하게 한 사람이였다. 조조의 아들 조비가 한헌제를 페위시키고 자기가 황제로 되자 사마의는 조비를 도와 방도를 대주며 여론을 조성하여주었다. 때문에 그는 조비의 신임을 얻어 상서, 태위로 임명되여 군정대권을 장악할 수 있었다. 사마의는 집정기간에 촉, 오에 대한 몇차례 전쟁을 지휘한 외에도 두가지 큰 일을 해냈다. 하나는 물길을 많이 열어 황하의 물을 변하에 끌어들이므로써 회하이북 지구의 수리관개면적을 확대시키고 이 지구에서의 논농사를 개척하여 농업생산의 발전을 추진하였다. 다른 하나는 4만의 군사를 이끌고 료동을 진공하여 수십년간 그 곳에 둥지를 틀고 있던 공손씨의 할거세력을 소멸하여 조위정권의 우환을 제거해버린 것이다. 그는 이 두가지 일을 성사시키는 과정에서 아주 높은 성망을 얻었다.

그러나 사마의는 정치적 야심이 있고 교활하고 처세술이 뛰여난 사람이였다. 그는 자기세력을 발전시키는 한편 정세가 돌아가는 것을 주시하였다. 조비가 죽은 후 위명제 조예는 부화방탕한 생활을 일삼았다. 민간에서 미녀들을 강탈하고 금은보화를 긁어모으고 제멋대로 궁실 원유(苑囿, 초목을 심고 동물을 기르는 곳)를 지은데서 국고가 마르고 백성들의 원성만 높아져 조위정권은 쇠퇴의 길로 나아가기 시작하였다. 사마의는 이 기회에 민심을 얻어 자기의 세력을 키워나갔다.

경초(景初) 3년(기원 239년), 위문제는 죽기 전에 위나라 정권을 사마의와 조상(曹爽)에게 위탁하여 두 사람이 공동으로 8살 밖에 안되는 아들 조방(曹芳)을 보좌하라고 하였다. 조상은 조조의 질손(侄孙)으로서 세력이 상당하였다. 이 시기 그는 대장군으로 있으면서 기회를 보아 동생 조의(曹義)를 중령군(中领军)에 위임시켜 황성 근위군의 군권을 장악하게 하였으며 자기의 도당인 하안(何晏), 등양(邓飏)과 리승(李胜) 등 사람들로 하여금 조정에서 중요한 관직을 맡게 하고 사마씨의 세력을 배척하였다. 원래 군정대권을 장악하였던 사마의는 태부(太傅)로 되여 황제의 스승이 되였다. 이것은 지위는 높지만 실권이 없는 직무로서 기실 사마의의 군정대권을 박탈한 것이다.

조상의 일파는 모두 어떤 인물들인가? 하안은 조조의 딸 금향공주의 남편이다. 그는 멋을 부리기를 좋아하며 심지어 매 걸음마다 돌아서서 자기 그림자를 본다는 전형적인 자아도취에 빠진 난봉군이였다. 등양은 동한 초년의 명장 등우(邓禹)의 후대이다. 리승의 아버지 리휴(李休)는 상당(上党), 거록(巨鹿) 두개 군의 태수를 력임하였다. 그들은 모두 관료세가의 공자들이였다. 당시 사람들은 그들을 '부화우(浮华友)'라고 불렀는데 지금의 말로 말한다면 귀공자일파인 셈이다. 이런 귀공자일파가 정권을 쟁탈하다니 어찌 지략이 풍부한 사마의의 적수가 되겠는가?

반격을 가할 조건이 성숙되지 않은 상황에서 사마의는 할 수 없이 한발 물러서서 병을 핑게로 두문불출하였다. 기실 그는 암암리에 포치를 하였다. 그는 아들 사마사(司马师)더러 하후현(夏侯玄)의 중호군(中护军)자리를 대신하게 하여 일부분의 병권을 틀어쥐고 놓지 않았다. 조상은 사마의가 암암리에 활동하는 것을 몰랐다. 다른 사람이 귀띔해줘서야 리승을 파견하여 사마의의 정황을 알아보게 하였다. 사마의는 리승이 자기를 만나려다는 것을 알고 아들 사마사, 사마소(司马昭)에게 말하였다. "이것은 조상이 파견한 밀탐이다." 그는 아들들에게 동향을 잘 살피라고 주의를 주었다. 상대를 미혹시키기 위하여 사마의는 중병에 걸린 것처럼 머리를 풀어헤치고 이불을 쓰고 침대머리에 기대여 앉아있었다. 리승이 침대가에 와서 사마의에게 "오래간만입니다. 이렇게 중환에 계신 줄 몰랐습니다."라고 하자 사마의는 우정 잘 알아듣지 못한 것처럼 얼버무리면서 횡설수설하였다. 리승은 정말로 중병에 걸리고 귀까지 먹고 의식도 분명치 못하다고 생각하였다. 조금 뒤 사마의가 손으로 입을 가리키자 시녀가 국을 가져왔다. 사마의는 손으로 국사발을 받는 것이 아니라 직접 입을 대고 마시면서 온몸에 국을 흘렸다. 그런 다음 아주 힘들게 몇마디 말을 뱉어내였는데 "나는 이미 늙었고 또 중병에 걸려 얼마 살 것 같지 못하니 자네가 내 아들들을 많이 이끌어주게."하고는 침대에 누워서 가쁜 숨을 몰아쉬였다. 리승은 조금 앉았다가 돌아간 후 조상에게 자초지종을 회보하였다. 조상은 "만약 사마의가 죽는다면 나는 근심이 없게 된다."고 웃으면서 말하였다.

사마의는 암암리에 정권을 탈취하는 발걸음을 재촉하였다. 정시(正始) 10년(기원 249년) 정월에 위제 조방은 황릉에 가서 위명제의 제사를 지내려고 하자 조상과 대소 관원들도 모두 황제를 따라 성을 나가고 근위군도 호위를 맡아 호호탕탕하게 고평(高平, 지금의 하남성 락양시 남쪽)에 있는 황릉을 바라고 떠났다. 사마의는 기회가 왔다고 여기고 불시에 정변을 발동하고 군대를 움직여 락양을 통제하였다. 그는 명령을 내려 사도(司徒) 고유(高柔)더러 대장군직권을 대행하고 조상의 군영을 점령하게 하였다. 또 태복(太仆) 왕관(王观)에게 명하여 중령군의 군권을 장악하게 하고 조의의 군영도 점령하였다. 사마의는 자신이 직접 한무리의 이전의 관리들을 거느리고 궁에 들어가 곽태후에게 조상이 어떻게 위명제의 조서를 어기고 독단하여 나라를 혼란스럽게 하였는가를 고해 바쳤다. 그는 또 명령을 내려 태위(太尉) 장제(蒋济)더러 조상의 죄를 성토하는 문장을 써서 발표하게 하였다. 모든 행동은 모두 사마의의 포치에 따라 움직이였다. 사마의는 자기가 직접 락수 부교(洛水浮桥)에다 진을 치고 있으면서 전반 국면을 장악하였다. 사마의가 정변을 발동하고 락양을 통제하고 있다는 소식은 들은 조상은 대세가 이미 기운 것을 보고 모든 병권을 사마의에게 넘겨주겠다는 조건으로 황제 조방을 따라 락양에 돌아올 수 있었다. 얼마 안가서 사마의는 멸족의 형벌로 조상네 일가와 도당들을 모조리 죽여버렸다. 하안과 등양도 죽음을 면치 못하였다. 이것이 바로 력사에서의 '고평릉사변(高平陵事变)' 이다.

'고평릉사변' 이후 조씨 정권은 점차 사마씨네 정권으로 변하기 시작하였다. 사마의는 사변후 얼마 못가서 죽고 그의 아들들인 사마사, 사마소가 계속하여 집정하였다. 사마소와 위제 조방은 사이가 나빠 가평 6년(기원 254년)에 조방은 심복 리풍(李丰) 등과 밀모하여 사마사와 사마소 두 형제를 없애려고 하였는데 사마사가 사전에 알아차렸다. 사마사는 리풍을 죽여버리고 궁에 들어가 태후를 핍박하여 조방을 폐하고 조비의 손자 조모(曹髦)를 황제자리에 앉혔다.

후에 사마사가 죽고 사마소가 대권을 장악하면서 근본 위제를 안중에 두지 않았을 뿐더러 집에서는 늘 황포를 입고 황제로 되려는 야심을 공개적으로 드러내였다. 당시 민간에서는 황룡이 녕릉현(宁陵县) 우물에 나타났다는 전설이 분분히 떠돌았다. 황룡이 우물 안에 있다는 것은 황제가 권신들에 의해 곤경에 빠졌음을 비유하는 말로서 백성들이 사마씨네 독재에 불만을 표시함을 말한다.

새로 등극한 위제 조모는 겨우 열몇살 밖에 안되였기에 사마소가 정권을 빼앗으려는 활동들에 불만은 있어도 어쩌는 수가 없었다. 그는 우물에서 황룡이 나타났다는 민간전설에 감동되여 붓을 들어 〈잠룡시(潜龙诗)〉를 써서 마음속의 울분을 토로하였다. 시의 대체적인 뜻은 이러하다. "가련한 황룡이 우물에 갇히여 바다로 나가 자유로이 용솟음치지 못하누나. 지렁이나 장어까지도 업수이 여기고 황룡 앞에서 머리를 흔들며 잘난 척을 하는구나. 가련한 황룡이여! 내 처지가 너와 같구나."

이 일은 이내 사마소의 귀에까지 들어갔다. 그는 조모가 감히 우물안의 룡을 빌어 불만정서를 토로하는 데 대해 몹시 화를 내였다. 감로(甘

露) 5년(기원 260년) 4월의 어느 날, 사마소는 검을 지니고 입궐하였다. 조모는 일어나서 반기였다. 문무백관들은 조모에게 "사마대장군은 공덕이 높으시니 응당 진공(晋公)으로 책봉해야 합니다."고 하였다. 조모가 그 말에 머리를 수그리고 대답을 하지 않자 사마소는 "우리 부자 셋은 나라를 위하여 큰 공을 세웠는데 진공이 되면 안됩니까?"고 큰소리로 떠들었다. 조모가 마지못해 "어디라고 감히 거스르겠나이까."고 하자 사마소는 "폐하께서 쓴 잠룡시에서 나를 미꾸라지에 비유하였는데 무슨 뜻입니까?" 하자 조모는 대답을 하지 못하였다. 사마소는 쓴웃음을 지으면서 궁궐을 나갔다. 침소로 돌아온 조모는 시중 왕심(王沈), 상서 왕경(王经), 산기상시 왕업(散骑常侍王业) 세 사람을 불러들여 대책을 상의하였다. 조모는 분개하여 "사마소의 야심은 길 가던 사람도 다 알거늘 짐이 이렇게 앉아서 죽기를 기다릴거면 차리리 선수를 치는 것이 좋겠다."고 하자 왕경이 "이런 큰 일을 도모하려면 매우 신중해야 합니다. 소식이 새여나가면 목숨도 부지하기 어렵습니다."고 권고하듯 말하였다. 조모는 품속에서 황색 비단에 쓴 조서를 꺼내면서 "이것을 참을 수 있다면 무엇을 못 참겠는가? 짐은 이미 결심하였다. 죽음도 두렵지 않다!"고 하자 왕심과 왕업은 무서워서 이내 사마소한테 가서 고자질하였다.

조모는 궁중의 호위병 수백명만 거느리고 떠들썩하게 사마소를 진공하였다. 궁문을 나서 얼마를 못가서 사마소가 파견한 가충(贾充)의 군사들이 길을 막았다. 가충의 군사들은 황제가 직접 보검을 들고 나섰는지라 모두 겁을 먹고 손을 쓰지 못하였다. 장관 성제(将官成济)가 어찌해야 할지를 가충에게 묻자 가충은 "사마공께서 왜서 너희들을 길렀겠는가. 물어볼 필요가 있는가?"라고 하자 성제는 앞으로 달려나가면서 창으로 조모를 찔러 죽였다. 조모가 죽은 후 사마소는 사람들이 임금을 죽이고 권력을 빼앗은 도적이라고 욕할가봐 위선적으로 자기절로 자기를 질책하고 또 흉범인 성제의 3대를 멸하였다. 뒤이어 그는 조조의 손자 조환(曹奂)을 황제 자리에 앉히고 년호를 경원(景元) 원년(기원 260년)이라 고쳤다.

조환은 완전히 사마소의 손바닥 안의 괴뢰에 지나지 않았다. 이에 이르러 사마소가 정권을 빼앗는 활동의 중대한 절차가 이미 완성되였고 조위 정권은 유명무실하게 되였다.

141

죽림칠현

위나라와 진나라가 교체되는 기간에 사마씨네 집단은 조씨네 집단을 무너뜨린 후 정세를 온정시키기 위하여 문인들에 대하여 자기편으로 끌어들이는 한편 타격을 가하는 두가지 수법을 썼다. 그리하여 조씨네 집단켠에 서있던 사람들은 많이는 살해되였거나 배척을 받았지만 사마씨네 집단을 옹호했거나 그들에게 빌붙었던 사람들은 모두 한자리씩 하게 되였다. 워낙 명성이 좋지 못했던 사마씨네 집단은 봉건례교를 극구 제창하는 것으로 저들의 정치상에서의 부패와 암흑을 덮어감추었다. 그들은 사마씨네 통치는 하늘이 내린 것으로서 누구나 모두 복종해야 한다고 하였다. 당시 일부 문인들은 사마씨네 집단에 빌붙기는 싫고 또 맞서 싸우자니 두렵고 하여 고민 끝에 소극적인 대항의 방법을 택하였다. 그들은 늘 몇명씩 모여 죽림이거나 산 좋고 물 맑은 곳을 찾아다니면서 술로 소일하거나 일부러 머리를 풀어헤치고 옷은 초라하게 입고 다녔다. 그들은 이러한 행위로써 권세있는 귀족들을 멸시하고 례교를 반대하였다. 그들은 모두 학문이 깊은 사람들이였기에 력사에서 그들 가운데의 이름난 일곱 사람을 '죽림칠현(竹林七贤)'이라 하였다. 이 일곱 사람은 원적(阮籍), 혜강(嵇康), 산도(山涛), 류령(刘伶), 향수(向秀), 원함(阮咸), 왕융(王戎)이다. 일곱 사람중 원적과 해강은 시를 아주 잘 썼기에 중국문학사상에서 비교적 높은 지위를 차지하고 있다.

원적은 성격이 호방하면서도 괴벽한 사람이였다. 현실에 불만을 품은 그는 늘 술로 마음을 달래군 하였는데 일단 취하기만 하면 인적이 없는 수림 속에 들어가 고래고래 소리를 지르는 것으로써 가슴 속에 쌓인 울화를 토해내였다. 그의 심정을 모르는 사람들은 뒤에서 그를 정상이 아니라고 수군거리였다. 기실 원적은 뛰여난 정치적 재질을 갖고 있는 사람이였다. 위나라 말년에 원적은 동평상(东平相)으로 위임되였다. 부임 당시 그는 나귀를 타고 갔는데 부임하자마자 그는 명을 내려 관아 문앞에 세워졌던 병풍을 모두 없애버려 관아 안을 환히 볼 수 있도록 함으로써 백성들이 관아를 두려워하는 심리도 제거하고 관리와 백성들 지간의 거리도 가까워지게 하였다. 짧디짧은 10일 내에 동평군(东平郡, 지금의 산동성 동평현 동쪽)을 질서정연하게 만들어놓아 그의 뛰여난 정치적 재질을 과시하였다.

원적이 늘 술에 취해 있는데는 또 다른 원인이 있었다. 그것은 술에 취해 아무 것도 모르는 척 해야만 사

마씨네의 매수를 피할 수 있었다. 한번은 사마소가 아들 사마염을 대신하여 원적이네 집에 청혼한 적이 있었다. 원적은 딸을 사마씨네 집에 주기 싫어서 일부러 크게 취한 체 못 들은 체 하였다. 그 뒤 60여일 동안이나 계속 취하여 있어 결국은 모면할 수가 있었다.

원적은 사람을 보는 눈이 뛰여나고 분별있게 대해주었다. 말끝마다 인의도덕을 부르짖는 봉건례교의 고취자들에 한해서는 흘겨주고 자기와 같이 봉건례교를 반대하는 사람들에 한해서는 정답게 대하였다. 그는 〈대인선생전(大人先生传)〉이란 글에서 말끝마다 인의도덕을 부르짖는 자들을 바지혼솔에 숨은 이새끼라고 풍자하였다.

혜강 역시 성미가 괴벽한 사람이였다. 용모가 출중하고 학문이 깊은 그는 거문고를 잘 타고 시도 잘 지었으며 힘도 세고 야장일도 잘하였다. 혜강은 사마씨네 집단사람들을 멸시하고 고의적으로 조소하고 풍자하면서 그들의 매수에 넘어가지 않았다. 한번은 사마소의 심복인 종회(钟会)가 혜강이의 박식함을 탐내여 자기가 쓴 봉건례교를 설교한《사본론(四本论)》을 갖고 와 혜강한테서 가르침을 받는 것으로써 자신의 가치를 높이려 하였다. 마침 향수와 나무 밑에서 야장일을 하고 있던 혜강은 먼발치에서 걸어오는 종회를 보고 서로 눈짓을 하며 이 권세를 부리는 귀족놈을 한번 톡톡히 놀려주려고 하였다. 향수는 풀무만 힘차게 당기고 혜강은 메를 높이 들어 쇠를 내리칠 뿐 누구도 종회를 거들떠보지도 않았다. 옆구리에 써 온 글을 끼고 이윽토록 서있던 종회는 무안한 김에 슬그머니 꽁무니를 빼려 하자 혜강은 쌀쌀맞게 "무슨 말을 듣고 왔다가 무얼 보고 가시오?" 하자 종회는 할 수 없이 "들을 걸 듣고 왔다가 볼 걸 보고 가네."고 하였다. 혜강이와 향수가 종회를 놀려준 것은 권세를 부리는 사마씨에 대한 불만의 토로이기도 하고 또한 일종 소극적인 반항이기도 하였다.

'죽림칠현' 가운데서 나이가 제일 어린 사람은 왕융으로서 원적보다 20살 아래였다. 왕융은 어려서부터 매우 총명하였다. 6~7살 때 한번은 선무장(宣武场)에 놀러간 적이 있었다. 선무장은 군사들이 훈련하는 장소로서 한 모퉁이에는 쇠창살로 만든 우리에 많은 맹수들을 가두어놓고 있었다. 맹수들은 사람들이 많이 모여들 때마다 무섭게 울부짖었다. 사람들은 놀음에 정신을 팔고 있다가도 맹수의 울부짖는 소리가 나기만 하면 어른이건 아이들이건 할 것 없이 모두 기겁을 하며 달아났다. 하지만 어린 왕융만은 조금도 겁내지 않고 쇠창살 밖에 서서 맹수들이 울부짖는 것을 찬찬히 들여다보고 있었는데 그 일이 있은 후 사람들이 왕융을 보고 " 참 담이 크구나. 너는 맹수들이 무섭지 않느냐?"라고 묻자 왕융은 "짐승들이 쇠창살우리에 갇혀서 나오질 못하는데 무서울게 뭔가요?" 하고 대답하였다. 또 한번은 왕융이 아이들과 함께 길가에서 한창 놀고 있었다. 길가에 오얏나무 한그루가 있었는데 놀던 아이들이 나무에 오얏이 가득 달린 것을 보고 서로 다투어 나무에 기여올라가 오얏을 땄다. 그러나 왕융은 구경만 할 뿐 올라가 따지 않았다. 이때 누군가가 그에게 왜서 오얏을 따지 않는가고 묻자 그는 "길가에 있는 나무에 오얏에 이렇게 많이 남아 있는 걸 보면 맛이 꼭 쓸거예요."라고 말하였다. 그 사람은 미덥지가 않아 오얏 한알을 따서 먹어보니 과연 맛이 쓰거웠다.

'죽림칠현'은 모두 이렇듯 총명하고 재질이 뛰여났기 때문에 사마씨네 집단은 그들이 항상 죽림이거나 산 좋고 물 맑은 곳을 찾아다니면서 술을 마시고 시를 쓰며 소일하는 것을 가만 놔두려 하지 않았다. 오히려 저들을 위하여 일하게 협박하고 유인하였다. 이를테면 순종하는 자에게는 높은 벼슬과 봉급을 주어 매수하고 불복하는 자에 대해서는 사정없이 무함하여 죄를 물었다. '죽림칠현'은 시초에 례교를 반대하는 것을 서로 표방하였지만 실제상에서는 사마씨의 부패한 통치를 반대하였을 따름이였다. 그들에게는 그 무슨 공동한 정치적 목표나 신앙 같은 것이 없었다. 어릴 적부터 읽은 것은 4서5경이고 배운 것은 봉건례교라 그들은 내심으로부터 진정으로 봉건례교를 반대할 수가 없었다. 그들은 다만 봉건례교가 사마씨네와 같은 사족집단에 리용되는 것이 례교에 대한 유린이라고 인정하였기에 사마씨네 집단과 맞서 례교를 반대하였던 것이다. 기실 '죽림칠현'은 례교를 보배처럼 여기면서 줄곧 믿어왔었다. 그들의 내심세계와 실제행동이 이렇게 모순되여 있었기에 사마씨네 집단의 위협과 유인 앞에서 '죽림칠현'은 점차 분화되여 각자 자기 길을 가지 않을 수 없었다. 후에 산도는 매수되여 사마씨의 정권 밑에서 상서 리부랑(尚书吏部郎)이란 벼슬을 하였다. 그는 혜강이도 자기와 같이 벼슬을 하면서 사마씨네를 위해 충성할 것을 바랐다. 그러나 혜강이는 그의 권유를 단호히 거절하고 일부러 산도와 절교하는 편지를 써서 보냈다. 그는 편지에서 산도를 호되게 꾸짖으면서 애초의 뜻을 굽히고 사마씨네 수하에서 벼슬을 하는 것도 모자라 다른 사람까지도 끌어들이려 한다고 질책하였다. 혜강은 절대 그들과 한동아리가 되지 않을 것을 표시하면서 사마씨네 허위적이고 잔폭한 정치적 통치에 대해 무자비하게 폭로하고 비판하였다. 그의 편지에는 비록 소극적인 염세사상이 드러났지만 총적으로 보면 언어가 날카롭고 심각하여 아주 통쾌하게 씌여진 좋은 글이라 할 수 있다.

혜강이의 무자비한 폭로와 규탄은 사마씨네 집단에 대한 한차례 심중한 타격이였다. 사마씨네는 혜강이를 자기네 사람으로 끌어갈 수 없음을 알고 죽이려고 작심하였다. 혜강이는 체포되여 감옥에 갇혔다가 사형장에 압송되여 처형당하게 되였다. 혜강은 죽기 전에 거문고를 달라 하여 〈광릉산(广陵散)〉의 한곡을 태연자약하게 탔다. 은은하고 비장한 거문고 소리는 사형장에 모인 3,000여명의 태학생들로 하여금 모두 눈물을 흘리게 하였다. 그들은 사마씨네 집단에 혜강이의 죄를 사면하고 태학의 스승으로 모시게 해달라고 청원하였지만 혜강이는 끝내 처형당하였다. 죽을 때 그의 나이는 40세 밖에 안되였다.

일곱 사람중에서 혜강이만이 죽음을 두려워하지 않았다. 원적은 비록 사마씨네 독재가 눈에 거슬렸지만 앞에서 공개적인 비판을 하지 못하였다. 위제(魏帝) 조환(曹奂)은 조서를 내려 사마소(司马昭)를 진공(晋公)으로 봉하고 승상으로 추대하였으며 '구석(九锡)'을 더하였다. 이것은 실제상에서 황제자리는 이미 사마씨에게로 선양이 된 것임을 암시하였다. 하여 일부 관리들은 사마소를 황제로 되게 해달라는 '권진서(劝进书)'를 쓰자고 의론하였다. 그들은 원적을 추천하여 권진서를 쓰게 하였다. 원적은 속으로는 내키지 않았지만 겉으로는 싫다는 말은 못하고 또다시 술을 먹고 취하여 모면하려 하였지만 그들은 원적을 놓아주지 않았다. 억지로 술을 깨게 하고 쓰라고 핍박하여 하는 수 없이 권진서를 쓰게 되였다. 몇달이 지난 후 원적은 울화가 터져 죽고 말았다. 죽기 전에 쓴 "누가 종일 애가 타고 살얼음을 걷는 심정을 알랴(终日履薄冰,谁知我心焦)"라는 시구처럼 말이다.

나이가 제일 어린 왕융은 비록 재능은 뛰여났지만 용속한 자라 벼슬에만 눈이 어두워 있었다. 그는 바람따라 돛을 달아 사마씨네 정권을 위해 충성을 다하였으며 아주 빨리 승진을 하여 큰 벼슬자리에 오른 후 많은 재물을 긁어모아 수전노가 되여버렸다. 중년에 이르러 학문은 뒤전에 두고 책상에는 책이 아니라 땅문서 같은 재물을 기록한 장부들로 수북하였으며 그는 매일 재산을 관리하느라 여념이 없었다. 그의 집에서 재배하는 오얏은 크고 달아 적지 않은 돈을 벌게 되였는데 그는 누가 오얏씨를 종자로 쓸가봐 오얏을 팔 때에는 오얏씨를 구멍을 내고 팔기까지 하였다.

혜강이 죽은 뒤 원적도 병으로 사망하였다. 죽림칠현 가운데 살아남은 나머지 4명도 산도의 뒤를 따라 사마씨 정권에 빌붙어 벼슬자리를 얻어가졌다. 하지만 이들 속에서도 일부는 내심 고통스러워하였는데 향수는 락양에서 집으로 가는 도중 산양(山阳, 지금의 하남성 수무현 동남)에 있는 혜강의 옛집을 지나면서 그와 더불어 죽림을 거닐던 일들을 추억하여 〈사구부(思旧赋)〉를 지었다. 부는 100여자 밖에 안되여 문장이 시작되자 바로 끝나는 식으로 되였는데 사마씨의 암흑통치하에서 하고 싶은 말도 제대로 못하게 되였음을 잘 보여주었다.

142

촉나라를 멸하고 위나라를 대체하다

사마소는 조위(曹魏)의 황제를 밀어내려면 먼저 촉나라와 오나라를 멸망시켜야 한다는 것을 알고 있었다. 그렇게 되면 자신의 명망도 높일 수 있고 촉, 오 두 나라로부터 교란을 받을 우려가 없는 것이였다. 그는 고민 끝에 당시의 상황하에서는 응당 먼저 촉나라를 멸망시키고 다음에 오나라를 멸망시키는 것이라고 생각하였다. 촉나라는 제갈량이 죽자 나라의 기둥이 무너진거나 다름없이 되였다. 후에는 환관들이 정권을 잡은 데서 나라의 정치가 혼란스러워 그야말로 기울어져가는 집채처럼 조금만 건드려도 무너질 형편이였다. 사마소는 18만 대군을 소집하여 위나라 원제(元帝) 조환(曹奐) 경원(景元) 3년(기원 262년) 봄에 세 길로 나누어 촉나라를 진공하였다. 세갈래 대군은 각각 등애(邓艾), 제갈서(诸葛绪), 종회(钟会) 세 장군이 통솔하였다.

등애는 어려서부터 고아로 자라면서 소몰이를 하였다. 말을 더듬는 버릇이 있는 그는 말할 때마다 얼굴이 벌개지고 목에 피대까지 세우면서 더듬거렸다. 이런 사람이 벼슬자리에 오른다는 것은 전혀 가망이 없는 일이였다. 그러나 그는 어려서부터 무예를 즐겼고 병법책을 읽는 것을 좋아하였다. 높은 산과 큰 강을 만나거나 지세가 험한 곳을 발견하면 그는 사람들 앞에서 노상 손가락질하며 더듬거리면서 말하였다. "여…여기에…군…군사를 포치하면 적…적들이 쳐…쳐들어오지 못…못할 거요." 그러자 사람들은 문관도 못할 놈이 무관을 하겠다고 하면서 작은 놈이 뜻은 크다고 웃었다. 그러나 후에 등애는 정말 사마의의 눈에 들어 상서랑(尚书郎)이 되였다. 등애는 벼슬을 한 후 수리건설을 특별히 중시하고 농업생산을 발전시켜 군대의 식량을 널리 장만하였다. 그는 또 사람을 파견하여 전시에 군량을 수송할 배길을 소통시켰다.

경원 3년 초겨울에 등애는 촉나라를 토벌하러 군사를 거느리고 음평(阴平, 지금의 감숙성 문현 서북쪽)에 이르렀다. 거기에서 계속 남쪽으로 가면 지금의 사천의 송번(松潘)경계에 이른다. 음평으로부터 송번까지 가려면 700여리 인가가 없는 황량한 길을 지나야 하였다. 이 일대는 산세가 험준하고 도처에 기암절벽이여서 사람들은 물론이고 원숭이도 쉬여 간다는 곳이다. 바로 이런 탓에 촉한은 이 일대에 군사를 주둔시키지 않고 음평에서 수백리 떨어진 검각(剑阁)에 대군을 주둔시켰다.

등애는 세심한 탐사와 면밀한 조사를 거친 후 한 곳을 선택한 다음 모전으로 자기 몸을 돌돌 말아가지고 산우에서부터 굴러내려가면서 진공로선을 탐색하였다. 병사들은 장군의 이와 같은 도전에 힘을 입어 저마다 나무거나 덩굴을 잡고 몸을 날리고 칼, 도끼 따위로 적벽을 깎으면서 앞으로 전진하였다. 며칠 후 그들은 마치 하늘에서 내려온 신병마냥 검각의 후방인 강유(江油, 지금의 사천성 강유시 동쪽)에 감쪽같이 나타났다. 등애는 일부분 사람들을 남겨 강유를 지키면서 검각에 주둔한 촉나라 장군 강유(姜维)의 퇴로를 차단하고 자기는 나머지 인마를 거느리고 면죽을 진공하여 수비를 맡은 장군 제갈첨(诸葛瞻, 제갈량의 아들)을 죽이고 계속하여 성도를 향해 진군하였다.

성도 황궁에 있는 촉한 군주 류선은 아명이 아두이고 17살에 황위에 등극하였지만 먹고 노는 것만 알았지 정사를 다스릴 줄 몰랐다. 제갈량의 보좌를 받다가 제갈량이 죽은 후 그는 또 장완(蒋琬)의 보좌를 받았다. 장완이 죽은 후 그는 이미 41살에 나는 중년이고 명의상에서는 국가대사를 맡아서 관리한다 하지만 실제상에서는 대권을 환관인 황호(黄皓)한테 넘겨준거나 다름이 없었다. 황호는 품행이 아주 나쁜 소인배였다.

그는 대권을 장악한 후 무슨 일이나 모두 자기들 마음대로 결정하여 환관이 독단하는 국면을 만들었다. 등애가 거느린 위나라 군사들이 진공해 왔을 때 류선은 이미 58세로서 등극한지도 41년이 되는 오랜 황제였는데 아무런 대책도 없었다. 그는 위나라 군대가 이미 면죽(绵竹)을 점령하고 성도로 박근한다고 하니까 질겁하여 사시나무 떨 듯하면서 어서 대신들을 불러들여 대책을 내여놓으라고 하였다. 광록대부 초주(谯周)는 류선더러 옥새를 내놓고 등애한테 투항할 것을 건의하였다. 류선은 추호의 망설임도 없이 이 건의를 접수한 다음 상서랑 리호에게 명하여 호구부와 군대의 명부를 가져오게 한 후 전국의 28만호 94만명 인구와 군사 10만 2,000명, 관리 4만명, 백미 40여만곡, 금은 각각 2,000근, 여러가지 비단 20만필을 적어서 전부 바쳤다. 그런 다음 자기를 결박하고 촉한정권이 멸망하였음을 상징하는 관을 가지고 등애한테 가서 투항하였다. 이렇게 류비와 제갈량 및 관우, 장비, 조운 등 사람들이 피와 땀으로 이룩하고 건설했던 촉한정권이 허무하게 무너졌다.

같은 시각 종회는 다른 한갈래의 위나라 군사들을 거느리고 촉나라로 오다가 촉나라 장군 강유가 가로막아 전진할 수가 없었다. 류선은 사람을 파견하여 강유더러 투항하라 하였다. 강유는 하는 수 없이 저항을 포기하고 종회의 장막에 가서 투항하였지만 속으로는 언제가는 촉한을 다시 회복할 것이라고 다짐하였다. 후에 종회와 등애 사이에 모순이 생겨 형세는 복잡해지기 시작하였다.

등애는 성도에 들어간 후 촉한을 멸망시킨 대공을 거머쥐였기에 마음속으로 아주 득의양양하였다. 그는 조정에 글을 올려 "지금 전함을 준비하여 강을 따라 남하하면 오나라를 일거에 소멸할 수 있을 것 같습니다."고 하였다. 그는 류선에 대한 처분에 대해서도 자기 주장을 굽히려 하지 않았다. 이 일을 안 후 사마소는 인차 사람을 파견하여 "무슨 일이나 먼저 보고해야지 절대로 마음대로 움직이면 안된다."고 하자 등애는 매우 불쾌해하면서 사마소에 대한 불만을 표시하였다.

종회는 야심이 매우 큰 자라 원래는 촉나라를 멸망시키는 대공을 혼자 독차지하려 했는데 등애에게 빼앗기고 몹시 불쾌해하였다. 지금 등애가 사마소에게 불만이 있다는 소리를 들은 후 인차 사람을 사마소에게 파견하여 등애가 반역을 꾀하니 하루빨리 제거해야 한다고 무함하였다. 그는 등애를 없애버리고 자기가 촉땅을 차지하려 하였던 것이다. 강유는 이러한 정경을 보고 속으로 잘코사니아를 부르면서 종회를 리용하여 사마소를 반대하고 등애를 제거함으로써 혼란한 틈을 리용하여 촉한정권을 다시 회복하려 하였다.

꾀가 많은 사마소는 쉽게 속히우지 않았다. 그는 이미 전부터 종회를 경계하였다. 종회의 밀지를 본 그는 종회에게 명하여 성도로 진군하여 등애를 잡으라 하고 다른 한편으로는 심복인 가충을 파견하여 종회의 뒤를 따르게 하였다. 그는 또 자기가 직접 대군을 거느리고 위제 조환과 함께 장안에 가서 유사시를 대비하여 준비를 하고 있었다.

종회는 이 내막을 안 후 실망한 나머지 도박을 걸 수 밖에 없었다. 그는 등애를 잡은 후 강유의 지지하에 성도에서 사마소를 반대하고 제2의 류비가 될 것을 선포하였다. 그러나 준비도 되기 전에 사마소를 옹호하는 사람들이 선손을 쓰는 바람에 일대 혼전이 일어나 종회와 강유는 살해되고 등애마저도 억울하게 살해되였다. 이것으로 강유와 종회의 헛된 환상은 모두 파멸되였다. 사마소는 국세를 통제하여 촉한도 멸망시켰을 뿐만 아니라 또 한차례의 분렬을 막아 이후의 전국 통일을 위하여 기초를 닦아놓았다.

촉한을 멸망시킨 사마소는 그 위망이 대대적으로 높아졌다. 그는 이미 전에 진공으로 책봉된 터라 지금은 진왕으로 승격하여 사마씨네 천하를 세움에 있어서 조건을 마련하였다. 그러나 촉한을 멸망시킨 후 얼마 안가서 진왕 사마소는 병으로 죽었다. 그의 아들 사마염이 조부와 백부 그리고 아버지가 남겨놓은 공로를 가지고 진왕이 되여 위나라 대권을 장악하였다.

원래 사마소가 생전에 제일 아끼는 아들은 둘째아들 사마유(司马攸) 였는데 형님 사마사(司马师, 일찍 죽음)에게 양자로 주었다. 그는 늘 사람들 앞에서 자기의 왕의 자리를 사마유에게 넘겨주겠다고 암시하였다. 때문에 사마염은 몹시 조급해하면서 신변에 있는 측근 대신들에게 도움을 청하였다. 대신들은 사마소 앞에서 사마염의 좋은 말을 많이 하고 또 장자가 아닌 차자를 계승자로 삼으면 해로운 점이 많음을 강조하였다. 사마염 역시 의식적으로 자신을 억제하면서 사마소의 눈에 들기 위해 노력을 하였다. 사마소는 매우 만족해하면서 죽기 전에 사마염을 세자로 정하고 정권을 바꾸는 희망을 그에게 기탁하였다. 사마염이 대권을 장악한 후 일부 측근들은 조정에서 조위의 운명은 이젠 다 끝났다는 여론을 조성하였다. 위제 조환이 들은 후 슬프기도 하고 무섭기도 해 매일 전전긍긍하였다. 사마염은 정말로 황제가 되기에 급급했다. 수개월후 그는 스스럼없이 위제 조환더러 황제자리를 내놓으라 하고 자기가 황제자리에 앉았다. 일체 양위 의식과 조건은 모두 당년에 조위가 한조를 대체하던 격식을 본받았다. 이것은 조비가 당년에 근본 생각지도 못했던 일이다.

사마염은 칼에 피도 묻히지 않고 조위 정권을 접수하여 국호를 진(晋)이라 고치고 스스로 진무제(晋武帝)가 되였다. 3국정립의 국면은 남북대치의 국면으로 변하였으며 남은 일은 진무제가 오나라를 멸망시키는 일에 착수하는 것이였다.

서한간표
(기원 전 206—기원 25)

묘호 (시호)	이름	재위시간 (기원/년)	대사기
고제 (高帝)	류방 (刘邦)	전 206—전 195	전 202년, 류방이 황제로 됨 전 200년, 숙손통이 조의를 제정
혜제 (惠帝)	류영 (刘盈)	전 194—전 188	
고후 (高后)	려치 (吕雉)	전 187—전 180	
문제 (文帝)	류환 (刘恒)	전 179—전 157	전 179년, 려안류반란 평정
경제 (景帝)	류계 (刘启)	전 156—전 141	전 154년, 7국의 란 평정
무제 (武帝)	류철 (刘彻)	전 140—전 87	전 138년, 장건이 처음으로 서역에 감 전 121년, 흉노 토벌 사마천이 《사기》를 씀
소제 (昭帝)	류불릉 (刘弗陵)	전 86—전 74	
선제 (宣帝)	류순 (刘询)	전 73—전 49	
원제 (元帝)	류석 (刘奭)	전 48—전 33	전 33년, 왕소군이 흉노로 시집감
성제 (成帝)	류오 (刘骜)	전 32—전 7	
애제 (哀帝)	류흔 (刘欣)	전 7—전 1	
평제 (平帝)	류간 (刘衎)	1—5	
	유자영 (왕망섭정) 孺子婴 (王莽摄政)	6—8	
(신) (新)	왕망 (王莽)	9—23	9년, 왕망이 서한정권 탈취 23년, 곤양대전
(갱시제) (更始帝)	류현 (刘玄)	23—25	

주: 본 일람표는 신조와 갱시정권을 포함하고 있다.

동한간표
(기원 25 — 기원 220)

묘호 (시호)	이름	재위시간 (기원/년)	대사기
광무제 (光武帝)	류수 (刘秀)	25—57	
명제 (明帝)	류장 (刘庄)	57—75	반고가《한서》를 씀
장제 (章帝)	류달 (刘炟)	76—88	왕충이《론형》을 씀
화제 (和帝)	류조 (刘肇)	88—105	105년, 채륜이 제지술 개진
상제 (殇帝)	류륭 (刘隆)	106	
안제 (安帝)	류호 (刘祜)	107—125	
순제 (顺帝)	류보 (刘保)	126—144	132년, 장형이 지동의를 발명
충제 (冲帝)	류병 (刘炳)	145	
질제 (质帝)	류찬 (刘缵)	146	
환제 (桓帝)	류지 (刘志)	147—167	166년, 당고의 화
령제 (灵帝)	류굉 (刘宏)	168—189	184년, 황건봉기
헌제 (献帝)	류협 (刘协)	190—220	200년, 관도의 싸움 208년, 적벽의 싸움

삼국간표
(기원 220 — 기원 280)

위(기원 220—기원 265)

묘호 (시호)	이름	재위시간 (기원/년)	대사기
문제 (文帝)	조비 (曹丕)	220—226	220년, 조비가 한헌제를 핍박하여 선위하게 한 후 황제로 됨

묘호 (시호)	이름	재위시간 (기원/년)	대사기
명제 (明帝)	조예 (曹叡)	226—239	234년, 마균이 지남차를 만듬
제왕 (齐王)	조방 (曹芳)	239—254	249년, 사마의가 병권을 탈취
고귀향공 (高贵乡公)	조모 (曹髦)	254—260	
원제 (元帝)	조환 (曹奂)	260—265	262년, 사마소가 촉을 토벌 265년, 원제가 페위되여 진류왕으로 됨

주: 조조는 죽은 후에 위무제로 추존되였다.

촉한(기원 221—기원 263)

묘호 (시호)	이름	재위시간 (기원/년)	대사기
소렬제 (昭烈帝)	류비 (刘备)	221—223	
후주 (后主)	류선 (刘禅)	223—263	225년, 제갈량이 서남을 평정 228년, 제갈량이 북벌

오(기원 222—기원 280)

묘호 (시호)	이름	재위시간 (기원/년)	대사기
대제 (大帝)	손권 (孙权)	222—252	222년, 오촉의 효정대전 230년, 위온 등이 이주(대만)를 개발
회계왕 (会稽王)	손량 (孙亮)	252—258	
경제 (景帝)	손휴 (孙休)	258—264	
오정후 (乌程侯)	손호 (孙皓)	264—280	

주: 기원 229년에 손권은 황제로 칭하였다. 그전에는 오왕이라 칭하였다.